02

二部曲

JOURNEY INTO DARKNESS

FOLLOW THE FBI'S PREMIER INVESTIGATIVE PROFILER AS HE PENETRATES THE MINDS AND MOTIVES OF THE MOST TERRIFYING SERIAL CRIMINALS

JOHN DOUGLAS, MARK OLSHAKER

破案神探

犯罪是天生邪惡還是後天塑造？
FBI 探員側寫連續殺人魔

約翰・道格拉斯、馬克・歐爾薛克──著
葛佳琳──譯

謹將此書獻給：卡拉・布朗、蘇珊妮・柯林斯、克莉絲汀・弗倫區、隆納・高德曼、安柏・哈柏曼、卡珊卓・漢森、譯梅・侯牟卡、克莉絲汀・傑索普、梅耿・肯卡、波麗・克拉斯、列思理・瑪哈費、蕭恩・摩爾、安琪・紐曼、梅麗莎・紐曼、南西・紐曼、艾莉森・派洛特、妮可・布朗・辛普森、夏麗・費依・史密斯等無辜遇害的人士，還有他們的親人、摯友，以及為伸張正義鍥而不捨的執法人員們。我在此致上深切的敬意、關懷以及愛。

CONTENTS

人有自由決定要為上帝服務抑或對抗上帝，要為他人服務抑或對抗他人。這種自由必須予以區別，若不如此，宗教就成了一種錯覺，教育也成了一種幻象。宗教與教育必須預設自由的存在，否則，兩者的真義都將遭到誤解。

然而，自由並不是定論。自由只是事實的一部分，半部的真理。自由是整個現象的消極觀點，而積極觀點就是負責任。事實上，除非自由是根據責任而為，否則它就有淪落成任意妄為的危險。

——維克多・弗蘭克（Viktor E. Frankl）

《活出意義來》（*Man's Search for Meaning*）

他必須走入這些卑瑣的街道，雖然他並不卑瑣；他不受玷污，亦無所畏懼。

——瑞蒙・錢德勒（Raymond Chandler）

〈謀殺巧藝〉（*The Simple Art of Murder*）

從空中鳥瞰維吉尼亞州匡提科海軍基地的聯邦調查局學院。我們的辦公室在地下十八公尺處，就在右下角大樓的後方。（FBI Photo）

我和調查支援組成員的最後歡聚，攝於我的退休歡送會。自左至右分別為：史蒂夫・馬迪俊、彼得・史墨利克、克林・范・山特、賈娜・摩若依、葛雷格・麥奎利、吉姆・瑞特、葛瑞格・庫柏、我、傑德・雷。沒有在照片中的組員包括勞瑞・安克隆、史蒂夫・埃特、比爾・哈格瑪伊爾、湯姆・薩普。（Photo by Mark Olshaker）

我的同事吉姆．瑞特在匡提科練習射擊。雖然大部分時間我們都在地下辦公室進行「腦力」工作，但身為聯邦調查局的一員，仍必須符合射擊標準。吉姆除了擁有傑出的剖繪才華，也曾擔任射擊指導員。（Photo by Mark Olshaker）

特別探員葛雷格．麥奎利接受加拿大國家電視台訪問時，對殺害克莉絲汀．弗倫區的不明行兇者喊話：「假如你正在看這個節目，我要告訴你，你很快就會被逮捕，這只是時間的問題而已！」（Photo by Mark Olshaker）

特別探員傑德．雷當過軍人、警官、警探，而後加入聯邦調查局。他在調查支援組工作期間，蜚聲國際，後來接掌「國際訓練暨支援組」。阿拉斯加警方告訴他，有位嫌犯符合他對殺害一名婦人及兩名孩童的兇手剖繪，唯一不同的是該名嫌犯並不認識被害人。傑德篤定地告訴警方，他們捉錯人了。（Photo by Mark Olshaker）

卡珊卓・琳・漢森於一九八一年十一月十日被人誘拐。她的屍體在隔天早上被人發現棄置於垃圾場。在聖保羅警方、聯邦調查局以及當地民眾的努力下，終於將兇手史都華・瑙爾頓繩之以法。

殺害卡珊卓・漢森的兇手，史都華・瑙爾頓。（St. Paul, Minnesota, Police Department Photo）

特別探員吉姆·哈林頓形容十三歲的蕭恩·摩爾是個「受老天疼愛的小孩」。他於一九八五年的勞動節周末，在密西根州布萊頓一家便利商店附近被隆·貝里拐走。貝里在周日於友人的漁獵小屋殺害了他。

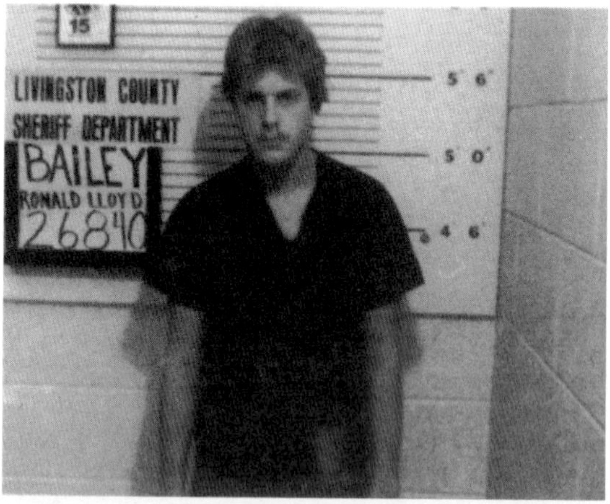

綁架殺害蕭恩·摩爾的隆·貝里，這不是他第一次犯案。
（Livingston County, Michigan, Sheriff's Department photo）

隆·貝里新買的銀色吉普車。警方掌握此線索，才得以循線逮捕他。
（Michigan State Police photo）

▲一九七二年傑克．柯林斯派駐希臘，史蒂芬和蘇珊妮當時已成為好朋友，照片中的兩人正準備去搭校車。
（Photo by Trudy Collins）

◀蘇珊妮．柯林斯穿著羅伯．李高中壘球隊制服留影。（Photo by Trudy Collins）

蘇珊妮驕傲地向父母展示她在軍營中的整齊床舖，這和她在家時的凌亂房間有天壤之別。照片攝於一九八四年八月。（Photo by Trudy Collins）

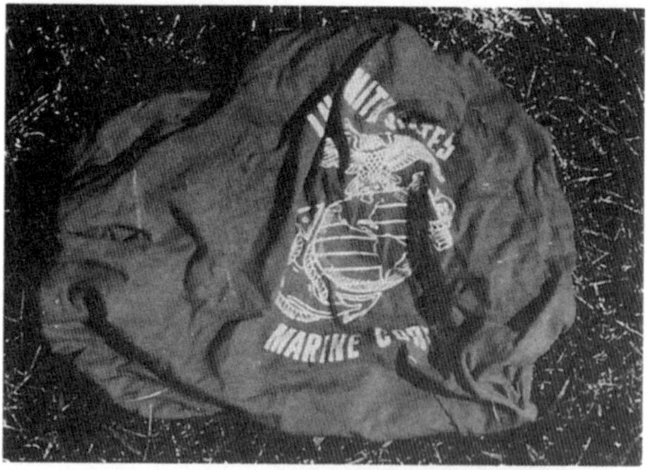

一九八五年七月十二日，謝爾比郡警方在田納西州米靈頓的公園，發現蘇珊妮的紅色海軍陸戰隊外套。（Shelby County, Tennessee, Sheriff's Department photo）

兩位作者和傑克、楚娣，攝於他們位於北卡羅萊納的家中。（Photo by Carolyn C. Olshaker）

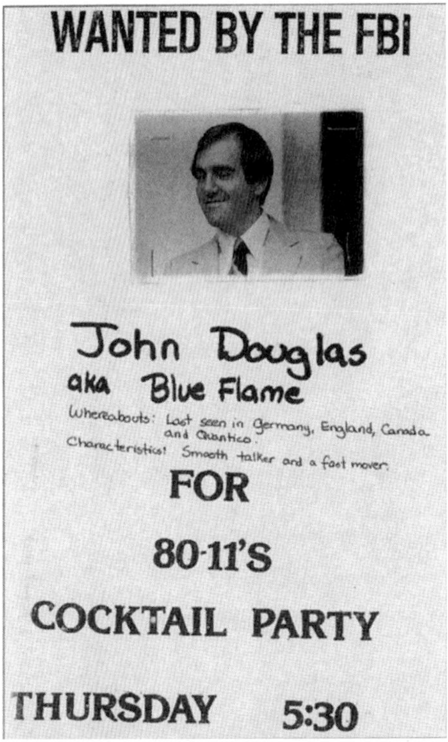

我的同事開玩笑地製作了這張別致的邀請函，讓我化身為聯邦調查局的通緝要犯。

安柏．哈格曼和弟弟在聖誕節合影。照片依舊，卻人事全非。（Photo courtesy of Richard Hagerman）

WHO KILLED AMBER HAGERMAN?

REWARD

$75,000

SUSPECT CHARACTERISTICS

SUSPECT IS A WHITE OR HISPANIC MALE AGE 25 TO 40.

SUSPECT MAY CURRENTLY OWN OR MAY HAVE PERVIOUSLY OWNED A FULL SIZE BLACK PICKUP TRUCK.

SUSPECT MAY HAVE TROUBLE HOLDING A JOB.

SUSPECT PROBABLY WORKS IN A JOB THAT DOES NOT REQUIRE MUCH CONTACT WITH PEOPLE.

SUSPECT MAY HAVE ANGER CONTROL PROBLEMS AND TENDS TO BE VIOLENT AT TIMES.

AMBER HAGERMAN, WHITE FEMALE AGE 9, 4'6, 80 LBS., BLUE EYES, SHOULDER LENGTH DARK BROWN HAIR, WHITE SHIRT WITH MULTI-COLOR HAND PRINTS, PINK PANTS, BROWN SHOES, BLACK AND WHITE BOW IN HER HAIR.

SUSPECT CHARACTERISTICS

SUSPECT MAY HAVE SUFFERED SOME TYPE OF STRESSFUL EVENT PRIOR TO 1-13-96.

SUSPECT MAY LIVE ALONE OR WITH AN ELDERLY PERSON.

SUSPECT MAY FREQUENTLY CARRY A KNIFE.

SUSPECT MAY HAVE POOR RELATIONS WITH WOMEN.

SUSPECT MAY HAVE FEW FRIENDS OR BE A LONER.

ON SATURDAY 1-13-96 AT APPROXIMATELY 3:18 P.M. 9 YEAR OLD AMBER HAGERMAN WAS RIDING HER BICYCLE IN THE PARKING LOT LOCATED BETWEEN THE ABANDONED WINN-DIXIE BUILDING AND THE LAUNDRY BUILDING AT THE SOUTH WEST CORNER OF E. ABRAM ST. AND BROWNING DR. (1600 E. ABRAM ST. ARLINGTON, TEXAS) AT WHICH TIME SHE WAS ABDUCTED. THE UNKNOWN SUSPECT WAS DRIVING A BLACK PICKUP. THE SUSPECT GOT OUT OF THE TRUCK AND LIFTED AMBER OFF OF HER BICYCLE AND CARRIED AMBER TO THE TRUCK WHILE AMBER WAS KICKING HER FEET, WAVING HER ARMS, AND SCREAMING. THE SUSPECT PLACED AMBER IN THE PICKUP AND FLED WEST BOUND ON ABRAM ST. AMBER'S NUDE BODY WAS FOUND ON WEDNESDAY 1-17-96 AT 11:39 P.M. IN A DRAINAGE DITCH LOCATED IN THE FOREST RIDGE APARTMENTS WHICH ARE LOCATED ON GREEN OAKS BLVD. A SHORT DISTANCE WEST OF HIGHWAY 360 IN ARLINGTON, TEXAS. AMBER HAD BEEN SEXUALLY ASSAULTED AND HER THROAT HAD BEEN CUT MULTIPLE TIMES WITH A KNIFE.

SUSPECT VEHICLE DESCRIPTION: FULL SIZE AMERICAN MADE BLACK PICKUP TRUCK, STANDARD CAB, CLEAN CONDITION, LATE 1980'S TO EARLY 1990'S YEAR MODEL, STANDARD EQUIPMENT, NO KNOWN OPTIONS OR AFTERMARKET ACCESSORIES.

SUSPECT DESCRIPTION: WHITE MALE OR HISPANIC MALE LESS THAN 6'0" TALL AND MEDIUM BUILD.

A **$75,000.00** REWARD HAS BEEN OFFERED FOR INFORMATION WHICH LEADS TO THE ARREST AND CONVICTION OF THE SUSPECT OR SUSPECTS WHO KILLED AMBER HAGERMAN. PERSONS PROVIDING INFORMATION DO NOT HAVE TO IDENTIFY THEMSELVES. THE SUSPECT AND THE NEWS MEDIA DO NOT HAVE TO KNOW THE IDENTITY OF PERSONS WHO PROVIDE INFORMATION ON THIS CASE. IMMIGRANTS WHO HAVE ENTERED THIS COUNTRY ILLEGALLY WILL NOT BE DEPORTED AS A RESULT OF CONTACTING THE POLICE AND PROVIDING INFORMATION ABOUT THE AMBER HAGERMAN CAPITAL MURDER.

CALL CRIME STOPPERS

METRO 469-TIPS

九歲的安柏在一九九六年一月十二日周六下午失蹤。四天後，她全身赤裸的屍體被人發現。報告顯示她曾遭到性攻擊，喉嚨也被割傷。兇手至今仍逍遙法外。

序曲　兇手內心

這不是好萊塢故事。它沒有被裹上漂亮的包裝或改造成「藝術」。這是事件的真正樣貌。若真要說，它比我所描寫的情景還要糟糕惡劣。

正如我以前慣常做的一樣，我得想像自己就是兇手。

我不知道她會是誰，但我已準備好要殺人。就是現在。

我太太整晚丟下我，和她的幾位閨蜜去參加一家食品保鮮盒公司辦的晚會。也許這無關緊要；畢竟，我們一直都在吵架，而且是整天吵。不過，我還是覺得很鬱悶。我受不了了，再也不願意被她那樣對待。說不定她是出去和別的男人約會，就像我第一任太太一樣。她得到她想要的了，不過下場就是在浴缸裡，臉朝下、嘴裡被嘔吐出來的東西給噎住。真是活該，誰叫她那樣對待我。我們的兩個小孩只好送給我的親戚照顧。那是另一件讓我煩躁不安的事，好像是我不好，無能照顧他們。

我獨自一人坐著看電視、喝了兩手啤酒、五分之一瓶的葡萄酒。但我仍然覺得心情惡劣，愈來愈低迷。我還想喝啤酒或是喝點其他什麼。幾點了？好像是九點半。我起身開車到靠近販賣部的超商，又買了一手麋鹿頭（Moose Head）啤酒。然後，我開車到裝甲路（Armour Road），坐在那裡喝，想辦法把心事理出個頭緒。

我坐在這裡愈久，就愈感到沮喪。我獨自在這裡生活，只能依靠著自己的妻子，他們都是她的朋友，沒有人是我的朋友，甚至我的小孩也不在身邊。你知道，我本來是海軍，以為前途能順利發展，但是並沒有。又是一個沒出路的工作。我不知道要做什麼。也許我應該乖乖回家等待，然後等她回來時和她攤牌，把事情做個結束。我百感交集，真的好想立刻找個人聊聊，但是周遭沒有半個人。見鬼！居然沒認識半個人可以讓我傾訴心事。

四周一片漆黑。天色讓人感覺……有點誘人。一到夜晚，我就特別興奮。黑暗使得我變成神祕客。黑暗使我變得無所不能。

我當時在基地的北邊，車子停在路旁，依然喝著啤酒，就在走過放養水牛的圈欄時看見了她。見鬼了，那些水牛受到的待遇比我還好。

她剛剛越過馬路，正沿著路邊慢跑，即使天色已經全黑依舊單獨一個人。她很高，而且真的很漂亮，大約二十歲左右，有著褐色的金髮，綁著一條長辮。在月光的照耀下，她的額頭閃爍著汗珠，非常漂亮。她穿著一件紅色 T 恤，胸前掛著金色的海軍陸戰隊徽章，紅色小短褲賣弄著誘人的屁股，使她的腿看起來就像永遠在邁步前進似的。身上連幾克多餘的肥肉都沒有。那些海軍陸戰隊的女兵身材維持得真好，這全靠平常操練有方。不像海軍的女兵，如果給她們一點機會，她們可能會鞭打普通男人的屁股。

我欣賞了她一陣子，她的乳房隨著跑步的韻律上下彈動。我想要出去和她一起跑，也許可以找個話題聊聊。但我知道自己的身材無法和她相比。此外，我醉得一塌糊塗。也許我該開車經過，邀她上車，載她回她的兵營，藉這個方式和她說話。

但是，我退一步想，她怎麼可能會理我？說不定她正要去和海軍陸戰隊那些高大強壯的大兵約會？長得這麼嬌俏的女孩一定自認很了不起，根本就不屑理我。不管我怎麼說，她就是不會理我。已經一整天沒有人理我了，這輩子從來就沒有人理我。

不過，我不願意再容忍這些狗屁倒灶了，今晚絕不再容忍。不管我想要什麼東西，就非拿到手不可；世界就是這樣運作的。母狗一定得和我打交道，不管她喜不喜歡。

我發動汽車，往她所在的位置靠近，頭探出副駕駛座的車窗，大聲呼喊：「對不起！你知道要回到基地的另一邊有多遠嗎？」

她似乎一點都不害怕；我猜這是因為車上有基地的貼紙，再加上她可能認為身為海軍陸戰隊的成員，應該能夠照顧自己。

她停下腳步，往車子走過來，很信任我的樣子，微微喘著氣。她湊近副駕駛座的車窗，手往後指，回答我大約五公里，然後笑得好美，又轉身慢跑。

我知道這是我唯一的機會，再過一秒她就會消失不見。因此我打開車門，跳出去，然後追上她。我從後方給她重重一擊，她手腳不穩，然後我抓住她。當她了解大難臨頭時，有幾分氣喘吁吁，設法躲開我。以女孩子來說她算是高大健壯，但我還是比她高了快二十公分，而且一定比她重四十五公斤以上。我緊緊抓住她，用力重擊她的頭部側面，一定讓她滿眼金星。即使如此，她仍然拚命掙扎，想要逃開。好吧，她得付出代價；沒有母狗可以那樣對待我。

「不要碰我！走開！」她大聲尖叫。我必須打昏她，才可以把她抓上車。我又用重拳攻擊她，她腳步搖晃快站立不住，然後我抓緊她，把她塞進副駕駛座。

就在那時，我看見兩名男子往這邊慢跑過來。他們大聲吼叫。我急速發動道奇車的引擎，沒命地逃走。

我知道自己首先必須遠離基地。因此我直奔靠近基地電影院的大門，那是唯一在這時間仍開放通行之處。我之所以知道，是因為我就是從這道門進來的。我抱她坐直，讓她看起來像是我的約會伴侶。她的頭靠在我肩膀上，很浪漫的模樣。在黑暗中這一招頗能奏效，衛兵甚至一點反應也沒有，隨便就讓我們通過。

出了基地，我們行駛在海軍路（Navy Road）上，她甦醒過來，又開始大聲尖叫。她威脅說，如果我不放她走，就要叫警察。

沒有人敢那樣子對我說話。現在大權握在我手裡，哪裡還輪得到她討價還價。是老子掌控了一切，不是她。所以我一隻手放開方向盤，用力摑她幾巴掌。這才讓她閉嘴。

我知道不能帶她回家。我老婆可能已經回來了，要怎麼跟她解釋我到底在幹什麼？我需要有一個地方，和這隻新母狗單獨相處，不會受到干擾。我需要一個舒適的地方、我熟悉的地方、我可以為所欲為的地方，沒有別人打擾。我想到了一個主意。

我開到道路的盡頭，右轉進入愛德蒙・歐吉爾公園（Edmund Orgill Park）。我以為她又要醒過來，所以用力揍她的頭幾拳。我驅車經過籃球場、洗手間，往公園的另一端開過去，來到了湖邊。我把車停在岸邊，關掉引擎。現在，我們終於單獨在一起了。

我揪住她的襯衫，使勁把她拉出車外。她像是處在半昏迷狀態，一邊呻吟著。她眼睛周圍有一道傷口，鮮血從鼻子與嘴巴流出來。當我終於把她拖出車子，按倒在地，她又掙扎著想站起來。這隻母狗仍然想反抗我，所以我撲向她頭部：有點像是騎上去，又重重掌摑她幾下。

附近有一棵高大的樹，枝葉繁茂，讓我覺得溫暖舒適又浪漫。她現在歸我管，我可以對她為所欲為。我剝開她身上的衣物：耐吉跑鞋，然後是她性感的海軍陸戰隊T恤，接下來是小短褲及藍色腰帶。她不再用力掙扎，也不再抗拒。我把她剝個精光，連她的短襪也脫掉。她還是想逃，但已無能為力。我掌控了一切。我可以決定這隻母狗的生死，還有死法。一切由我作主。今晚，我真有兩下子。

我一邊用前臂壓住她的脖子，讓她安靜，一邊開始撫弄她的左邊乳房。但這不過是個開始。我要讓這隻母狗嚐嚐她從來不曾領教過的滋味。

我四處張望，站了一會兒後，我從這棵樹折下一根樹枝，大約七十到九十公分長。這很困難，因為那樹枝幾乎有五公分粗。折斷處的枝頭很尖銳，就像箭或矛。

她像是剛才昏死過去，現在又大聲尖叫起來。她的眼神因病苦而狂野。老天，這麼多血，我打賭她是處女。這隻母狗在懊惱中逕自大聲尖叫。

這就是所有踐踏過我的女人的下場，我對自己說，這就是所有讓我受到不公平待遇的人的下場。向生命乾杯！換別人來嚐嚐痛苦的滋味！現在她停止掙扎了。

等這陣狂亂平息之後，我開始冷靜下來。我往後靠，俯視著她。

她完全安靜不動。她的身體蒼白，看起來空蕩蕩，就像有什麼東西已經離她而去。我知道她終於死了。然後，好久以來第一次，我感覺整個人甦醒過來。

這就是所謂設身處地去了解受害者和加害者兩方：雙方如何互動。這就是你花了數小時在監獄聆聽囚犯的真實故事所得到的東西。從他們身上得到這些資料後，你就可以開始拼湊這些零碎的材料。然後命案本身會開始對你說話。雖然聽起來很可怕，但若想破解案情，你就非得這樣做不可。

我把這個技巧描述給不久之前訪問我的一位記者聽，她說：「這種事我做夢也想像不到！」我回答：「或許吧，不過假如我們不希望命案常常發生，最好能仔細思考這樣的事。」

如果你能了解（不是以某種學院、知識性的方式，而是以一種發自內心深處、根據經驗的方式），那麼我們或許就可以開始好好發揮一番。

前面描述的是發生在一九八五年七月十一日深夜到七月十二日清晨的慘案，兇手做案時的內心歷程。那晚，海軍陸戰隊准下士蘇珊妮・瑪莉・柯林斯（Suzanne Marie Collins），一位能力出色、受人喜愛、活潑漂亮的十九歲女孩，死於靠近孟菲斯（Memphis）海軍航空基地的一處公園，就在田納西州米靈頓（Millington）的東北方。蘇珊妮身高約一百七十四公分，體重約五十三公斤，她在晚間十點過後離開營區去慢跑，之後就再也沒有回來。隔天早上點名時同僚找不到她，不久後在公園發現了遍體鱗傷的赤裸屍體。根據驗屍報告，致死原因為遭人長時間勒住脖子、頭部遭鈍物所傷、身體有嚴重的內出血：一根樹枝的銳利尖角劇烈地戳入她的身體，從腹部的器官、肝臟、膈膜，一直到右肺都被撕裂。她正在航空電子學校進行為期四個月的進修，原定十二日畢業，之後她將成為海軍陸戰隊第一批女性飛行員的一份子。

每次發表犯罪描述總是讓我既痛心又難過，但是，若想從兇手的視角審視犯罪過程，就必須這麼做；另一方面，我也得從受害者的觀點看待整個經過，而這幾乎讓人無法忍受，但這也是我的工作。在成為維吉尼亞州匡提科（Quantico）聯邦調查局學院行為科學部門（Behavioral Science division of the FBI Academy）第一位全職犯罪剖繪員之後，我替自己創造了這份工作。

當我所屬的調查支援組（Investigative Support Unit）被邀請參與辦案時，我們負責提供行為剖繪（profiling，譯註：從犯罪現場、犯罪型態以及被害人特性等方面蒐集，歸納出兇手特徵或人格特性之破案技巧）和調查策略，以幫助警察逮捕不明行兇者。直至目前，我已經處理過一千一百多件這類的案子，但這次情況不同，警方來電時已經鎖定了一名嫌疑犯。他的名字是塞德利・艾萊（Sedley Alley），蓄鬍的二十九歲白人男性，來自肯塔基州的愛許蘭（Ashland），身高一百九十三公分，體重約一百公斤，是一家空調公司的工人，跟著他在海軍服役的妻子琳（Lynne）住在基地。警方在隔天早上就取得他的供詞，但他對事情經過的描述與我的版本多少有些不同。

海軍調查處的探員根據兩位男性慢跑者及基地大門守衛對汽車的描述而逮捕了他。艾萊告訴他們，他的妻子琳出門參加活動後，他感到非常沮喪，在屋子裡喝了將近二十罐啤酒及一瓶葡萄酒，然後開著他那輛破舊的綠色水星（Mercury）廂型車到郵局販賣部附近的超商買更多的啤酒。

他漫無目的地開著車，酒精使他愈來愈迷茫，直到他看見一名穿著海軍陸戰隊T恤與運動短褲的迷人女孩正慢跑著過馬路。他告訴警方他停下車，開始和她一起慢跑，隨便交談了幾句話。因為他剛才喝酒又抽菸，所以幾分鐘後就氣喘吁吁。他想要把自己的心事告訴她，但是覺得她並不在乎，畢竟他們互不認識，因此他就和她道別，開車離去。

根據他的敘述，由於酒醉，車子在路上迂迴地蛇行。他知道不應該開車的。然後他聽到重擊聲，感覺車子震動了一下，頓時明白他已經撞上她。

他把她抱進車子裡，要帶她去醫院，但他說她不停反抗，威脅要讓他因酒醉駕駛而遭逮捕。他駛離基地，前往愛德蒙・歐吉爾公園，在那裡停車，希望讓她安靜下來，並勸阻她不要報警。

但她繼續痛罵他，說他惹上大麻煩了。他大叫要她閉嘴。當她想下車時，他抓住她的T恤，打開車門，並把她一道拉出去。她仍然大聲嚷著要叫警察抓他，並奮力逃脫。於是他撲向她，將她按倒在地，跨坐在她身上，防止她跑走。艾萊只是想要和她說話。

她仍然不斷試著掙脫（他形容為「扭動」）。在那當下，他「一瞬間失去了理智」，掌摑她的臉，起先是一下，接著兩下或者更多。

他心裡一陣恐慌，知道假如她去報警，就會很麻煩。他把她弄下車，心中盤算著該怎麼辦，然後回到車上去拿出一支黃色手把的螺絲起子，想用它來發動這輛車子。當他回來時，他聽到有人在黑暗中奔跑。在恐慌中，他轉身過來，手臂向前猛擊，而碰巧就是握著螺絲起子的這隻手。結果他擊中了這名女孩，螺絲起子一定刺中了她並貫穿頭部側邊，因為她立刻癱倒在地。

他不知道該如何是好。該就此逃走？還是直接回到肯塔基州？他不知道。他決定必須讓她的死亡看起來像有其他原因，譬如說遭到攻擊和強暴。不過，他沒有和她發生性關係（她的傷亡真的只是一件可怕的意外），所以他該怎麼做才能看起來像是一起強暴攻擊事件？

首先，他脫下她身上的衣服，然後抓住她的腳踝，將她的屍體拖離汽車，拉往湖岸邊，放置在一棵樹下。在這危急的情況下，他手足無措、想捉住最後一根救命稻草，於是下意識折斷一根手邊的樹枝，然後翻轉屍體，將樹枝戳入她身體（他強調只戳了一次），讓她看起來像是遭到色狼攻擊。他跑回車上，倉促離開現場，往與來時相反的方向離開公園。

亨利・漢克・威廉（Henry "Hank" Williams）是田納西州謝爾比郡（Shelby）的助理檢察官，試圖拼湊出事件的全貌。漢克是我們這行最傑出的人才之一。他看起來氣勢宏偉，五官鮮明剛毅，眼神溫和但敏銳，四十歲出頭卻已有早生的白髮。他從沒看過這麼可怕的案件。

「我一看到檔案，就認為這一定是一樁死刑案，」漢克做出評論：「這起案件，我不打算接受認罪協商這一套。」

不過，他的問題在於：他必須對這樁野蠻的謀殺案提出犯罪動機的說明，讓陪審團可以了解。畢竟，有哪個精神正常的人會做出這麼可怕的事？

而那正是辯方盤算的切入要點。除了艾萊對「意外」死亡的說明外，他們也搬弄精神失常的論調。應辯方要求前來檢查的精神科醫生，似乎已表明艾萊患有多重人格障礙。很顯然，第一天海軍調查局探員偵訊他時，他忘了告訴他們，在蘇珊妮・柯林斯死亡的那個晚上，他分裂出三種人格：他自己；比莉，一個女性人格；與騎著一匹馬的死神，跟在艾萊和比莉駕駛的汽車旁邊。

漢克聯絡上特別探員哈洛・海耶斯（Harold Hayes），他是聯邦調查局孟菲斯調查站的剖繪專員。他向漢克描述色慾謀殺的概念，並提及我的同事洛伊・哈茲伍德（Roy Hazelwood），和我五年前替《聯邦調查局執法學報》（*FBI Law Enforcement Bulletin*）所寫的一篇標題為〈色慾殺手〉（*The Lust Murderer*）的文章。雖然在這些案子中，「色慾」是個常被誤用的字眼，不過這篇文章清楚描述了我們對這類連續殺人犯的研究，以及揭露出這些令人憎惡，由操弄、支配及宰制他人的慾望所驅動的性犯罪。蘇珊妮・柯林斯之死似乎就是一起典型的性犯罪謀殺：一樁預謀的行動，由一名人格失序但仍具理智的人刻意所犯。即便他能分辨是非，卻仍無視道德規範，瘋狂行事。

漢克請我提出起訴兇手的策略建議，並想辦法讓陪審團中鮮少接觸邪惡的善良男女相信我的版本比被告所提供的更接近真相。

我要做的第一件事，是向檢察當局說明我和我的部屬在打擊犯罪的這些年，從行為觀點所學習到的犯罪心理，以及過程中所付出的特殊代價。

我必須帶領他們一起進入我的黑暗之旅。

Chapter 01 黑暗之旅

一九八三年十二月初，我在西雅圖的飯店房間裡昏迷不醒，當時我三十八歲，正在偵辦綠河（Green River）謀殺案。我從匡提科帶來的兩名探員破門而入救了我。當時我被送到瑞典醫院（Swedish Hospital），在加護病房熬了五天，徘徊於生死之間。大概是工作壓力太大讓病毒有可乘之機，我感染了病毒性腦膜炎。那陣子我同時要處理一百三十多件案子，每一件都仰賴我去解決。

我不預期自己能活下來，但卻奇蹟般地痊癒了，這要感謝一流的醫療單位、家人的愛，和探員同事的支持。過了將近一個月，我坐著輪椅回家，直到五月才回去上班。那時我最擔心疾病可能造成的神經損壞，會讓我再也達不到聯邦調查局的射擊標準，使我提早結束探員生涯。直至今天，我左半身的神經仍然沒有完全復原。

不幸的是，我的狀況在這一行裡並不獨特。調查支援組裡和我一起從事剖繪與犯罪調查分析的其他探員，大部分也都承受著一些與工作壓力有關的疾病，迫使他們不得不離開工作崗位一段時間。疾病的範圍很廣：像是和我一樣的神經系統疾病、胸痛與心悸、潰瘍與腸胃功能性障礙、焦慮症與憂鬱症等。執法單位是個高度壓力的工作環境。當我在家療養時，我常思索我們的工作為什麼會引發某種特定的壓力，不同於聯邦調查局的其他探員、警探與警官所承受的壓力，甚至尤有過之，但這些人面對的生命風險分明遠勝於我們。

我想，一部分的答案在於我們所提供的服務。在長久以來以「事實」導向而聞名的調查局裡，我們是唯一一個常被要求提供辦案建議的單位，犯罪剖繪仍必須等待胡佛（J. Edgar Hoover）死後，才被列為正式的調查項目。即便匡提科已經進行好幾年的犯罪人格研究計畫，聯邦調查局內外的大多數人仍把我們的計畫當成巫術或妖法，認為我們是一群巫師，在地下十八公尺、暗無天日的地方作法。

雖然法庭常常依我們的建議做出判決，但實際上我們並沒有確切的事實根據來支持這些建議，我們沒辦法理直氣壯地指出是非黑白。假如一名警官對事實的判斷有誤，這意謂著此案可能無法解決，但事情並不會比先前的情況更糟糕；而當我們收到援助的要求時，常常已是辦案人員的最後嘗試。倘若我們研判錯誤，很可能會把整個調查搞砸，因此我們必須明確地做出推論。但我們的看家本領是人類行為，而人類行為，如同許多精神科醫生樂於提醒我們的，並不是一門精確的科學。

美國及世界各地的警察及執法人員常來向我們求救，其中一個原因是我們擁有他們所缺乏的經驗。就像多次診治過某種稀有疾病的醫學專家，他對這種病症一定比其他只治療基本病症的醫生在行，我們的優勢是具有全國性與國際性的視野，可以挑出地方調查人員看不到的細微差異，因為他們只有自己的轄區可以作為參考點。

我們的工作準則是：行為反映個性。一般而言，我們把剖繪過程分成七個階段。

一、犯罪行為本身的評估。

二、對犯罪現場的細節做全面性的評估。

三、對受害者做全面性的分析。
四、評估警方所準備的報告。
五、評估法醫的驗屍報告。
六、剖繪犯案者的重要特徵。
七、依剖繪內容對調查提出建議。

正如最後一個步驟所表示，提供犯案者的剖繪只是我們提供服務的開始。接下來得諮詢當地調查人員，提出有利行動的策略，使不明行兇者被迫做出反應、敗露行蹤。碰到這類案件，我們總是設法保持距離，不直接介入，但仍常常會被捲入調查的漩渦中。可能發生的情況包括：和受害孩童的家屬碰面，訓練家庭成員處理兇手打來描繪受害者死亡情景的電話，甚至想辦法利用受害孩童的手足作餌，引誘兇手到一處特別的地方。

我在南卡羅萊納州的哥倫比亞（Columbia）調查十七歲的夏麗・費依・史密斯（Shari Faye Smith）命案時，情況就是這樣。兇手表示深深地迷戀著夏麗的姊姊唐安（Dawn）。一直到我們逮捕兇手之前，我戰戰兢兢地對警察局與她家人提出一些建議，心中明瞭假如我的判斷有瑕疵，史密斯一家人可能會面臨另一齣難以承受的悲劇。

兇手打電話給唐安，詳細指示她如何到鄰近撒魯達郡（Saluda）的一處田地去尋找夏麗的屍體。在這之後不到六周，准下士蘇珊妮・柯林斯在田納西州一處公園遭人殺害。

外面有那麼多的歹徒等著我們。

而我們所看見的，正如我的同事吉姆・瑞特（Jim Wright）所說，是邪惡中的邪惡。我們天天在更新人所能做的最邪惡之事的認知。

「很難相信，一個人竟然可以對別人做出這麼殘忍的事，」吉姆說：「居然可以對嬰孩、對不到一歲的小孩，幹下這麼殘暴的事；居然可以把女人分屍。他們竟然做得出這麼滅絕人性的事。身為執法或調查人員，我們不得不涉入人性悲劇，不可能無感。我們經常接到倖存的受害者或受害者至親的電話，甚至還會接到連續殺人犯和連續強暴犯的電話。我們得處理犯罪中的個人面向，而且自己也會被捲入其中，成為無法卸下的心頭重擔。我想，這個單位的所有人都各自有不想放手的奇案。」

我知道吉姆所指的一些案子。而屬於我的其中一件是綠河謀殺案，一直未能偵破。另一件則是蘇珊妮・柯林斯謀殺案，至今仍常縈繞在我心頭。

當我在家療養時，我造訪了匡提科的軍人公墓，凝視著那處原本準備要埋葬我的一小塊地，思考著假如我想平安退休的話，應該得做些什麼。我一直認為自己在做對社會有益的事，但我發現自己已經漸漸變成一個單向度的人。我的妻子、我的孩子、我的父母、朋友、房子及附近社區，都只在我的生活中一閃而過。工作影響我的生活到如此地步：每當我的妻子或小孩受傷，或有麻煩，我就會拿來和我那些可怕案子的受害者比較，當然就不覺得它算是什麼大事。或者，我會依據在犯罪現場觀察到的血跡圖樣來分析他們皮膚上的割傷或擦傷。我設法靠酒精及運動緩解持續不斷的壓力，但往往只在精疲力竭時才感到輕鬆一些。

當我走過軍人公墓時，我下定決心要找出一個方法支撐我自己，更重視我從潘蜜（Pam）和女兒愛麗卡（Erika）及羅蘭（Lauren）所得到的愛和支持（我們的兒子傑德〔Jed〕過幾年後才出生），並開始依賴宗教信仰。我設法找出時間渡假，探究生活的其他面向，這是我唯一可以做到的方法。而當我在一九九一年因主持剖繪計畫而變成單位負責人時，我設法替所有為我工作的人提供心智健康與情感平衡的維護之道。我已經親眼見到疲於奔命的後果，見到這份工作對身體造成的長久後遺症。

從事剖繪工作，重要的不只是進入兇手的內心世界，也要能夠進入受害者在犯罪發生時的心靈狀態。那是你了解犯罪、如何運作（受害者與兇手之間正發生什麼問題）的唯一辦法。譬如說，你可能會推測到受害者是很被動的人。假定如此，為什麼她臉上挨了那麼多拳頭？即使我們從分析得知她應該早已屈服任攻擊者擺布，為什麼還會受到這樣的暴行？了解受害者的反應也等於了解兇手的性格特質。在這類案件中，他一定會進一步傷害他的受害者。強暴對他而言並不足夠，處罰她們才是重要的事。我們稱之為犯罪的「簽名特徵」（signature）。有了這樣的洞察，我們就能開始建立兇手的性格，據此推測他在犯罪後的行為，以供民眾指認。

對於每樁案件及每名受害者，我們都一定要知道這一點。但這種情感活動練習折磨人的程度，一般人難以想像。

警官和警探要處理暴力犯罪造成的後續影響，已經令人吃不消，但如果你待在這一行夠久，你多少會慢慢習慣它。事實上，大部分執法人員所關切的是：我們的環境周遭充斥暴力，民眾竟習以為常。

但我們處理的罪犯不是那種為達目的而殺人的武裝搶匪。我們處理的不管是殺人犯、強暴犯或凌虐犯，做案的出發點都是快感，因為這可以讓他們滿足，給予他們支配與控制感，這正是他們骯髒殘破的怯懦生活所缺乏的東西。他們從中獲得極大的快感，所以拚命找機會再次做案。勞倫斯・白特克（Lawrence Bittaker）和勞伊・諾里斯（Roy Norris）把凌虐殺害少女的過程拍成錄影帶，以便可以在他們特別改裝的廂型車裡一再重播觀賞。在加州，雷納・列克（Leonard Lake）與他的夥伴查爾斯・吳（Charles Ng），也把少女被他們剝衣凌虐的經過拍攝成錄影帶，而且加上配音解說。

我很希望這些都是個別的暴行，或只會發生在加州這塊「具異國情調」的土地。但這類事情我看太多了，我的同事也看過太多了，我們並不樂觀。這種將暴力犯行錄下重複觀賞的行為，實在令人忍無可忍。

在我開始負責為我的單位甄選新進人員後，我對我想要的剖繪員也發展出一套資格剖繪。起初，我選擇有優秀學院文憑的人，認為了解心理學及組織犯罪學是最重要的。但我後來明白，學位及學院知識似乎沒有經驗和某些主觀的特質重要。我們在維吉尼亞大學及三軍病理學研究所（Armed Forces Institute of Pathology）有很好的師資設備及教學課程，可以彌補任何教育上的不足。

我一開始尋找的是「右腦型」、富有創造力的思考家。在聯邦調查局及一般執法機構裡，表現最好的都是擅於策畫或解釋的人員，但是在剖繪與調查分析中，那種類型的思考家或許還是力有未逮。與《沉默的羔羊》（*The Silence of the Lambs*）這類故事給人的印象相反，調查支援組並不直接從聯邦調查局學院去挑候選人。自從我們的第一本書《破案神探：FBI首位犯罪剖繪專家緝兇檔案》（*Mindhunter*）出版後，我接到很多年輕人的來信，他們想要進入聯邦調查局的行為科學組，然後加入匡提科的剖繪團隊。我們的運作程序不是這個樣子。首先，你得先進入聯邦調查局，然後在外勤單位證明你自己是個第一流、富有創造力的調查人員，之後我們才會徵調你到匡提科。接下去你還要接受兩年密集、專門的訓練，訓練合格後才能成為單位的新進成員。

一位優秀的剖繪員最重要的是在調查時發揮想像力及創造力。他必須願意冒險，同時也得獲得探員同事和執法官員的尊敬與信賴。我們偏好有領導能力的候選人，不會等到大家形成共識時才提出個人意見，且在團隊行動中穩重可靠，並有靈巧的手腕，可以幫助改進調查的缺點。基於這些理由，他們必須能獨力工作，同時也能配合團隊。

一旦我們選擇一個人，就會讓他和單位裡的老手搭配服勤，就像法律事務所裡的新進律師總是先跟隨資深的合夥人實習一段時間一樣。假如他們缺乏街頭經驗，我們就把他們送到紐約警察局跟隨最優秀的刑警一起出勤；假如他們需要做更多的死亡調查，我們有全國公認的專家顧問可以幫忙，譬如華盛頓特區受人敬重的前任法醫詹姆士・路克（James Luks）。而且，在來匡提科之前，他們大都必須在地方調查站擔任過剖繪協力人員，與當地的州立及地方機構和警察局培養出良好的默契。

要成為優秀的剖繪員，其關鍵在判斷力：判斷力的主要依據不是事實與數據的分析，而是本能。這一點難以定義，但正如法官波特・史都華（Potter Stewart）對色情的看法一樣：我們看見它時，就知道它是這種東西。

一九九三年在聖地牙哥，勞瑞・安克隆（Larry Ankrom）和我一起在小克列歐佛斯・普林斯（Cleophus Prince Jr.）的審判庭上作證。普林斯被控在九個月內殺害了六名年輕女性。我們在下一章會對此案有較詳細的討論。在預審時，兩方曾辯論過我們是否有資格作證的問題。一位辯護律師問我是否有一個客觀的尺度以衡量案情內容；換句話說，就是問我們所做的分析判斷是否可以提供一個數值。答案當然是沒有。我們的分析考量包含許多不同的因素，但是，最後結論所憑藉的並不是任何客觀尺度或測驗，而是個別分析者的判斷力。

同樣地，在德州瓦哥（Waco）大衛教派與聯邦調查局衝突造成多人喪生的悲劇發生後，聯邦執法人員絞盡腦汁，搥胸頓足，也對整起事件的處理過程做了自我檢討。華盛頓的司法部門開完檢討會後，檢察總長珍妮特．利諾（Janet Reno）要我的單位詳列各種可能狀況的對策，並說明每種對策的成功機率。

利諾是個非常聰明靈敏的人，她能預先思考未知的危機，而不是事情發生後才匆忙應對，這很值得稱讚。不過，雖然可能會被視為不服從，但我仍告訴她我不願意做這類的事。「假設我告訴你某一項策略用在某種人質身上，有百分之八十五的成功機會，而其他的對策只有百分之二十五或三十的機會，那麼你當然就非得選擇成功機率最高的方法不可。」我向她解釋：「但我或其他的分析人員說不定會認為，在那種狀況中，反而成功機率低的方法比較可行。我們無法以統計學的術語說服你，但我們的判斷告訴我們，它才有最佳的可行機會。如果你打算用數字做判斷，那讓電腦演算就可以了。」

事實上，這個問題真的不時困擾著我們：電腦真的無法取代我們的工作嗎？說不定在累積了足夠的案件與經驗後，程式設計專家就能設計出一套演算法，可以複製我作為一名剖繪員的思考流程。他們並非沒有嘗試過，但直至目前為止，電腦仍沒辦法解決我們可以解決的問題，就像是電腦不可能寫出這本書，即便我們給它字典裡所有的字、這些字的相關用法、所有的文法規則，及最佳的故事風格及模型的參數。但有太多的獨立判斷、太多根據訓練和經驗而產生的直覺、太多人性的微妙面得考慮。我們當然可以、而且也的確在使用電腦資料庫有效整理資料；但就像醫生診斷一樣，客觀的檢驗只能提供一定程度的幫助。既然機器做不到，我們就必須找到可以做到的人，他會設法在客觀性與直覺之間取得平衡。

我們可以傳授技巧及提供專業訓練，但我們沒有辦法傳授天賦。就如同有天賦的專業運動員，那是與生俱來的。就像演戲、寫作、演奏或打棒球，你可以教人概念，你可以傳授要點，你可以幫助他們培養技巧，但除非你生來就具有「大聯盟眼力」（major league eye，我的朋友小說家查爾斯・莫凱利〔Charles McCarry〕所發明的詞彙），否則就別想去大聯盟打球，你不是職業選手的料。

但如果你天生就吃我們這一行飯，如果你是一位人格高尚的正常人（但願我們大家都是），你在看見我們親身經歷的這些事時、你在與受害者家庭及生還者打交道時、你看到連續強暴犯與殺人兇手為了一己興致而傷害別人時，你一定會在心中萌生出使命感，並設法與受害者和他們的家人建立密切、長久的關係。如此一來，你大概就會了解我的心境，也了解我寫這本書所憑據的觀點。但願我能相信救贖，我也希望某些案件的犯人可以被教化、獲得重生。但就我擔任聯邦調查局探員二十五年的經驗裡，看到無數證據、統計數字及犯罪資料，我對現實並沒有那麼強烈的信心。我的意思是說，我寧願防範一名天真無辜的潛在受害者任何受害的可能性，也不願意給一名性侵犯再度下手的機會。

請不要誤會。我們並不需要一個法西斯主義、極權警察國家來做到這一點，我們不必危害到憲法或公民自由：從我的經驗中，就和所有人一樣，我很了解警察濫用權力的實況及潛在的可能性。我主張依法執法，而且以現實而非以情緒為根據，達成對判決、處罰及假釋等問題的基礎共識。我認為現今社會最迫切需要的是每個人對自己的所作所為的責任感。可是從我所見、所聽、所讀，現在已沒有人願意對自己負責：總是基於某種個人生活的背景因素，就使他犯下的罪獲得原諒。生活是要付出代價的，而不管我們過去身上發生過什麼事，我們仍要對自己的行為負責。

簡短描述這些見解後，讓我再重述一次幾乎所有執法人員會告訴你的話：如果你期待我們幫助你解決你的社會問題，你會很失望。在問題送達我們的辦公桌時，就已經太遲了：傷害已然發生。我常在演說時表示，許多連續殺人犯都是生活及社會背景造成的，只要有適當的警覺與介入，這些人之中有很多其實並非無藥可救，有機會防患未然。我已經耗盡了大部分的職業生涯處理未加防患而造成的惡果。

我們為什麼有辦法處理？我們為什麼敢自認為能了解兇手的行為模式，甚至預測其行為，即便我們並不知道兇手是誰？

我們之所以自認能得知強暴者、縱火犯或炸彈犯的心理，主要是因為我們可以從真正的專家（犯罪者）直接取得犯罪資料。我的同事與我所做的工作（也是現在匡提科仍然持續在做的工作），是根據一位特別探員羅伯・芮斯勒（Robert Ressler）和我在七〇年代晚期所著手規畫的計畫基礎而運作的。當時我們進出多處監獄，對連續殺人犯、強暴者及暴力犯做了廣泛詳細的訪談。這些研究密集進行了好幾年，而且以某種意義來說，現在仍然持續進行（我們與賓州大學教授安・布吉斯（Ann Burgess）合作，將成果編纂成一本書，書名是《性殺人犯：模式及其動機》〔*Sexual Homicide: Patterns and Motives*〕。）

為了有效應付這些人，從他們身上獲得你需要的東西，首先你必須做充分的準備：研究整份檔案，盡可能詳細了解案情內容；然後，你必須依他們的思考及語言層次和他們交談。倘若你對他們所為、使用方法沒有正確理解，他們就會對你胡扯。記住，大部分連環罪犯都擅長操弄他人。如果你不願從他們的思考層次、他們的眼光看待事情，他們絕不可能對你坦誠。要同時辦到這兩個要素需要相當的能耐。

理查・史派克（Richard Speck）在南芝加哥的一處住宅屠殺了八名護校學生。我去伊利諾州喬利埃特（Joliet）監獄對他做訪談。起初我擺出聯邦調查局官員的冷淡超然態度，結果一直不得其門而入。後來我開始使用他的語言，痛罵他「從我們這裡奪走八個俏臀妹」後，他才對我敞開心門。

在那一刻，他搖搖頭，露出微笑，然後轉身向我們說：「你們這些王八蛋簡直瘋了。你們八成跟我沒什麼兩樣。」

只要想到受害者及其家屬，對我而言，以兇手視角思考總是一種痛苦萬分又極度艱難的角色扮演，但這是必要的。在結束史派克的訪談後，我終於能夠看穿這個人的男性氣概外表，了解他的心靈運作方式，也終於明白一九六六年那天晚上，一件簡單的竊盜行為如何扭轉成強暴與大屠殺的緣由。

我去阿提卡（Attica）訪談的對象叫大衛．伯考維茲（David Berkowitz），綽號「山姆之子」（Son of Sam）。從一九七六年七月開始，一年內，他在紐約市犯下幾樁汽車謀殺案，殺害了六名年輕男女。他宣稱是他鄰居那隻活了三千年的老狗讓他犯下罪行。我對這案子的細節瞭若指掌，他這一套說詞我也已經屢見不鮮，所以我確定這些殺人案並非肇因於他口中說的複雜精神幻境。這並非隨意編造的感覺，而是根據我們先前做的訪談分析而獲得的知識。

因此，當伯考維茲開始對我嘮嘮叨叨說起這隻狗，我就能直接反應：「嘿，伯考維茲，別扯淡了，這隻狗與你殺人毫不相干。」

他會心一笑，立刻承認我說得對，就這樣，我長驅直入他的內心，讓他主動說出他的做案方式，這是我最想了解的東西。伯考維茲起初以縱火案開始擾亂社會治安。他告訴我們，他都是在夜間伺機獵捕符合他標準的受害者。若是找不到看得上眼的對象（大部分的晚上都是如此），他會情不自禁地回到先前的犯罪現場手淫，再度經驗那種結束一條性命的喜悅與滿足，這跟前面所提到的兩組人：白特克和諾里斯、列克和吳拍攝錄影帶的目的一樣。

艾德·肯培（Ed Kemper）是個身高一百八十三公分的高個子，他大概是我遇過的殺人犯中智商最高的一位。所幸，我和他碰面時是在瓦卡維爾（Vacaville）加州州立療養院安全的會客室中。肯培正在療養院服多項無期徒刑。在少年時期，他就因在北加州的農場殺害其祖父母而被囚禁於精神病院一段時間。成年後，一九七〇年代早期，他在加州大學聖塔克魯茲（Santa Cruz）分校一帶殺人，至少有六名女學生遭他砍頭肢解。然後他又屠殺了自己的母親克拉奈（Clarnell），那才是他真正憤恨的對象。

我發覺肯培聰明、靈敏，而且直覺很強。不像大部分的兇手，他對自我有清楚的認知，知道自己不應該被釋放。他讓我們深刻了解一名智慧型犯罪者的心靈運作模式。

他向我解釋：他擁有強暴犯少有的洞察力。他將屍體肢解的原因並不是尋求性刺激，只是為了盡可能延長受害者被認出的時間，讓調查人員無法追蹤他。

我們也從其他的「專家」獲得額外的資訊和研判，這對設計逮捕兇嫌的策略極有助益。比方說，關於兇手會返回犯罪現場的老套說法在許多案例中真的就是如此，雖然理由未必如我們所想。某種性格的兇手在某種情況下會後悔犯罪，然後會返回犯罪現場或受害者的墳地請求饒恕。如果我們認定正在對付的就是這類不明行兇者，這樣的資訊就可以幫助我們擬定行動方向。有些兇手回到現場則是為了不同的理由：不是因為後悔，而是感覺暢快。了解這一點同樣也有助於捉住他們。還有的兇手會直接涉入調查工作，以掌握案情的最新情報：找警察閒聊，或送上門來當證人。一九八一年，當我在處理亞特蘭大數件兒童謀殺案時，我從過去經驗，判定不明行兇者會以提供幫助為藉口而直接接觸警方。韋恩·威廉（Wayne William）最後一次將受害者屍體丟棄到恰塔胡奇河（Chattahoochee River）時（正如我們預期），遭到警方逮捕。這時我們終於知道，這名警察迷曾經以犯罪現場攝影師的名義協助調查人員。

其他接受訪談的犯人還告訴我們，他們會帶著一名同伴（通常是女性）到犯罪現場附近地區去旅行，然後找個藉口離開她一段時間，其實就是重訪現場。一名兇手告訴我們，他帶女友去露營，然後對她說想暫時獨自在森林裡放鬆一會兒。那時候他便回到棄屍地點。

監獄訪談幫助我們認識連續殺人犯與強暴犯形色各異的動機和行為，不過我們還是可以從中找出一些明顯共同點。他們大部分出身破碎的問題家庭，都曾遭遇某種虐待，不管是身體虐待、性虐待、情感虐待，或多種虐待結合的後果。我們可以看到罪犯的童年有一種可稱為「殺人三角」或者「殺人三合一」的特徵逐漸成形，包括：在不合理的年紀小便失禁（或夜尿）、玩火，以及殘忍對待小動物或其他小孩。就算這三種特徵沒有全部符合，至少也會出現其中兩種。他們第一次犯下重罪的年紀一般是在二十歲出頭。他們沒有什麼自信心，而且會把自身狀況怪罪給全世界。無論有沒有被逮捕，他們通常犯有前科：可能是破門闖入住家，或許是強暴或強暴未遂。他們可能會從軍中不名譽退伍，因為這些人跟任何類型的權威都會起衝突。終其一生，他們都相信自己是受害者：他們受人操弄、支配、控制；然而，就在這裡，在這種狀況下，藉著幻想點燃慾望，這個軟弱的人可以操弄和支配他自己的受害者：他可以掌控一切。他可以任意決定如何處置受害者，他可以決定受害者的生死、受害者的死法，決定權在他，他終於可以發號施令。

理解這種共同背景對掌握連續殺人犯的動機非常重要。在聖昆汀（San Quentin）花了數小時訪談查爾斯・曼森（Charles Manson）後，我們終於獲得結論：一九六九年在洛杉磯的某天晚上，他的追隨者前去屠殺知名電影導演波蘭斯基（Roman Polanski）的妻子夏隆・塔特（Sharon Tate）和她的幾位朋友；兩天之後，他又授意他的追隨者去殺害勒諾與羅絲瑪麗・拉畢安卡（Leno & Rosemary LaBianca）夫婦。他的動機其實並非一般人所說來自披頭四的〈手忙腳亂〉（*Helter Skelter*）這首歌裡天啟般的嗜血狂。他是一名十六歲的性工作者的私生子，由有宗教狂熱的阿姨及具虐待狂性格的姨丈撫養長大，十歲時就在街上打滾，從此在監獄進進出出。就像我們大多數人一樣，曼森渴望名聲、財富及地位。他真正的夢想是成為搖滾巨星。雖然這夢想並未實現，他卻有辦法把自己拱成一名「大師」，接受一群敏感脆弱的追隨者供應食物、住所及毒品。這批由社會邊緣人所組成的「家族」給他很多機會玩弄操縱、支配及控制的遊戲。為了讓他們繼續追隨他，他開始傳布天啟的教理，〈手忙腳亂〉被他拿來當作社會與種族戰爭即將到來的象徵，而且他將是戰爭的唯一勝利者。

曼森的策略本來一切順利，但在一九六九年八月九日，家族中正準備取代曼森成為領導者的查爾斯・「德州佬」・華生（Charles“Tex”Watson）率眾闖入導演波蘭斯基在比佛利山莊的家。波蘭斯基懷孕八個月的影星妻子夏隆・塔特及四名客人遭到殘暴屠殺（波蘭斯基當時不在家）。之後，曼森了解他必須裝作掌控一切的樣子，讓別人認為是他策動了這次兇殺案，作為〈手忙腳亂〉的肇端。所以他馬上教唆他的「家族」進行另一項屠殺行動，若不如此，他會失去追隨者的信任，被迫把領導權拱手讓給華生，「大師」地位就會不保。在曼森的案例中，暴力不是在他開始操縱、支配與控制時發生，而是在他漸漸無法掌控的時候。

從曼森案得知的資訊，並不表示他就不是我們所認為的怪物，只能說他是不同類型的怪物。理解這之間的差別才能讓我們對他的犯罪種類及領袖魅力有更深刻的認識。我們從曼森身上得到的資訊後來也幫助我們理解其他的集體崇拜團體，譬如吉姆．瓊斯牧師（Reverend Jim Jones）所領導的教派、大衛．柯瑞斯（David Koresh）在瓦可設立的大衛教派、紅寶石山脈（Ruby Ridge）的「織布工」（Weaver）家族、蒙大拿州的「自由人」（Freemen）及整個民軍運動。

經過訪談與研究上的努力後，我們做出多項觀察報告，這些心得讓我們分析犯罪與預測罪犯行為的能力大增。傳統上，調查人員的重點在於兇手的犯罪手法。這一方面是指兇手使用的兇器（不管是刀或槍），另一方面是指兇手劫持受害者的方法。

一九八九年，西奧多．「泰德」．邦帝（Theodore "Ted" Bundy）在史塔克（Starke）的佛羅里達州立監獄處以電椅死刑（我的同事比爾．哈格瑪伊爾〔Bill Hagmaier〕當時就在離此不遠的地方執勤）。邦帝長相英俊，足智多謀，充滿個人魅力，頗受周遭的人敬愛，而且也是模範「捕手」。連續殺人犯在現實生活中並不那麼像「怪物」，邦帝就是完美的例證；他們混在芸芸眾生中，看起來沒什麼不同。他是美國歷史上最惡名昭彰的連續殺人犯，從西雅圖到塔拉哈西（Tallahassee），一路劫持、強暴並殺害多名年輕女性。他有一套獨特的計謀：在手臂裝上吊帶及可卸下的石膏，看起來就像一位身障人士。然後他會請求目標對象幫忙搬動一些重物。當她失去警戒心時，他就予以重擊。小說家湯瑪斯．哈里斯（Thomas Harris）在《沉默的羔羊》裡，借用了這種犯罪手法創造水牛比爾（Buffalo Bill）這個角色。

水牛比爾的其他個性則取材自其他的連續殺人犯。哈里斯在寫前一部小說《紅龍》（*Red Dragon*）前就曾到匡提科拜訪我們，那些材料便是我們當時告訴他的。水牛比爾將他的受害者囚禁於地下室的一個坑洞中；在現實生活，這是蓋利．海德尼克（Gary Heidnick）處置他在費城俘虜的女人的手法。水牛比爾酷好利用女人的皮膚來為他自己製作一件女性的「服飾」：這種變態手法則源自愛德華．蓋恩

（Ed Gein），五〇年代於普蘭菲（Plainfield）這個威斯康辛小農作區大肆虐殺的兇手。不過，哈里斯並非借用這主意的第一人。羅伯特・布洛赫（Robert Bloch）先前已在他的小說《驚魂記》（*Psyco*）中使用過這個素材，這本小說由希區考克（Alfred Hitchcock）拍成了經典名片。

值得特別注意的是：利用手臂石膏和吊帶來劫持女人是一種犯罪手法，然而殺死女人並剝下她們的皮膚使用則不是。我替那種行為發明了一個術語：「簽名特徵」（signature），因為就像簽名一樣，它是一種個人的獨特行為。犯罪手法指的是歹徒實現其犯罪目的的方法；而簽名特徵，就某方面而言，是他何以做出這件事的原因：這是讓他在感情上得到滿足的行為。有時候，犯罪手法和簽名特徵可能難以區分，這得視犯罪的原因而定。就水牛比爾的三種行為來說，石膏當然算是犯罪手法，而剝皮則是簽名特徵，而坑洞則兩者都有可能，視情況而定。假如他將俘虜囚禁於坑洞裡，藉以控制她們，就屬犯罪手法；假如他透過囚禁她們、看到她們因恐懼而低聲求情，藉此獲得某種情感上的滿足，則算是簽名特徵。

我發現對研判連續殺人犯的行為而言，簽名特徵要比犯罪手法可靠。原因在於簽名特徵屬於靜態行為，而犯罪手法則屬於動態行為。也就是說，後者會隨著兇手犯罪生涯的進展及經驗的累積而逐漸演變。如果他能想出更好的方法誘拐受害者、運送及處置屍體，他就會那樣做。但他犯下重罪的情感原因則不會有所改變。

很明顯地，在諸如銀行搶案這類常見的犯罪行為中，犯罪手法是唯一的重點，警方會想知道兇嫌如何順利做案，而他的犯罪原則非常明顯：他要弄到這些錢。但在與性有關的連續犯罪中（事實上所有的連續謀殺案幾乎都與性有關），簽名特徵可能扮演關鍵性的功用，特別是它能將看似不相干的系列犯罪連結起來。

史蒂芬・潘諾（Steven Pennell），這名德拉瓦州的殺人魔，把性工作者誘拐到他特別改裝的廂型車裡，然後強暴、施加酷刑、殺害她們。他誘騙這些女性的多種方式，是他的犯罪手法；而唯一不變的酷刑，是他的簽名特徵，也是他接受審判時我出面作證的要點。那是讓他情感上得到滿足的東西。辯護律師可能會宣稱：各個案件之間並不互相關聯，而且因為使用的工具或酷刑的方法有異，因此無法代表是同一名兇手所犯。但這種說法沒有意義。重要的是每次犯行都伴隨著酷刑，幾乎沒有例外。

此處還有一點必須補充說明：你或許已經察覺，我在談到連續殺人犯時，總是以「他」來指稱他們。這並不單是為了格式或行文的方便。事實上，所有的多重謀殺犯都是男性，不過我們目前只了解部分原因。有很多人做過這方面的研究及思考。某部分原由或許歸因於一個簡單的事實：睪固酮含量較高的人（即男人）比含量較低的人（即女人）更具有攻擊性。而在心理學的層次上，我們的研究似乎顯示：從小遭受凌虐的男性常對他人充滿敵意，並企圖予以凌虐；但有類似背景的女性則傾向於把憤怒及凌辱引導到自己的內心深處，然後處罰自己。男人以殺人、傷害或強暴他人來發洩他的憤怒；而女人則通常會將憤怒引導到某件主要會傷害她自己的事情上，譬如：吸毒、酗酒、賣淫或自殺。我沒有看過女人為了性因素而犯下謀殺罪的案例。

這種普遍性的唯一例外，是在醫院或療養院（我們偶爾會聽聞女人涉及多重謀殺的場所）。女人不太可能重複使用槍或刀殺人，而比較可能使用某種「乾淨」的東西，像是藥物之類。這些事常屬「慈悲殺人」的範疇：兇手自認在替病人解除不堪負荷的痛苦；或屬於「英雄殺人」的範疇：讓受害者痛苦不堪，然後這時兇手出現救活他，之後她就會被稱為英雄，結果卻導致意外死亡。當然，我們都被母親犯罪的案例弄得毛骨悚然，譬如受到媒體大幅報導的南卡羅萊納州的蘇珊・史密斯（Susan Smith）殺害親生兒一案。一般而言，在這種違反天性的犯罪背後會有一套很特殊的動機，我們稍後會討論到這個主題。但是大體而言，連續殺人犯或重複強暴犯的剖繪都是以「男性」作為出發點。如果某天能不再如此，我的同事與我都會高高興興地失業。

直到不再發生不幸為止（數千年來人類歷史的演變告訴我們，這點在可預見的未來仍是不可能的），我們之中某部分的人仍必須繼續進行黑暗之旅：進入兇手的幽黯心靈及受害者的黯淡命運中。

那就是我在本書中要告訴讀者的故事。

Chapter 02

謀殺背後的動機

我常常說，我們和優秀的警探在分析一件謀殺案時的作為，就像一名好演員在為演出的角色做準備。兩者都必須前往一處「現場」（scene）。對於演員來說，現場是舞台劇或電影劇本的一個場景；對我們而言，則是一件謀殺案的犯罪現場。我們注視著現場的景況，尋覓角色間的對白或強暴犯罪的證據，然後設法想出其中的意義。換句話說，在這個場景裡，主角間究竟發生了什麼事？演員稱這為「潛台詞」（subtext）。在觀眾面前演出前，他們必須先知道：這名角色想要什麼？為什麼他會特別說出這件事或採取這個特別的行動？

動機是什麼？

在犯罪的調查分析中，動機是一個最棘手的問題，同時也是最重要的問題。一件特別的強暴罪案，除非你可以想出原因，否則很難對不明行兇者的行為與個性做出有意義的結論。縱使你真的逮捕了他，要想成功起訴可能還是很困難。亨利．漢克．威廉起訴塞德利．艾萊時，碰上的就是這個難題，這也是他打電話給我的原因。在銀行搶案中，動機（就像與它有關係的「簽名特徵」一樣）是很明顯的：犯法者要錢，而且不想用合法勞動來換取報酬。但假如你正調查一樁闖空門的案件，公寓居民遭到強暴後被殺害。兇嫌主要的動機是竊盜、性攻擊還是謀殺？雖然不管從哪個角度來看，受害者仍逃不了一死，但判斷兇手是什麼樣的人，對我們來說卻有重大的意義。

一九八二年秋天，我們從中西部某處警察局接到一通電話，要我們幫忙調查一名二十五歲女人遭到強暴謀殺的案件。罪案發生於她與她先生所住的公寓客廳，他們在那裡住了大約六個月。受害者的先生回家時，發現住處被洗劫一空，導致警察推想，會不會竊盜才是真正的動機，而強暴和謀殺只是趁機而為的次要犯罪？

犯罪現場的照片很完整，也拍得很好。受害者臉朝上，躺在客廳地板，衣服被拉扯到腰部上面，而內褲被拉到膝蓋下。儘管房間凌亂，但並沒有發現死者掙扎的證據，她身上也沒有防禦的傷痕。兇器是一支鐵鎚，屬於受害者與她先生所有。鐵鎚在廚房的水槽中被發現，不明行兇者似乎把它放在那裡清洗血跡。這名丈夫向警方說，他妻子的部分珠寶不見了。

法醫的驗屍報告並沒有發現性攻擊的明顯證據，受害者身上或衣服上也沒有精液的殘跡，這與犯罪現場所顯示的景象形成了有趣的對比。然而，酒精濃度篩檢的確顯示出她在遭受攻擊不久前還在喝酒。這時，我說：「賓果！」犯罪現場被布置得像是一個無經驗的人所設想的「強暴謀殺」場景。我告訴這位驚訝不已的警探，我非常確定他已經對兇手做過訪談，而且犯罪動機並不是竊盜，甚至也不是性侵犯。

我對事件發生的具體想像如下：

受害者和兇手一起在她的公寓喝酒。兩人爭吵了起來，可能還是吵同樣的老問題。終於吵到兇手無法再忍受的地步。他隨手抓起身邊最近的武器，碰巧就是廚房裡的鐵鎚，憤怒地重擊受害者的頭與臉，直到她倒地不起。他明白自己會是明顯的嫌疑犯，所以衝到廚房的水槽，把手上的血跡及鐵鎚把手上沾血的指紋洗掉。然後他回到死者那裡，把她的屍體弄成臉朝上的姿勢，掀起她的衣服，褪下她的襯褲，安排成遭到強暴殺害的場景。最後他把抽屜裡的東西洗劫一空，讓現場看起來像是闖入者原本想進來搶劫金錢或貴重物品。我講到這裡時，警探說：「你意思是她的丈夫犯下了這起罪行？」

我訓練他如何重新約談這名丈夫。在準備測謊時，重點是強調警方知道他手上沾血，而且曾想辦法把血跡證據清洗掉，卻沒有成功。

幾天之內，這名丈夫接受測謊，沒有過關。在那之後，他對警方坦承了罪行。

有時候你會碰到這樣的案子：動機明顯，但就是缺少了什麼證據。一九八一年一月二十七日，發生在伊利諾州羅克佛德（Rockford）的一樁案件就是這樣的情況。

大約在下午一點鐘，有一個人走進威利・弗雷德（Willie Fredd）的食品雜貨店，開槍射死了弗雷德與擔任店員的二十歲的外甥愛伯特・皮爾森（Albert Pearson）。現場沒有證人。

弗雷德被發現臉朝下躺在櫃台後面的地板上。警方研判當他被點三八口徑的兩顆子彈射中時（一槍射中脖子，另一槍射進脾臟裡），應該是坐在櫃台後面。他的外甥則橫躺在搖晃著的店門邊。他的胸部被射中三槍，很明顯是背對著兇手想逃離時遭到攻擊。奇怪的是，店裡沒有任何值錢的東西遭竊。另外必須注意的是，弗雷德及皮爾森都是黑人。

隔天早上約八點四十五分左右，羅克佛德的克拉克石油公司（Clark Oil Company）加油站，一名男子無意間在裡面的油品儲藏室，發現了加油站人員的屍體。受害人是十八歲的白人男性，名叫凱文・凱瑟（Kevin Kaiser）。他被逼到牆邊，然後也被點三八口徑的槍射了五槍，不過後來的彈道測試卻顯示與前一日殺害雜貨店兩名男子的武器不同。有四顆子彈穿透他的胸部，第五顆從他的右臉頰進入，從脖子左側貫穿出去，很明顯是近距離射擊。子彈進出的兩處都沒有流血，表示心臟已經停止跳動：這名受害者在最後一擊之前即已死去。

從受害者研究的角度來看，認識凱文的人都對他讚譽有加，說他工作努力：「是個真正的好孩子。」而且就像前一天所發生的事故一樣，沒有什麼值錢的東西被拿走。此刻案情仍籠罩在迷霧中，不過，當地還是有一名可能的嫌疑犯：一名接近三十歲的黑人男性，中等身材，留著短髮與鬍子。

隔天早上七點過後不久，一對夫婦開車到羅克佛德的 E-Z Go 加油站，當時明明是營業時間，卻看不到工作人員，於是他們進到加油站的房間內找人，結果發現工作人員臉朝上躺在儲藏室裡，地上一大灘血泊。這次的受害者是肯尼・佛斯特（Kenny Foust），三十五歲的白人男性，身上被射中兩槍：一顆子彈從他的左臉頰穿進大腦，另一顆在他倒在地板上後，從他脖子右邊穿到左邊。這對夫妻馬上打電話叫救護車，車子抵達時，佛斯特仍然活著，但到達羅克佛德紀念醫院不久即昏迷而死。加油站好像被搶走了一百五十美元。沒有證人，但是彈道測試顯示殺害肯尼・佛斯特與殺害威利・弗雷德和愛伯特・皮爾森的槍是同一把：這才初步真正讓這三個案子連結起來。羅克佛德警方立即成立一個專案小組進行偵辦。

四天後，在二月二日的下午，有人走進威斯康辛州伯畢洛伊特（Beloit）的一家電子產品通路商，射殺了二十一歲的經理理查・玻約克（Richard Boeck）及二十六歲的男性顧客唐納德・雷恩斯（Donald Rains）。一名顧客經過，發現他們彼此緊靠、躺在靠近商店後方的地板上。兩人頭部和胸部都遭到數次射擊，不過偵辦人員卻找不到死者掙扎的痕跡。店裡似乎也有一些錢被取走，但無法估出一個大概的數額。畢洛伊特就在威斯康辛州南部邊界上，在羅克佛德北邊大約三十二公里處。

有三名目擊證人向警方報告了這些兇殺案發生前、在這個地區所見到的幾名男子。其中一位是一名黑人男性，與羅克佛德第二次槍擊的兇手特徵類似。證人的報告及環境相似性顯示，最近這次犯罪可能與先前三件或多或少有關係。於是產生罪案跨州的問題，這意謂著聯邦調查局可能會被請去協助。不久後，我接到伊利諾州的聯邦調查局辦事處打來的電話，立刻加入偵辦此案。

問題是，這起案件很不合常理。做案武器有很多把。受害者黑人、白人都有，年齡的差異也很大。而且在這些看起來肯定是持械搶劫的犯罪中，幾乎沒有什麼值錢的東西被劫走。兇手會是什麼樣的人？為什麼他要犯下這些案子？

我看了警方報告、犯罪現場照片及驗屍報告後，開始覺得這並不像是持械搶劫殺人，而像某種類型的連續謀殺。我仍然無法了解兇手真正動機為何，但他殺人的方式一致。我認為它具有一種暗殺的風格。這些受害者都沒有反抗的跡象，若是搶案，根本沒有必要開那麼多槍，手法也不需要那麼惡毒。我的意思是，這種殺人方式絕非靠分析犯罪手法可以解釋。

這些兇殺案屬於蓄意且連續的犯行，但這並沒有多少意義。你甚至認定它們是濫殺無辜，而非連續犯罪。沒有什麼值錢的東西被取走。沒有性的因素。沒有證據顯示不明行兇者認識任何一名受害者，所以似乎也不可能是仇殺，甚至可能完全相反，這些受害者看似沒有任何的共通之處。

當你根據犯罪情形分析動機，卻發覺沒有什麼意義，然後你絞盡腦汁推想所有其他「符合邏輯的」動機，卻依然不得其解，那麼你只好改向精神病學的領域尋找答案。所有的犯罪都有動機，所有犯罪都依循某種邏輯，雖然那種邏輯或許嚴格說來只是內心的幻象，與任何「客觀的」邏輯沒有關係。

這逼得我只好設想這名不明行兇者或許是一名妄想症患者：心智充滿妄想，但仍然保有日常的機能。我認為多把做案武器也可以解釋這一點。他只使用某種類型的武器：他熟悉點三八口徑子彈，而且信任它。但他擁有的手槍不只一支，我敢打賭還有更多。若你是妄想症患者，槍可是愈多愈好。

要犯下這些案子，他必須能夠從甲地到達乙地，這意謂著他會開車，可能有駕駛執照，有一定程度上的社會化並擁有一份工作，縱使可能只是底層的工作。他和周遭的人有互動往來，但他們會認為他有點「怪異」。

碰上兇案地點相距較遠的連續犯罪，我們會把重點放在第一個案子，因為這對我們而言最有意義。在多重殺人罪中，兇手與受害者通常屬於同一種族。假設這四個案子彼此有關聯，最初兩名受害者是黑人，而隨後的兩名是白人。兇手通常從最熟悉的環境開始犯案。由此，我相信這名不明行兇者是黑人，這也符合其中兩名證人的描述。同理，我覺得他很可能住在離弗雷德的雜貨店相對位置較近的地方，住在那個地區可能也有些特別的原因。

依我們的資料顯示，妄想型精神分裂症主要在二十四、五歲時顯現。暗殺人格類型似乎主要也是在同樣年齡區間顯現，因此我非常肯定這個人的年紀應該在二十四、五至近三十歲之間。

我認為這類型的人在夜晚、黑暗中會感覺比較自在。第一件案子（我推測他家就在附近）是在下午發生的，但是接下來的兩件是在深夜或大清早時發生。一直要到第四件案子他才大膽到在光天化日出門。根據同樣的原因，我認為他開的是一輛深色汽車，而且偏好深色衣服。同時他也會感覺需要有一隻「大狗」來保護他，像是德國牧羊犬或杜賓犬（Doberman）；他甚至可能需要兩隻狗。假設今天再做一次此案的剖繪，我或許會覺得是一隻鬥牛犬，這是現在的流行。但回到當時，如果不是一隻牧羊犬就是一隻杜賓犬。除了這種警用犬之外，他可能還使用一台警用無線電掃描儀。

他一定也有過前科，未必是殺人罪，但會是某種對抗管教者，可能是社服機構或醫院的攻擊行為。每一次搶劫都要殺掉對方，顯示他對任何挫敗都想得到「高度的補償」。

警方公布了目擊證人的描述後，終於獲報在距離雜貨店兩個街區的一家汽車旅館，有一名可疑的男子。他的房間裡有雜貨店販賣的香菸。他的名字叫雷蒙・李・史都華（Raymond Lee Stewart），但在警察未逮到他之前，他已經逃走了。

二月二十一日，聯邦調查局探員在偵辦另一件案子時，在北卡羅萊納州的格林斯伯勒（Greensboro）逮捕了雷蒙・李・史都華。史都華是一名二十九歲、身高約一百六十八公分的黑人男性，他在搬到北卡羅萊納之前一直住在羅克佛德，曾為了他的私生子出生而回來過。當時他住在距離弗雷德的雜貨店兩個街區的一家汽車旅館。他因擔心在汽車旅館會遭到騷擾或攻擊，所以用假名登記。

二月四日，在畢洛伊特的電子產品通路商謀殺案發生兩天後，他回到北卡羅萊納。他那老舊、深色的汽車後面掛著一部租來的拖車，大部分的家當就在拖車裡。探員一靠近史都華的汽車及拖車時，就看見他的兩隻杜賓犬被拴在附近。在取得搜索票之後，探員在他的拖車及他暫住的表親房子裡發現一把點三八口徑的RG三十一左輪手槍、一把點三八口徑的史密斯—威森六十型手槍、子彈及一台警用無線電掃描儀。他有在自助加油站持械搶劫的前科。

他被控在伊利諾州犯了四件謀殺罪，並在威斯康辛州犯了兩項謀殺罪，結果分成兩次審判。第一次是持械搶劫及殺害威利・弗雷德和愛伯特・皮爾森，第二次審判則被控殺害凱文・凱瑟。在這兩次審判中，他一臉憤怒，並對司法及受害者充滿輕蔑。他被伊利諾州溫納貝戈郡（Winnebago）的巡迴法庭判決重謀殺罪及死刑。判決過後，他宣稱犯下這些謀殺案是受種族仇恨所刺激，又說是因為童年遭受虐待，所以法律應該予以寬恕。

一九九六年九月十八日，史都華在春田市（Springfield）的監獄中被施以注射死刑。他最後的遺言是：「願你們大家因此而得到平安。願我的受害者的家屬平安。」

從犯罪手法中找出簽名特徵是為了能夠分析重要的犯案動機，可作為調查參考的重要因素。一九九〇年九月發生於聖地牙哥的連續六件婦女謀殺案中，動機和簽名特徵的確是連結六起案件的關鍵角色。俄亥俄州凱霍加郡（Cuyahoga）的前任檢察官提姆·莫金提（Tim McGinty，他是現任克里夫蘭的法官），曾在幾年前的隆尼·薛爾頓（Ronnie Shelton）連續強暴案中找我幫忙。他把我推薦給聖地牙哥警察局。當這件案子送達我的單位時，它被分派給負責該地區的勞瑞·安克隆。

當我們初次接觸到這起案件時，已經有三件謀殺案發生，全部都發生在克列爾蒙特區（Clairemont）的布爾納維士塔花園公寓（Buena Vista Garden Apartments）。第一位受害者是聖地牙哥州立大學一名二十一歲的女學生提霍妮·舒爾茲（Tiffany Schultz）。她的一位男性友人發現了她的屍體，因而被當成嫌疑犯逮捕，但沒多久即被釋放。之後又出現兩名受害者：娟妮·魏恩霍德（Janene Weinhold）和哈莉·塔爾（Holly Tarr）。

要在光天化日下攻擊女人需要冒極大的風險，所以我們設想這名不明行兇者對當地頗為熟悉。強暴犯通常會從他們感覺最舒適自在的地方開始做案，這也是為什麼第一次犯罪顯得舉足輕重的原因。

我們也推測他以前曾侵犯過其他女人，那些侵犯的方式（等於是之後強暴犯罪的暖身），似乎並不算犯罪，但終究無法令他滿足。

在對提霍妮・舒爾茲發動攻擊前，罪犯應該正面臨生命中的大危機，他來到這幾處犯案地點，心中憤怒滿盈。問題的來源應該是女人，而這便是他處理憤怒的方式。他經歷過多次和女性的失敗關係，其中大部分的女性都遭他凌虐過。他可能已從多名受害者身上取走珠寶之類的個人物品，然後將它送給和他交往的女人，但並未告訴她來源。

我們相信，這名犯案者會因工作能力而被雇用，但由於他的壞脾氣和缺乏人際溝通技巧，應該不會是高階的工作，職業經歷應該有跡可循。他在學校時成績低於他的智商標準，與同輩相處有問題，較偏好獨來獨往，曾與警方發生爭執。他可能很依賴女人給予的財務援助，而與這名女性的衝突可能就是引發他連續犯案的緣由。

和其他兇手一樣，這個人在最初幾次犯罪後，行為舉止很可能會有明顯的變化，周遭的人應該可以感覺得到，像是更依賴酒精或毒品、睡眠或飲食習慣改變、體重減輕、焦慮、更渴望與他人交往，也會密切關注調查新聞。我們告訴警方，不如將這些特徵發布給媒體，讓民眾幫忙指認兇手，至少會有一名和他關係密切的人感受到他這些異常舉止。

哈莉・塔爾在四月遇害。她來自密西根州歐克莫斯（Okemos），是一名胸懷大志的女演員，春假時到布爾納維士塔花園公寓拜訪她的兄弟。兇案發生後，不明行兇者差一點就被捉住。有幾名證人向警方報告看見一名男子手裡握著一把刀子，整張臉以一件 T 恤遮住。他們唯一說得出的外貌特徵是：他看起來皮膚黝黑，比平常人稍矮一點。逃跑時，他擊倒了一名管理人員。這名管理人員當時正接到另一名房客的報告，說聽到「可怕的尖叫聲」。然後他發現哈莉・塔爾躺在臥室裡，身上披覆著一條沾滿了血跡的毛巾。

這時，媒體封他為「克列爾蒙特殺手」。

我們推測接下來會是一段冷卻期；他會暫時隱伏，恢復神智。我們也推測他在花園公寓的行動到此結束，可能會搬移到另一座城市，以當地有人聘他工作、或拜訪親友為由，但不太可能就此洗手不幹。這些傢伙無時無刻不蠢蠢欲動。

大約兩個月後，他的確又現身於不同的地點，但仍然是鄰近地區的一棟公寓綜合大樓，顯然他在這種地方感覺最自在。然後，一直要到九月中才又有類似的命案發生：巴莫拉・克拉克（Pamela Clark）與她十八歲的女兒嬿柏（Amber），在大學城附近的一棟房子被殺。雖然這兩名受害者是一對母女，巴莫拉・克拉克看起來仍然很年輕嫵媚。所有受害者都適用同一套身體剖繪，而且在照片上，嬿柏・克拉克看起來酷似前一名受害者娟妮・魏恩霍德。

在這座城市有史以來最大的搜捕行動中，聖地牙哥警察密集地調查了十三個月，為的是找出這六件命案的主嫌。

一九九一年二月，案情終於有了突破。潔蘿琳德・凡佛羅斯（Geralynd Venverloth）從她工作的家庭健身中心回到家，正準備要洗澡時，突然聽到門把輕輕搖晃的聲音。透過窺視孔，她看見一名黑人正想把門弄開。她用力把門栓扣死，後來他就逃走了。但幾天之後，凡佛羅斯看見同一個人開車送她的同事恰拉・路易斯（Charla Lewis）來上班。

他的名字是小克列歐佛斯・普林斯（Cleophus Prince, Jr.）。警察祕密監視這家健身中心後逮捕了他，以竊盜罪列案。他們在普林斯一九八二年的雪佛蘭遊騎兵車內上找到了幾把刀子，但由於缺乏證據，只好讓他繳納保釋金後離開。不過，他們也弄到了普林斯的血液與唾液採樣。採樣被送到馬里蘭州的薛爾馬克檢驗所（Cellmark Diagnostics）做DNA分析。三周後，檢驗結果證明與攻擊娟妮・魏恩霍德的兇手相符。

警察趕到恰拉・路易斯的公寓，普林斯一直住在那裡，第四名受害者愛莉莎・凱勒（Elissa Keller）就住在隔壁。這時普林斯已經離開城鎮，回到阿拉巴馬州伯明罕（Birmingham）的家中，但警方在公寓發現一枚黃金貓眼石戒指，與哈莉・塔爾的父親送給她作為十六歲生日禮物的那一枚相符。戒指的製造商告訴警方，這種指環只製造了六十三枚，並沒有在加州販售。

一九九一年三月三日周日，警察在伯明罕逮捕了普並斯。這名二十一歲的前任海軍機械技師，在最初三件謀殺案發生時，住在布爾納維士塔花園公寓綜合大樓。他先前已因竊盜罪遭到逮捕，而且在聖地牙哥警察局通緝前獲得保釋。在普林斯的住處，警探發現另一枚戒指，看起來像是屬於愛莉莎・凱勒所有，另外還找到與現場鞋印相吻合的鞋子。聖地牙哥警察局開始調查他與一九八八年五月的黛安・戴恩（Diane Dahn）命案的關聯，阿拉巴馬州虹伍德（Homewood）的警察也借提他訊問一九九〇年三月發生的、二十三歲的湯尼・林姆（Toni Lim）命案。這兩件命案與六名女人被刀戳刺死亡的連續謀殺案之間有一些共同特徵。

普林斯的血液和唾液採樣與布爾納維士塔的第二名受害者（二十一歲的娟妮・魏恩霍德）衣服上發現的精液，DNA比對結果相符。但是其他五件謀殺案呢？

聖地牙哥警方要求我們重新檢驗這六起案件，看看是否都是同一個人所為。為此，檢察官甸・連伯恩（Dan Lamborn）和伍迪・克拉克（Woody Clark）與專案小組的警官艾德・佩崔克（Ed Petrick），都到匡提科和我們會面。假如起訴可以證實被告犯下六件謀殺案，而非只有娟妮・魏恩霍德一案的話，依加州的法律，犯罪的數字與性質將符合「特別情況」，可以判處死刑。偵辦人員不希望這傢伙再被放出籠去。

案子現在變成六件，而非原來的三件，從犯罪手法和簽名特徵研判，我們得到的結論是：這些謀殺案事實上互相關聯。

六名受害者都是白人女性，除了巴莫拉・克拉克，其他人都是淺黑色頭髮，年齡介於十八到二十一歲之間。至於犯罪手法，在每個案件中，兇手都從開啟的門窗進入；犯罪的兇器全使用刀子，而且都發生在受害者的住處，其中四件在公寓，並且有五件案子在接近中午時發生。在四起案例中，刀子是從受害者的廚房臨時取得。最初三名受害者都住在同一棟花園公寓的二樓，顯示兇手就住在附近，對此區甚為熟悉。沒有強迫闖入的跡象，有五件案子並沒有發生洗劫錢財的事，雖然第三、第四及第五名受害者的珠寶被取走，但這一點很可能符合簽名特徵的範疇，假設犯案者的最初目的不只是搶劫。

不過，我們當然不相信案情僅只如此，因為第一、二、六位受害者都沒有財物損失，而且其致命傷口都不深，六名中有五名很類似，都集中在胸部，表示那是憤怒的焦點所在。然而，這種憤怒看起來受到非比尋常的抑制，並沒有我們常會在這類案件中所看到的狂亂，除了刀傷外，並沒有什麼其他的身體創傷。所有受害者被發現時都是臉朝上躺在地板上，身體全裸或半裸，兇手看起來並無意隱藏屍體。

重要的是，在這些連續謀殺案發生期間，聖地牙哥地區並無其他類似的殺人事件。而且我們的電腦資料庫也找不出國內其他地方有任何符合這種類型的傷口。

當然，這麼一來我們就必須考量這些連續謀殺案裡的個別差異。最後的受害者克拉克母女，不是住在公寓，而是一間獨棟住宅。六名受害者中有兩名被殺前曾遭到性攻擊。哈莉・塔爾只被刺了一刀，而最悲慘的受害者竟被刺了五十二刀。然而，正如我們所注意到的，犯罪現場的證據顯示兇手殺害受害者的過程中曾遭打斷。大部分受害者屬於低風險人物，但有兩名屬於高風險的範圍，例如提霍妮・舒爾茲這位聖地牙哥州立大學的英文系學生是第一名受害者，她在遭謀殺前不久曾在當地一家夜總會兼差跳裸舞。特定受害者的受害風險與兇手的犯罪風險是很有用的指標，可以幫助我們判定受害原因和不明行兇者的個性。

在塔爾一案中，兇手曾企圖清理現場，而受害者被發現時身上覆蓋著一條床單。這可能代表著簽名特徵或犯罪手法上的改變，但這也可能與他對受害者的感覺有關，或在謀殺過程中遭到打斷。

這些資訊看似是利用統計學所做的犯罪現場分析，好像只需要一台電腦就可以做完勞瑞・安克隆的所有工作：計算數字並做出一份評估報告。但電腦不可能看出哪些類似與差異具有重要性。若以為讓資料變成數值就可以完事，這是嚴重的錯估，而只有借助像勞瑞這樣有經驗的剖繪員的大腦，資訊才可能發揮作用。將所有資訊拼裝起來後，我們得到的結論是：這六件謀殺案都是由同一個人所犯，而他的動機則是因性所引起的憤怒，不過並未失去控制，這從刀傷就可明顯看出。

檢察官甸・連伯恩要求我在審判時作證。當時我已開始思考退休的事，知道排在我後面的人需要機會建立自己的獨立聲譽。勞瑞已經做好主要的分析工作，弄出一份令人印象深刻、可信而且具權威性的證物。我建議由我介紹剖繪的訓練背景，而分析本身由勞瑞自己作證。連伯恩和他的夥伴瑞克・克列比（Rick Clabby）都無異議。

辯護方由公設辯護人羅倫・曼德爾（Loren Mandel）和巴頓・席拉（Barton Sheela）擔任，我們要出席作證，他們一點也不緊張。在審判前的會議中，他們辯稱：我們既非精神科醫生，亦非心理學專家，所以沒有資格對心理學上的問題發表意見，又說六起罪案彼此有關聯的說法對被告比較不利。換句話說，假如陪審團相信我們的話而認為普林斯是其中一件謀殺案的兇手，就等同宣告其他五件也由他所為。連伯恩和克列比予以反駁，指出我們的證詞反而會對檢方造成較大的壓力，因為假如陪審團相信我們，認為所有六件謀殺案皆由同一人所為，只要他們認為普林斯沒有涉及其中一件，就必須判定六件皆非他所為。

最後，法官查爾斯・海斯（Charles Hayes）判定我們確實擁有專業技術，可以指引陪審團的看法，其實這已成為全國各地法庭的趨勢。不過，基於一種欲平衡兩造的複雜邏輯，他又判定我們不得在作證中使用「簽名特徵」這個術語，因為辯方覺得它暗示著心理動機。勞瑞和我多少因這種限制而難以使力，但我們還是努力克服。

陪審團仔細思考了九天以上的時間，然後在一九九三年七月十三日做出判決：普林斯犯了六件謀殺案與二十一件竊盜案。由於情況特殊，涉及強暴殺人及多重謀殺，所以判予死罪。次月，陪審團建議被告應該被判在聖昆汀（San Quentin）的毒氣室執行死刑或處以注射死刑。十一月六日，法官海斯判定罪刑。在寫這本書時，他仍然在聖昆汀等待執行死刑。

一九八六年，我和朋友在《人際暴力》（*Journal of Interpersonal Violence*）中合寫了一篇文章，標題叫〈性殺人犯：犯案動機的模式〉（*Sexual Homicide: A Motivational Model*）。在介紹主題時，我們寫下這段文字：

「當執法人員無法輕易判定犯罪動機時，他們就得檢查動機的行為面向。在剖繪殺人兇手的犯案手法時，聯邦調查局探員發覺他們需要了解殺人兇手的思考模式，以便讓犯罪現場證據及受害者的資料成為有助破案的重要佐證。證據及受害者的特徵可以透露出許多兇手的計畫、準備，及細心程度。透過這些觀察，調查員開始揭開殺人兇手的動機，看出兇手的思考模式。在很多例子中，一種隱藏的、與性相關的動機因而暴露出來，這種動機的起源是幻想。」

悲哀的是，暴怒與性支配慾未必只施加在陌生人身上。在一九八〇年代中期，我受邀去多倫多協辦一個案子：一名來自馬來西亞、名叫戴黎安娜．韓（Deliana Heng）的大學生被發現倒在她公寓的浴室裡，臉朝下、頭部靠在抽水馬桶旁邊，腿部腳踝處被皮帶綁住。她是被人用照相機的背帶勒死的，臉和頭部都有遭毆打的傷痕，腰部以下裸露，血跡塗染在腹部和左腿上，報告顯示她遭到性攻擊。而她脖子上一條十字架項鍊不翼而飛，房子沒有強迫闖入的痕跡。從所有的受害者研究與犯罪現場的證據來看，我得出的結論是：殺人兇手是她認識並且信任的人。

多倫多警方同意我的看法。他們在過濾與韓有過接觸的人時，鎖定她一名叫蘇潭波（Tien Poh Su）的朋友為主嫌。此人是健美選手，在附近一家體育館工作。現在的問題是要找出證據將他起訴定罪。

警方真正想要的是血液樣本，但他們不想讓這傢伙知道他被列為嫌疑犯。若沒有充分證據，一旦他拒絕提供血液樣本，他們也不能逼他接受檢驗。

加拿大的法律在某些偵查程序上有嚴格規範，像是審判訊息的發布；但加拿大警察可以自由蒐集證物，這在美國是禁止的，例如我們不能在牢房裡裝設竊聽器，或安排一名警察假扮同牢房的囚犯。

不過由於他們可以那樣做，多倫多警方提出了一項頗有創意的策略。

他們挑出一名警官，要他常去光顧嫌犯練舉重的體育館。此人是名舉重老手，他刻意選蘇潭波練舉重的時段前往，和他使用類似的器材。

蘇潭波注意到這名警官，不久，這兩個男人開始建立起友誼，然後互相較量舉重技巧及訓練習慣。很明顯地，我們的嫌疑犯很羨慕這位年齡稍長的人的體格及身材，事實上這位老兄每次練習時都贏過他，蘇潭波問他如何能把肌肉練得這麼棒。

他說他吃的是針對他的身體狀況調配的特別飲食，能讓他有效地代謝各種營養成分。蘇潭波也想嘗試這種飲食，但這名警察告訴他，為了讓飲食能發揮作用，應該先去看一位專業醫生，讓醫生分析他的血液，看看缺乏哪種養分。蘇潭波想去看這位醫生，但警察告訴他這是一項新技術，尚未被列入醫療管理，因此多少有點不合法。

「不過，告訴你，」警察向他提議：「假如你記得提醒我，我會從他那裡要一個採集血樣的器具，幫你抽血，交給他分析。然後我會把他認為你應該吃的養分和補充的養分告訴你。」

嫌犯欣然接受這個提議，所以沒多久，這名警察就帶著抽血器具來到體育館，從蘇潭波的手指抽了一些血。檢驗結果發現它與犯罪現場採集的血樣相符，警方申請了搜索票，在他的住處找到其他涉案證據，控告他謀殺。

在他們所找到的東西中，有一本美國出版的書，書名叫《強暴者檔案》（*The Rapist Files*），號稱是一本由強暴者談論犯罪經過的選集。在其中一個案例中，強暴者將一名受害者帶到浴室，並毆打和強暴她。然後押著她到浴室的鏡子前，用一條繩索繞住她脖子，繫緊直到她昏死過去為止。接著，他又放鬆繩子讓她復甦，然後再重複整個過程，每次都讓繩子綁得更緊一點，讓受害者看著自己被殺害。這是這名兇手在實行犯罪行動前已揣摩許久的幻想。

蘇潭波已婚，而警察得知他最近送給妻子一條十字架項鍊，與受害者脖子上遺失的相符。

審判時，多倫多法院的檢察官請我提供起訴他的策略。他們認為被告可能會作證，企圖讓陪審團覺得他非常可靠。畢竟，他認識這名女人，而虐待狂的暴怒與控制是一種難以被證明的動機，陪審團恐怕難以理解。一旦他決定作證，我們就得另外想辦法擊敗他。

在這件加拿大的案子中，最具決定性的證據是受害者沾血的內褲。我建議檢察官把它拿到證人席上，強迫他面對。在一些成功質問嫌疑犯的案例中，我發現，如果你可以讓兇手專注在一件與犯罪有關的東西上：某件屬於受害者的東西、殺人兇器，或任何對兇手有特別意義的東西，你就有可能讓他認罪。一九七九年發生於喬治亞州阿戴爾維斯（Adairsville）的瑪莉・法蘭西絲・史多納（Mary Feances Stoner）謀殺案，我們把一塊沾血的石頭（殺人兇器）放在主嫌達瑞爾・基恩・戴維爾（Darrell Gene Devier）視線四十五度角的位置，使他坦白認罪，被判定一級謀殺罪，而在犯案十六年之後遭到處決。這個策略此時也奏效。內褲傳到他手上時，蘇潭波臉色大變。他被迫握持這樣證物愈久，愈顯得不安。從那時候開始，他再也裝不出敏感無辜的表情，陪審團開始對他有真正的認識。

審判中途休息時，我碰巧在走廊遇到辯護律師。他對我說，他的當事人走到台上的那副模樣真讓人覺得難過。

「你這話是什麼意思？」我說。

他說，讓陪審團看到他這副狼狽樣，真是羞恥。他的語氣簡直就像在悲嘆他的當事人穿著不當，給人一種壞印象似的。

「你在開玩笑吧？」我回應：「這是一件很嚴重的案子。你的當事人是個壞蛋，他闖入受害者的家，在鏡子前強暴這名女孩，臉上流露出妄想、憤怒和敵意。然後為了讓妄想繼續運轉，他取下受害者脖子上的十字架項鍊，送給他的妻子，如此他可以幻想將殺害那個女人的過程也施加在她身上。你正在替一名邪惡的兇手辯護。」

和在監獄裡做訪談一樣，假如你對兇手及他所犯的罪行有周詳的認識，通常就可以迅速地切入事情的真相。

如果蘇潭波沒有被抓到，依照我的判斷，他無疑會成為加拿大下一名連續殺人犯。

Chapter 03 陌生人的糖果

女兒羅蘭大約八歲時的一個春日，我帶她去參觀附近的園遊會。會場就設在離住家不遠的公園，有冰淇淋、熱狗、棉花糖、各種展示品、種種待售的美術工藝品，以及給小孩乘坐的旋轉木馬。整個地方充滿了節慶的氣氛，大家都玩得很開心。

我就像回到從前當救生員的悠閒日子，但我在群眾中向來無法放輕鬆，總是小心翼翼，留意著任何可疑的人或不太對勁的事。就在我四處張望時，我看見了這名身高大約一百七十公分的男子，戴著眼鏡，有著大肚腩，脖子上掛著一台相機。他正盯著乘坐木馬的小孩，眼神流露出「色慾」——只有這個詞才適合描述他。

我認為這是給羅蘭上課的好機會，於是問她：「羅蘭，你有看見那邊那個人嗎？」

「哪個人？」

「就是在那裡的那個人。看到了嗎？你看他怎麼看著那些小朋友的。看出來了吧？這就是我一直跟你說的那種事。」

她小聲地說：「爹地，別出聲！」

我說：「現在轉過去看著他，注意看他正在做的事。你看得出他盯著那個正要下馬的小女孩的樣子嗎？」

「有，爹地，我看出他了。現在別出聲！你讓我好難為情。他說不定聽到了我們的話。」

「不，我們好好看著他，羅蘭。他正在跟蹤這些小孩。你看得出他跟蹤她們的方式嗎？」

當他一路追著這些小女孩走出公園時，我們就尾隨著他。他不時把相機對準她們拍照。羅蘭開始抓到重點了，她明白了這個在遊樂場盯著小孩的男人不安好心。我向她解釋並警告了一番，這個人不是那類先有預謀然後大膽在街上劫持小孩的人，他不會衝到我們的車道來，把她從腳踏車上抓走；但假如她出門去賣女童軍小甜餅，或獨自去玩「不給糖就搗蛋」的遊戲，走上前去敲他的門，而他看見沒有大人在旁邊，想到機會難得……一旦這樣的情節發生，我就會失去我的女兒。

大約兩年後，我的機會教育發揮了作用。羅蘭獨自走在我們鎮上的一條大路時，看見同一個人跟在她後面，拍攝**她的照片**。對一名十歲小女孩來說，他看起來似乎無害，甚至可能讓人同情，就像一個可憐、寂寞的傢伙；但由於兩年前在園遊會的經驗，她終於看出了他的不良企圖，整個人戒備了起來。

她迅速逃進一家商店，研判狀況，然後走近一名女性顧客、和她交談，努力讓這個傢伙以為這個女人是她的母親。看到這幕情景，他飛奔離去。

這種事情太常發生了，但假如我們習以為常，恐怕就得付出代價。大約五年前，我和妻子潘蜜及十歲的大女兒愛麗卡到維吉尼亞州的漢普敦（Hampton）玩。我們在港口附近，有許多商店和吸引人的場景，是個非常愉快的地方。當時我們正在觀賞一支由小女孩組成的舞蹈團表演，而我特別注意到一百多名群眾裡的一個傢伙。他看起來四十歲出頭，脖子上掛著一台相機。

我輕推潘蜜，她回我：「是呀，是呀，我也看到他了。我知道你要說什麼。」因為工作的緣故，我常常過度警覺，她也習慣了，但是他眼睛裡的邪念我看得一清二楚。他凝視著這些孩童，好像她們是令人垂涎的獵物。

同樣地，這種類型的人也不會在一大堆目擊者面前把小孩抓走，他甚至不認為自己可能會受幻想驅使而行動。

但是他手上拿著照相機。這樣說吧，他發現了一名符合他的特殊剖繪的小孩。表演過後，那名小孩正要離開舞台。那份剖繪裡會有哪些要素？或許是性癖好（在這個案例中是小女孩）及尋常的身體外貌，不過她對著一名敏感的觀眾發出的行為暗示（而這傢伙對此特別敏感），將是更重要的因素。他打算尋找一名不會大聲叫喊或自以為是的小女孩，最好看起來害羞而沒有主見。他正在尋找天真爛漫的小女孩，內向、期望受到讚美。當然，他要找的對象是沒有父母或保護人在旁邊盯著的那種。

所以，或許他會走近那名小女孩，告訴她她在舞台上表演得很棒，他代表某家雜誌或舞蹈工作室，想要在外面光線較好的地方替她拍照。假如他有辦法誘惑她離開群眾的話，假如她心甘情願跟他走，恐怖的事情就會接二連三發生，而我們可能再也看不到那名小女孩。

這就是發生在艾莉森・派洛特（Alison Parrott）身上的不幸。

一九八六年七月底在多倫多，我在美加全國地方檢察官協會所舉辦的會議上發表演說，聽眾是來自兩國大約五百位的檢察官。我與多倫多首都警察局有極密切的關係，兩年前我和他們合作辦過克莉絲汀・傑索普（Christine Jessop）一案（此案我在稍後即將討論）及多倫多病童醫院的嬰兒死亡案。所以，當我到了那裡，他們就向我求教一名年輕女孩的案件。她在某個周五早上離家，然後就失蹤了，最後在當地一處公園發現了她的屍體。

艾莉森．派洛特十一歲，是當地的田徑明星選手，正準備參加在紐澤西舉行的比賽。這是一件大事，當地報紙有大幅的報導，還附上她穿著學校田徑制服的照片。

警方所知如下：艾莉森的母親列絲莉（Lesley）說，有一個自稱是攝影師的人登門拜訪，表示要在大學體育場（Varsity Stadium）替艾莉森拍宣傳照，給一本運動雜誌使用。艾莉森同意了，她依照安排的時間，從郊區的住家獨自搭乘地下鐵，在聖喬治車站下車，然後步行到體育場。警方知道這個過程，因為有一家銀行的監視攝影機（設定每十五秒拍一張照片），碰巧拍到兩張她路過的畫面，不過只拍到腰部以下，她的母親從照片中的衣服及鞋子認出她。

她一去不回，不到二十四小時，兩名男孩步行經過怡陶碧谷（Etobicoke）的王室磨坊公園（King's Mill Park）時發現她的裸屍，臉朝下躺在亨伯河（Humber River）河岸的泥濘地上。屍體沒有東西遮掩，鼻子、嘴巴及肛門處已長出蛆蟲，顯示曾因遭受強暴而流血。致死原因看起來是遭到勒斃。

多倫多警察帶我到棄屍地點。根據案情及現場證據，我剖繪出一名三十多歲的白人男性，看起來頗為可敬，外表一點也不帶威脅感。他的工作可能與小孩有關係，說不定是守衛或學校的維修工程師。他先前可能也有幾次觸法的紀錄，更可能因騷擾兒童而遭家長投訴，我認為他不太可能有謀殺或強暴犯罪的前科。他與攝影可能有一點關係，至少是名業餘攝影家。而且他應該是本地人，而非外地人，很可能有打獵或釣魚的嗜好。

我根據事件中的幾項關鍵因素判斷，感覺這會是一名年紀較大、較老練的人。從報紙上得知艾莉森後，他開始對她產生幻想，想出一個和她碰面的計謀。由於他並不知道她的住址，他必須有系統地找藉口打電話給電話簿中所有姓「派洛特」的人，都說要找艾莉森，直到找到她為止。為了讓自己顯得可靠並讓她同意碰面（不在她自己的家或學校），他必須細心排練對話的方式，表現出令人信服、令人解除警戒心的語氣。這種巧妙心計及老練手法都顯示兇手是一名較成熟、聰明或細心的罪犯，他之前應該就利用過這種技巧去接觸其他小孩，雖然結果都沒有這次的悲劇這麼嚴重，但他和小孩的碰面不會出於偶然。

之後發生的事也絕非碰巧。艾莉森到達體育場時，一名帶著照相機、看起來像攝影師的男子來迎接她。但他無法進入體育場，即便可以，那也不會是一個可以控制自如的地點，體育場會有警衛或值班看守人員，他立刻會遭受挑戰。

因此他必須把她帶到一個他感覺自在的地點。他可能告訴她，因為有雲的關係或時間不對、光線不符合他所想要的情況，所以他得開車載她到別處去，可能就是發現她屍體的公園。就這樣，她跟著他坐進他的車子裡。

會是什麼樣的車子呢？我相信它應該是商用的廂型車，後面沒有車窗，而那裡便是攻擊發生之處。白天，從體育場到公園的交通太擁擠，他找不到一處幽靜的場所。因此，他必須能夠在大白天處置她，但不必擔憂有目擊者會看到。根據過去諸多類似案件的犯罪手法研判，歹徒的交通工具應是商用廂型車。

儘管是蓄意而為，他未必有意要殺她。事實上，他或許甚至沒動過殺她的念頭。商用廂型車常是性虐待狂所選擇的交通工具，譬如史蒂芬．潘諾就開著他那台廂型車，沿著德拉瓦州的四十號及十三號州際公路，一路上強暴、折磨並殺害他擄獲的女人。他接受審判時，我曾就他犯罪的簽名特徵出庭作證。潘諾在一九九二年被處以注射死刑，這種處死方式比這隻怪物凌虐受害者的手段要溫和、人道得多。

而那就是重點所在。潘諾是一隻怪物，從傷害別人來獲得性快感與滿足，然後對受害者行使生殺大權。他的廂型車裡備有「強暴工具箱」：監禁用具、老虎鉗、刀子、針、鞭子，以及其他的酷刑工具樣樣俱全。縱使他可以和女人發展正常的「性關係」，也已無法滿足他，他的目標是傷害她們、折磨她們，在強暴時讓她們痛苦尖叫，直至死亡。

艾莉森的兇手不符合這種剖繪。雖然性攻擊非常殘暴，但殺害的方式卻很「溫和」，身體沒有遭到酷刑或凌虐的跡象。所以，我推測這個傢伙已經幻想與這位迷人、稚嫩的少女發展出一種真實關係，這個幻想會因她自發性坐進他的廂型車而得到強化，他會把這個動作解釋成對他有意思。

但一旦他駛往公園（約八公里遠），他的問題就來了。這類型兇手大都對小孩的反應有一種非常乖戾扭曲的感覺。在這個人的幻想中，她對他性侵略的反應應該像是一名有自主性的成年女子所表現的，而不是現實世界中一名恐懼的小女孩：她痛苦地哭著，嚷著要回家。很快地，情況失去控制。

他不能隨她去，如果這麼做，他的一生就毀了。他並沒有試著隱藏自己的身分，而他的受害者也不是三、四歲的小孩，對和他發生關係的事懵懂不解；她是名聰明的小女生，幾乎算是少女了，她可以很容易指認出他及他的車子。屆時不管怎麼狡辯，都沒有人會相信他是無辜的。因此，現在他得攻擊她，他必須處置她。

他使用簡單的方法，而且盡可能不讓她痛苦。他很可能沒有武器，他不用武器控制他的受害者，他在後車廂勒死她，接下來，他必須把屍體處理掉。

此時，屍體的所在位置跟這個案子的其他重點一樣，具有重要的意義，我可以由此研判出不明行兇者的許多特徵。警察帶我到這處公園，我就知道兇手一定是本地人，對此地區非常熟悉。他把艾莉森帶到他感覺舒服的地方來。他必須在夜晚才能把屍體搬到這片黑漆漆的樹林裡，除非對這裡很了解，知道可能會發生的狀況，並且知道不會受到干擾，否則他不會這樣做。

一旦到了那裡，他就可以任意處置屍體。他可以把它丟到流經公園的河裡，這很可能會耽擱屍體被發現的時間，而大部分證據可能也會遭到湮滅；他也可以把它棄置在林中深處，可能永遠不會被人發現，或是等到剩下骷髏一堆才被人發現。

但是，他的做法卻是輕柔地把她棄置在接近一條小徑的地方，不用等到屍體腐爛，就會被發現。他不像這類殺手把死屍當成廢棄物來處置，他要她被發現，在死後得到適當的照顧，並且是一具完整的屍首。對我來說，這是個讓我覺得有把握逮到他的訊息，他對發生的事並不好受。

做這種事的人心中絕對不會好受。你可以辯稱：一名性虐待狂，甚至一個以折磨兒童為樂的人，可能會對他的「傑作」感到自傲，帶著滿足回顧他完美地處置、支配並控制他的受害者的過程，讓心中邪念得逞。但如果這個人妄想和一位十二歲的少女發生「正常」的愛情關係，一旦他了解自己的妄念不切實際，就會瀕臨崩潰，整個人極度難過，感覺就像報廢一般。這個人不會對自己所為洋洋得意，他會感到懊悔。

這讓我們有機會設計一套心理戰略，這是逮捕他的關鍵。

雖然我不會把殺害艾莉森、派洛特的兇手定位為連續殺人犯，但他的犯罪手法非常老練，表示假如又有這類的狀況發生，他肯定又會再殺人，而我們從連續殺人犯的研究所獲得的行為觀察可能有助於了解他。碰上這種犯罪類型，剖繪可能有助於縮小嫌犯的名單範圍，或在調查過程中發現兇嫌另有其人，但對我和我的下屬而言，剖繪對行動策略的策畫最有幫助，這點應該予以強調。

這裡可以不用強調剖繪的特定細節。我們真正必須知道的，而且從犯罪細節及現場來看，我們也肯定知道的，就是這名兇手並不好受。因此我告訴警方我們應該設法讓他到死者的墳前。我們的研究顯示兇手會這樣做主要有兩個理由（一般來說兩者是互相排斥的）：一個理由是出自極度後悔，另一個理由是再度體驗犯罪當下的刺激情景。假如這個人到墳墓去，應該是出於悔恨，我們有很多辦法可以對付他。

我建議在報紙上刊登文章，描述艾莉森的生活點滴及令人印象深刻的表現，凸顯她的溫暖個性。我提議在墓地或棄屍處舉行一個盛大的追悼會。為了讓民眾可以指認出他，我建議放話說他可能還會傷害其他小孩。我認為在犯罪之前，他極可能利用酒精來降低他的心理壓抑程度，而且犯案後可能也喝不少酒來減輕壓力。他周遭的人：朋友、家人及同事，都會看出他的外表及行為有異樣，這會是一條線索。

由於我強烈感覺他可能使用一輛廂型車，所以我提議警方向大眾宣稱在體育場或公園附近看見一輛可疑的廂型車，任何知道這輛車子的人都應立即通知警方。這樣做的效果可以讓不明行兇者主動現身澄清這輛廂型車的報導，他可能會說自己是這部被認為有嫌疑的廂型車的車主，提出何以他會在那裡的合法或無罪的理由，這會讓他自投羅網。

儘管多倫多首都警察宣布獎賞五萬美元給提供線索、讓他們逮到兇嫌的民眾，仍沒有找到殺害艾莉森·派洛特的兇手，他們對這起案件反應強烈。對於我及匡提科的同事而言，大部分案件中我們都無法長時間駐留現場，持續提供建議，這實在令人深感挫折。我並不責怪多倫多首都警察局，那是一個優秀的單位，在罪案發生期間，他們的謀殺案件破案率高達百分之九十，而且在前一年，他們只有一個案件未破。他們是一個優秀、具有熱誠的團體，他們確實檢查了這個地區的每家照相館，利用這份剖繪告知民眾他們的尋找對象，但我提出的另外一些建言並未受到採納。每個人都有自己的一套方法與程序，而一旦剖繪員離去，他的建議可能隨之煙消雲散。我仍然相信可以抓到這個傢伙，雖然過了這麼多年，當然情況會更為困難，但如果我們認為兇手並非陌生人，我們就可以採用更保守的方式：因為潛在的嫌疑人口其實有限。不過，若兇手比較可能是陌生人，通常就需要一種更急進、更有創意的方法來解決。

我會建議找出歹徒的弱點。當然，在不知道兇手是誰的情況下，要確知其弱點本來就不容易，但在這個案子中，我確認後悔就是他的弱點，所以必須持續對他施加心理壓力。因此，我會選擇艾莉森的生日或死亡周年紀念來讓這傢伙現身，提醒他這個日子的重大意義。你可能會認為我在這裡說出策略後就不可能有效了，兇手一旦知道後就不會落入我們的圈套，但我可以用多年的經驗告訴你，他愈是想逃避，就愈可能露出破綻，我們就愈有機會逮到他。沒有所謂的完美犯罪或完美罪犯。

在我心中，艾莉森的死亡是一齣雙重悲劇：不只是因為一條充滿愛與光明前途的年輕生命遭受如此兇狠殺害，而兇手沒有受到懲罰，也因為她的死亡原本可以避免。如果艾莉森的父母或師長陪伴她去見這名自稱是攝影師的男子，我相信就不會有任何不幸發生。他或許還是會替她拍照，拿那些照片來自慰，然後就去過他自己的日子。想到這種拿兒童照片來手淫，幻想和她們產生親密關係的墮落行為，實在很令人不齒。不過，如此一來這名年輕女孩就會安然無恙。我相信當她單獨出現時，他一定嚇了一跳，因而覺得她已長大獨立，所以他可以比以前更放肆而為。

父母不可能防止所有這類發生在孩子身上的可怕事情，但只要我們設法了解威脅的本質與犯罪者的人格類型和動機，至少有部分不幸是可以防止的，重要的是我們必須嘗試。我必須不情願地說盡量不要相信別人，我很不希望灌輸自己的小孩那樣的訊息，但我們不得不接受這個時代的殘酷現實。我們不必緊張兮兮地妄想每一棵樹後面都潛伏著一頭怪物，事情沒有到這麼恐怖悲慘的地步，劫持兒童的統計數字其實不高，而且大部分是喪失監護權的父母所為。我們不必神經兮兮，但必須隨時警覺，密切注意。

大約距艾莉森．派洛特的屍體被發現之處約六十五公里的地方，又出現一個不同類型的變態人格：一隻真正的怪物。一名美麗的少女克莉絲汀．唐安．弗倫區（Kristen Dawn French）遭其殘殺而死，除此之外至少還有兩個人也死在他手裡。

克莉絲汀．弗倫區家住安大略省的聖凱瑟琳斯（St. Catharines），在尼加拉大瀑布與紐約州的邊界。聽過她的人都說她很傑出，長得漂亮，有一頭秀麗烏黑的長髮，家人、朋友及學校老師都很喜歡她。她念聖十字中學（Holy Cross Secondary School），在學校裡她是一名模範生，從很小就開始學溜冰，現在已是一名溜冰好手。朋友說她很愛笑，樂於助人解決難題。她很愛她的初戀男友，整個人洋溢著幸福。

一九九二年四月十六日周四，整天下著雨。接近下午三點時，克莉絲汀．弗倫區在從學校回家的路途上失蹤，此時距離她十六歲生日還不到一個月。她的父母道格拉斯及唐娜．弗倫區（Douglas & Donna French）很了解他們的女兒，知道她總會準時到家，要不然就會先打電話回家交代行蹤。當下他們甚至還猜想她說不定是遭到留校處罰，但這對克莉絲汀來說實在不可能，所以他們不再往這方面揣想。到了五點半她還是沒回家，唐娜於是打電話向尼加拉地區警察局報案。

事情並非全無線索，有五名目擊證人告訴警方與克莉絲汀失蹤有關的事。一名同校同學在二點五十分左右開著他的卡車接近林威爾路（Linwell Road）轉角時，看到她從學校步行出來，她身上穿著綠格子花呢裙、褲襪、白襯衫外套及V字領毛衣，腳上穿著紅棕色的平底鞋。另一名目擊者報告，大約在兩分鐘後看見一輛奶油色的雪佛蘭大黃蜂在路德教會前靠邊停下，三分鐘後，車子裡的兩名男子和克莉絲汀說話，駕駛者看起來大約二十四到三十歲之間，褐色頭髮。第三名目擊證人當時正前往市區去接她女兒，她看到一名女孩正在抵抗那輛車子裡的一名乘客，他正用力把她推到褐紅色的後座，但她猜想或許那是年輕男女在嬉鬧或吵架。第四及第五名目擊證人都是駕駛：大約三點左右，這輛大黃蜂駛離教會停車場超速前進時幾乎與他們相撞。另外，還有人在劫持發生前幾天，看見一輛類似的車出沒於聖十字中學與湖港中學（Lakeport High School）一帶。這讓警方推測克莉絲汀及其他學生可能曾遭跟蹤，而這件劫持案乃是經過策畫而非臨時起意。

在調查緊鑼密鼓進行時，警方的心理學家利用催眠術，幫助潛在的目擊證人喚起那天下午的記憶。不只一個人描述說看見一對年長夫婦在劫持發生時正經過教會，而且驚駭地用手指著這輛車子和克莉絲汀。如果這對夫婦真實存在，他們卻一直都沒來報案。

所有訊息都很重要。然而，常有原本被認為很重要的資訊，其實與案子本身毫無相關，這種狀況我也看過很多次。資料若與案情無關或完全錯誤，可能會誤導整個調查方向。因此，我總是建議專注做整體的犯罪分析，而不要特別依循某一條可能的線索。

在停車場，犯罪現場的鑑識人員找出輪胎痕跡，並找到一張破損的加拿大地圖和一小撮疑似克莉絲汀的頭髮。復活節前的周五，克莉絲汀的好友及溜冰同伴蜜雀兒．圖吉能（Michelle Tousignant）和她的母親沿著林威爾路開車找尋。她留意到路上有一隻紅棕色的右腳平底鞋，很像是克莉絲汀所穿的鞋子，於是她把它撿起來，交給兩名尼加拉警局的警員，當時這兩名警員正沿著克莉絲汀平常的回家路線挨家挨戶查訪。唐娜．弗倫區認出這隻鞋屬於她女兒所有，因為鞋子裡有一個拱形的足弓墊。

警方發起龐大的搜尋和調查行動。聖十字中學的學生仍帶著希望，焦急地為他們的朋友輪班守夜。他們在樹幹及電線桿上綁上綠色絲帶，作為希望與想念的象徵。道格拉斯．弗倫區為愛女能安全歸來而上媒體公開呼籲，而他的妻子一想到克莉絲汀可能正遭受的苦難就悲痛不堪，幾乎每天晚上她都夢見克莉絲汀在大聲哭叫，讓她一直處於煎熬中，但不管她怎麼做，一切似乎都徒勞無功。

另外有一件恐怖的少女謀殺案可能與克莉絲汀．弗倫區的失蹤有關，讓人開始懷疑加拿大境內這個一向平安的地區也出現了連續殺人犯。一年前的六月十四日下午七點，列思理．艾琳．瑪哈費（Leslie Erin Mahaffy），就像克莉絲汀．弗倫區一樣，距她的十六歲生日不到一個月，離開她位於柏林頓（Burlington，在安大略湖的西岸，與聖凱瑟琳斯隔湖相對）的家。這個地區人稱「金馬蹄鐵地區」（Golden Horseshoe）。

這名漂亮的女孩是柏林頓中學的九年級學生。她正要去史密斯殯儀館為克理斯．伊凡茲（Chris Evans，她學校裡的朋友，和另外三名少年死於一起車禍中）守靈。列思理答應她在附近的哈爾頓（Halton）教書的母親黛比（Debbie），在晚上十一點之前會回到家。

晚上十一點是她回家的最晚時限，之所以會有時限的規定顯示母女之間有一些問題與衝突。列思理是一位聰明、勇敢、獨立的女孩，但在接近十五歲時，這種年紀的青少年慣有的情感衝動和叛逆性似乎也在她身上蠢蠢欲動。她有時會故意在十一點過後許久才回家，甚至曾有過通宵不回家的紀錄，有一次還因在商店偷竊而被抓。她的問題多少也與她父親羅伯特（Robert）有關，他是政府單位的海洋專家，常常要離家到遠地出差。

當夜在守靈之後，列思理和幾位朋友聚集在當地青少年喜歡去的樹林裡一處空地上，喝了一些啤酒，彼此安慰。幾乎快到凌晨兩點，列思理才走路回家，一位男性朋友隨行保護她。家中一片漆黑，她告訴那名男孩說她父母看到她時會對她咆哮，因此他最好還是在她進門前離開。他向她道別，並說早上還會來接她去參加葬禮。

但是，當列思理敲門時，發現每道門都從裡面上鎖。她母親已決定好好教訓她一頓，讓她進不了門，讓她必須按電鈴吵醒她。她會起來開門，然後馬上處罰列思理，不想等到明天。

可是，列思理沒有去按門鈴，她走到上中路（Upper Middle Road），然後打電話給她的朋友阿曼達．卡皮諾（Amanda Carpino），希望能到她家過夜。但阿曼達知道列思理和她母親吵架的事，而且列思理的母親還向她母親賈克琳（Jacqueline）抱怨過列思理，所以她根本就不敢問她能否讓列思理來家裡過夜。碰巧，阿曼達的妹妹當夜在另一位朋友家過夜，卻打電話回家說生病了。大約凌晨兩點半時，賈克琳．卡皮諾穿好外出服，開車去接她的小女兒回家，由於她有聽到列思理打給阿曼達的電話，她就開到上中路去，看看能不能找到列思理，把她帶回家。

她沒找到列思理。很明顯她已回家去準備接受處罰了。

但她並沒有回家。黛比．瑪哈費早晨醒來時沒有看到列思理。她以前也幹過這種事，賴在朋友家過夜，所以黛比也沒有太擔心。可是，等到克理斯・伊凡茲的葬禮舉行時，說好會參加的列思理卻還沒有出現，黛比開始緊張起來。到了下午四點半，黛比・瑪哈費慌張地打電話給哈爾頓警察局報案，說她女兒失蹤了。接下來幾天，列思理的家人和朋友在柏林頓和哈爾頓地區貼了五百多張尋人海報，希望得到一線消息。

一九九一年六月二十九日，在列思理據報失蹤兩周後，她遭到肢解的屍體在附近的吉柏森湖（Lake Gibson）淺水區域被發現，屍塊被填入數塊預鑄混凝土中，驗屍報告顯示她受到殘暴的性攻擊。

所有我碰過的強暴受害者父母都充滿了強烈的自責與悔恨，覺得沒有盡到責任來防止不幸發生，黛比・瑪哈費也不例外。列思理一失蹤，她就痛心疾首，極度懊悔那天晚上把她的女兒關在家門外，結果發生那麼悲慘的不幸。

在列思理的父母甚至還沒有機會埋葬他們的女兒前，當地又有一名叫妮娜・德維里爾（Nina DeVilliers）的女孩遭人殺害。兩件意外並沒有明顯的關聯，但是兩名少女橫死於同一地區似乎不只是巧合。去年十一月時，另外一名十五歲的少女泰瑞・安德森（Terri Anderson）也在林威爾路上失蹤。她就讀聖十字中學旁邊的湖港中學，是一名好學生，也是學校的啦啦隊隊長。她失蹤的時間大約是凌晨兩點，在回家的路途上。那晚她去參加一個聚會，據說初次試嚐了迷幻藥。

克莉絲汀・弗倫區失蹤了一段時間仍然沒有任何音訊，民眾的恐懼愈來愈深。警方全面追查這輛奶油色的雪佛蘭大黃蜂，在調查開始進行前，警方把印有這款汽車照片的傳單貼遍渥太華各角落，上面還附有由警方付費的電話號碼，並對所有奶油色的雪佛蘭或模樣類似的汽車都攔下檢查，在其擋風玻璃貼上一張貼紙作為識別。

然而，一九九二年四月三十日周四早上，距離克莉絲汀失蹤正好兩周，一名四十九歲的廢金屬商人羅傑・玻以爾（Roger Boyer）在路邊樹林尋找廢棄的農場設備時突然看到一具赤裸的屍體，他嚇得毛骨悚然。屍體被折彎成胎兒的姿勢，宛如睡著一般。死者黑髮被剪得像男孩一樣短，但從屍體的形狀及手腳的大小，玻以爾推測死者應是成年女性或女孩。

實在很湊巧，棄屍地點與柏林頓的哈爾頓山紀念花園（Halton Hills Memorial Gardens），即列思理・瑪哈費所埋葬的公墓，只隔著一條帶狀的綠地。

玻以爾報案後，警方立即採取行動，整個地區全面進入戒備。然而，媒體不久即獲悉這項發現，恐怖的謠言到處流竄。哈爾頓警探雷納・蕭（Leonard Shaw）趕往現場處理後續。克莉絲汀童年時曾因意外而失去左手的小指尖，蕭抬起屍體的左手時，他看到了同樣的殘缺。

法醫的驗屍報告更加深了恐怖感。致死原因是繩綁窒息，就像列思理・瑪哈費一樣，她也遭到毒打和強暴。屍體的狀況良好，表示克莉絲汀一直到前幾天都還活著，或許甚至還死不到二十四小時，而她被兇手所擄的時間至少有一周半。

克莉絲汀的葬禮於五月四日在聖凱瑟琳斯的聖・阿弗瑞德教堂（St. Alfred's Church）舉行，來參加追悼的人超過四千名。民眾充滿同情，巨大的教堂充滿悲憤的氛圍，人潮擁擠，有一千多人必須站在教堂外聽禮拜。她依家族規定埋葬在普利桑鬼公墓（Pleasantview Cemetery），就在她祖父母的墓旁。很明顯地，每個參與辦案過程的人（從偵辦警員、犯罪現場鑑識人員到法醫），都受悲傷氣氛所感染，這些訓練有素的專家以前很少有過如此悲慟的經驗。

整個金馬蹄鐵地區都籠罩在恐懼中。克莉絲汀・弗倫區屍體的發現直接促成「綠絲帶行動」

（Operation Green Ribbon）的成立，原是同班同學所發起的希望運動，後來演變成加拿大執法史上最大的一次搜索行動。這支由多種單位合組的聯合專案小組，由幹練的尼加拉警察局督察溫斯．貝文（Vince Bevan）指揮。這幾個案子轟動全加拿大，被通稱為「女學生謀殺案」。

五月二十一日，泰瑞．安德森的屍體被發現在安大略湖的鐸爾豪齊港（Port Dalhousie）港口上漂浮，致死原因無法確定，警察最後判定她的死亡為意外，與她吸毒無關。即便警方一直低調處理，媒體卻開始炒作這起命案與列思理．瑪哈費、德維里爾及弗倫區三案的關聯。貝文是一位熱心專注、嚴肅的調查人員，不願意耗費時間和新聞界周旋，可是這也造成了專案小組在發布消息及與民眾溝通上的問題。哈爾頓的小組長久以來就一直將資訊公開，好讓民眾提供有用的線索；而尼加拉警方向來很不願意透露任何案情的進展，這變相鼓勵媒體對重大的案件發表自己的獨立調查報告。

經驗告訴我，在把危險人物繩之以法的過程中，民眾常常是警方的重要夥伴。所以，雖然保留一些特殊的事實及資訊確實是好主意，但我的意見是：盡可能和媒體合作，讓民眾盡力幫助你。

除了密切跟蹤民眾及法醫提供的線索外，綠絲帶專案小組也與聯邦調查局取得聯繫，特別是紐約州水牛城（Buffalo）調查站的特派探員恰克．華格納（Chuck Wagner）。水牛城就在金馬蹄鐵地區的南方邊界上，水牛城調查站一直與當地的加拿大警察局及國家所屬的皇家加拿大騎警隊（Royal Canadian Mounted Police）維持良好的互動關係。恰克是這處調查站的剖繪專員，他打電話給匡提科調查支援組的葛雷格．麥奎利（Gregg McCrary）。我們支援組規定每位探員有其特別責任區。葛雷格先前當過中學老師，也是東方武術的高手，在我們帶他到匡提科之前，一直是紐約調查站的外勤探員。

葛雷格一看到這些案件，就對克莉絲汀．弗倫區的棄屍地點嚇了一跳，因為很接近列思理．瑪哈費的墓地。列思理是從柏林頓被運到靠近聖凱瑟琳斯的地方棄屍，而克莉絲汀則是在聖凱瑟琳斯遭到劫持，然後屍體被棄置在靠近柏林頓的地方。他不認為這是偶然，要不是這些犯罪彼此真的有關聯，就是這名不明行兇者故意要警方相信他們是有關係的。不管如何，殺害克莉絲汀的兇手顯然對列思理謀殺案有所反應。

葛雷格判斷兩件謀殺案應該都是陌生人所為，看不出有任何兇手認識受害者的跡象，不過，兩名女孩在遇害前很可能都曾遭到監視和跟蹤。對兇手來說，這是高風險的犯罪行為。克莉絲汀在光天化日、眾目睽睽之下，被歹徒從教會停車場抓走；而列思理則在家門前被劫走。

我們看見這種類型的犯罪時，首先想到的是一名年紀尚輕、不世故、行事不周密的兇手，因為忍不住心中醞釀許多的性幻想而不顧一切地犯案。因此，當我們看見這種高風險的犯罪時，我們推測兇手不會立即把受害者殺死。依據檢驗醫師的報告，克莉絲汀・弗倫區的情況正是如此。

但目擊者說兇手有兩名，這點對剖繪的考慮點造成改變。假如有兩個人涉及這樣高風險的劫持，則評估便有所改變，不會再認為兇手有不通世故、幻想的一面，現在似乎更像是年齡較長的慣犯所為，在兩家中學跟蹤及監視女孩的行為足以證明這點。這種類型的犯罪若是由單獨一人所為，則這多半是他的初次犯行；若是兩人犯下同一罪行，則顯示出一種熟練老到的犯罪手法。

這兩件重大謀殺案對屍體的處置方式大相逕庭，這顯示兇手有可能並非同一人。不過，在通盤考慮後，葛雷格認為這不可能。較可能的是，兇手變得更大膽或更精明。他肢解屍體時顯然耗盡心力，然後把屍塊和混凝土攪在一起，鑄成幾個石塊，放在車子裡，開到吉柏森湖去。儘管他大費周章，屍體很快就被發現並認出受害者身分。所以，下一次何必那麼麻煩？對犯罪手法改變的另外一種解釋是：兇手變得更加有自信，向警方誇示他的厲害，讓他們知道他與殺害列思理．瑪哈費的兇手是同一人，所以把最新的獵物就「埋葬」在附近之處。或者，假如兩種解釋都對，那就表示他正在擴大行動，開始把幻想化諸實際，而且開始說服或強迫他人和他一起演出。

剪掉克莉絲汀的長髮及對她身體做性攻擊，顯示這名男人憎惡或輕蔑女人，需要藉侮辱她們來證明自己很行。這種人多半性功能失常，而假設他有妻子或女友的話，他也會用類似的方式在性方面支配或侮辱她。

幾年前，葛雷格對發生在紐約羅徹斯特（Rochester）殺害性工作者及無家可歸女人的連續謀殺案兇手做剖繪，從他所掌握的事實，葛雷格猜測這個人會有某種性功能障礙，可能無法完全勃起。稍後發生的犯罪行為更加劇烈，這讓葛雷格建議警方對新發現的棄屍點進行祕密監視，因為他感覺兇手會返回那裡，這個策略最後終於把亞瑟．蕭克羅斯（Arthur Shawcross）逮住，他因多項罪名被判二級謀殺罪，要服兩百五十年的徒刑。後來訪談蕭克羅斯曾經找來的其他性工作者，發現除非她們裝死，否則他就無法維持勃起或達到性高潮。

葛雷格推測，假如有兩人結夥做案，那麼通常其中一人為支配者，而另一人則是順從的跟隨者。強暴及性謀殺案中兩人結夥犯案的情形並不常見，但我們有碰過這種案子，也對它們做過研究。案例可以回溯到肯尼斯．白安契（Kenneth Bianchi）與他的表弟安哲羅．布歐諾（Angelo Buono）。

一九七〇年代晚期，他們在洛杉磯一帶為虐，人稱「山間勒人者」。這種組合甚至還可以回溯到更早期的詹姆士．羅瑟．歐登（James Russell Odom）與小詹姆士．克萊頓．羅森（James Clayton Lawson, Jr.）這對搭檔：他們兩人在加州阿塔斯卡德羅（Atascadero）州立精神病院認識，兩人都因強暴罪而在那裡服刑。

克萊頓・羅森消磨時間的方式是向羅瑟・歐登描述一旦他被釋放出去，便要抓些女人來施以酷刑。他自己對性交並不感興趣，但是歐登則興致勃勃。一九七四年他一獲得釋放，就在南卡羅萊納州找到羅森。幾個晚上之內，他們就到便利商店綁架了一名在那裡工作的年輕女孩，然後將她強暴、殺害，並予以分屍。受害者的屍體被棄置在舉目可見之處，而兇手則在數日之內即被逮捕。一直順從羅森的歐登簡直嚇破了膽，他承認強暴了這名女孩，但否認參與殺人。他被判強暴罪、非法持有武器，及殺人從犯。扮演支配角色的羅森在分離審判中，一直在法庭上咀嚼粉筆，並極力否認參與強暴：「我只想毀掉她。」他被判定一級謀殺罪，一九七六年由南卡羅萊納州當局以電椅處死。

另外我們可以想到的、更墮落的犯罪夥伴是勞倫斯・白特克和勞伊・諾里斯。就像歐登和羅森，他們在牢裡認識，地點是聖路易士歐畢斯波（San Luis Obispo）的加州男犯監獄，他們發現彼此同樣喜好對年輕女性施予支配、傷害及性虐待。一九七九年他們兩人都獲得假釋，之後便一起在洛杉磯，聯手計畫綁票、強暴、凌虐並殺害少女，準備從十三歲到十九歲，每個年紀都殺一名。他們順利殺了五名女孩，手段兇暴慘烈，而第六名受害女孩則在被強暴後設法逃離報警。諾里斯是兩人中的順從者，被警察抓到後也很快屈服，供出並告發他的支配夥伴，以換取不被送進毒氣室。他也帶領警方到各個棄屍處，一副骷髏上仍插著白特克的敲冰器，從耳朵洞處穿出。這不知悔改的白特克是我見過最邪惡的人之一，他在加州的死刑犯名單中多少有點名氣。在那些仰慕他的獄囚向他要親筆簽名時，他會簽下「老虎鉗白特克」，老虎鉗是他最中意的凌虐工具之一。

這並不是說這類型的兇手無能表達深沉及真實的感情。特派探員瑪麗・愛倫・歐圖爾（Mary Ellen O'Toole）和我有機會在聖昆汀訪問白特克，在好幾個小時的面談中，白特克的眼光從沒和瑪麗・愛倫・

歐圖爾接觸，我們認為這點很有意義。他不願意看她。不過，當我們帶出他所犯之罪的話題時，他就嚎啕大哭起來，魁梧、兇惡的勞倫斯．白特克流下了悲傷的眼淚，但他並不是為他的受害者失去性命而哭，而是為他被逮住、一生被毀而哭。

葛雷格．麥奎利以很類似的方式看待殺害克莉絲汀．弗倫區的支配性主嫌。他的年齡應在二十五至三十出頭之間，這與證人的描述一致。他鐵定是一名掠奪成性的人，一名天生的操弄者，靠剝削別人及各種體制而活。他比較像勞倫斯．白特克或克萊頓．羅森，而不像殺害艾莉森．派洛特的兇手。他不會因受害者、其家人或社會的痛苦而有罪惡感或悔恨所為，每次成功的殺害只會更加激化他的胃口，準備讓不幸者受到更多的痛苦、流更多的血。

這種支配慾會在他的生活中不斷重演。很多性虐待狂都有結婚，要不然就一直和女人有交往。假如這名不明行兇者擁有另一半，他很可能會毆打自己的伴侶，並予以性虐待，像質問他的行蹤這種日常小事也會惹來他勃然大怒。

他應該會有性犯罪的背景，開始時可能只是講粗話或偷窺，最後加劇到性攻擊，他或許也曾因此而被逮捕過，身旁的人（他的妻子、女友或者共犯）會知道他的前科。葛雷格推測他或許從事與手工技術有關的工作，可能使用電動工具或在五金行上班，而且會在自家開店。最後，應會有一些壓力因素引發他最初的殺人犯行，也許他的妻子終於把他驅逐家門，或許他失去工作、遭受某種嚴重的職業挫折，又也許兩者都有。

警察一邊全面尋找這輛奶油色的大黃蜂，可是調查卻拖延時日，沒有多少進展。為了不讓這個案子石沉大海，綠絲帶專案小組決定公開案情，這是我們在匡提科一直提倡的方法。

一九九二年七月二十一日周二，安大略省漢米爾頓（Hamilton）當地的電視台播出了一個不尋常的節目，而加拿大其他電視台也以全國聯播的方式同步播出。節目名稱為〈克莉絲汀．弗倫區劫持案〉，由幾個人現身說法，包括綠絲帶專案小組的指揮官溫斯．貝文、安大略省警察局的剖繪員凱特．卡瓦那夫（Kate Cavanagh）、特派探員恰克．華格納，以及從匡提科前來支援的葛雷格．麥奎利。

〈克莉絲汀．弗倫區劫持案〉使用了警方報告、圖表、目擊者說明，並一再重播雪佛蘭大黃蜂在案發時的多處據報位置，目的就是將案情重大細節公諸大眾，希望觀眾能提供線索，以利案情進展。這是警方首度透露目擊證人對駕駛這輛汽車的兩名涉嫌男子的描述。一支由訓練有素的志願人士所主持的電話專線小組負責接聽節目播出後的觀眾來電。貝文與節目主持人丹．麥克萊恩（Dan McLean）利用犯罪現場所找到的地圖線索，呼籲觀眾回想當時是否有成年男性向他們問路或求助，而讓他們覺得可能有嫌疑。主要的重點之一是要找出那輛車子，依此追溯到車主。

葛雷格．麥奎利在節目進行到大約一半時，向觀眾說明他的剖繪重點，解釋各種行為線索，表示這名不明行兇者年紀應是在二十幾歲到三十歲出頭，是一名性犯罪的慣犯，剪掉克莉絲汀的美麗黑髮顯示他需要藉羞辱與貶損女人來掩飾自己人格與性方面的缺失。葛雷格接著大略描述了性犯罪中支配者與受支配者的典型關係，他說明了犯罪者的行為特徵，及犯罪者在克莉絲汀被劫持前後可能會有什麼行為上的改變。

基本上，從四月十六日到四月三十日她的屍體被發現為止，兇手的日常生活表現會完全不同。我們知道克莉絲汀的死亡時間很接近屍體被發現的時間，這意謂著不管兇手把她囚禁在什麼地方，他一直全神貫注地餵食、監視她，而且不斷地依他的妄念攻擊她，但這未必意謂他在那段時間都沒有去上班，如果他有一份固定工作的話。他會全神貫注、戰戰兢兢，而且他的神態會明顯地讓朋友及同事感覺有異。他會隨時留意調查和新聞報導，而且會常常討論警方案情進展的狀況。假設他正在和女人交往，關係也會比平常更緊張：他會更常發怒，甚至講一些更不堪入耳的話。

剖繪的主要目的是讓觀眾幫忙指認不明行兇者，藉著讓民眾知道更多的案情，我們讓接近不明行兇者的民眾不知不覺中變成了剖繪員。

幾乎所有性犯罪連環兇手（尤其是那些處心積慮謀策者）都會密切注意有關調查的媒體報導。當我們去住宅搜索時，看到罪犯家中一堆剪貼簿、剪報及新聞報導的錄影帶，一點也不會覺得驚訝。因此，我們假設殺害克莉絲汀的兇手一定會看這個被廣為宣傳的節目。所以到了一個環節上，丹·麥克萊恩就問葛雷格兇手現在會有何感覺。

「壓力。」葛雷格回答，這與罪惡感或悔恨無關，而是擔憂會被發現與逮捕。

「假如你正在看這個節目，」葛雷格宣告，直接地對著克莉絲汀·弗倫區的未知兇手說：「我要告訴你，你很快就會被逮捕。這只是時間的問題而已！」

假如有人認出葛雷格與卡瓦那夫所描述的行為而打電話來提供線索，兇手很快就會被抓到。這時刻一定會到來，葛雷格強調：不明行兇者最好別幻想一直逍遙法外。

他接著解釋：當不明行兇者的壓力增強時，親近的朋友與家人的危險也會增加。他會愈發憤怒難測，更加無法控制自己的恐懼與脾氣，而處境最危險的就是對他的犯罪知情的兩個人：他順從的助手及他的妻子或女友。與主犯不同的是，這兩人心裡都會因參與殺害無辜者而掙扎不已。葛雷格與警方疾呼這兩名共犯趕緊投案，以免成為下一位受害者。

溫斯・貝文說：「假如你正在聽，為了你自己好，請給我們一通電話！」

過去，這種偵辦技巧成果可觀。舉個例子，一名在聯邦調查局西南部調查單位上班，名叫唐娜・琳・維特（Donna Lynn Vetter）的速記員遭闖入她公寓的暴徒強暴並殺害。這時，聯邦調查局局長認為有必要發出強烈、直接的訊息：你不可能殺害聯邦調查局人員還想逍遙法外。匡提科兩名最優秀並且最有經驗的探員：行為科學組的洛伊・哈茲伍德及調查支援組的吉姆・瑞特，立即受命搭乘局長的專機趕到現場處理案情。

在檢查了謀殺現場及法醫證物後，洛伊和吉姆一致認為這是個惡化的強暴案件：謀殺並不在罪犯的計畫之中或者不是主要意圖。他們很有把握能做出兇手的行為描述：他的背景與教育水準、他居住地距離這棟花園公寓的遠近、他長期累積的憤怒和非社會化的程度。他們認為他會把犯罪的事實吐露給親近的人聽：要不是同事就是和他住在一起、常遭其毒虐，但又依賴他的女人，這兩位探員認為那個人現在正處於生命的危險中。在他們短暫停留時，他們接受了當地媒體訪談，把剖繪的大部分細節公諸大眾，並疾呼那名與不明行兇者親近的人趕緊投案，以免遭其毒手。

沒過幾周，兇手的持械搶劫夥伴與警方聯絡。兇手被逮捕，其掌印與謀殺現場所發現的相符，所以就將他予以起訴。剖繪幾乎在每一個重要的細節上都堪稱準確。兇手是一名二十二歲男性，與姊姊同住，並在金錢上依靠她供給。犯下謀殺案時，他尚在強暴罪假釋中。他被交付審判，被判定有罪，並在兩年前遭處極刑。

我們期待這個全加拿大都收視得到的節目也可以產生類似的效果。

事實如此，殺害克莉絲汀・弗倫區的兇手看了這個節目，還錄了下來。

他的名字叫保羅・肯尼斯・伯納多（Paul Kenneth Bernardo）。當他在看這個節目時，因認為剖繪非常不真確，所以暗自竊喜。雖然他二十八歲，但他並不靠手工技術維生，也不在五金行工作。他極度聰明，大學時主修會計，畢業後一直在布萊斯・瓦特豪斯（Price Waterhouse）會計事務所擔任低階的會計師，之後參加嚴格的國家會計師考試，未獲錄取。最近幾年他生活過得不錯，靠走私美國香菸到加拿大轉賣賺了不少錢。他沒有駕駛奶油色的雪佛蘭大黃蜂，相反地，他有一輛香檳金色的日產後掀門轎車，他到教堂做案時開的就是這輛車。不同的目擊者對事實的描述常會有出入，這點正可說明為什麼我從不把目擊者的陳述當作福音。此外，伯納多並沒有男性從犯，幫他誘拐克莉絲汀・弗倫區並強迫她進入那輛車子的是他美麗的金髮妻子：二十二歲的卡拉・麗恩・侯牟卡（Karla Leanne Homolka）。

列思理・瑪哈費被她母親關在屋外的那個晚上，保羅就是把她帶到卡拉那裡。他一直在跟蹤列思理，他在門廊現身和列思理見面，兩人開始聊起來。她告訴他發生的事，向他要了一根香菸來抽，又坐進他的車子談話，然後他掏出一把刀子對著她，蒙住她雙眼，把車子開回家。

這些警察正在追查一個不存在的男性共犯及一輛不存在的汽車。

「他們休想捉住我！」伯納多在看這個節目時對卡拉說。葛雷格誓言他遲早會被逮捕聽起來真是可笑。

保羅・伯納多明顯無法了解卡瓦那夫與葛雷格的剖繪其實十分準確。他並非靠自己的雙手工作來維生，但他的確擁有一個地下室工作坊，他就是用那裡的工具來肢解列思理・瑪哈費，並且把屍塊裝到用硬紙板盒子作模灌造的水泥板裡。他的確不時凌虐和羞辱他的妻子，毆打她，逼她讓他對她做性虐待的動作，還把她鎖在他們租屋處的地窖裡，命她打地鋪睡在他的床鋪旁邊。他的確需要不斷的安慰來平撫他性無能的毛病，所以卡拉、他先前的女友及所有他的受害者，在他掐住她們的脖子、肛交或以其他方式對她們施以性虐待時，都必須稱呼他「國王」及「主人」。

而且他確實有犯罪前科。事實上，雖然警方不知道他的身分，他卻是赫赫有名的人物。

他就是「史卡巴羅之狼」(the Scarborough Rapist)。

「史卡巴羅之狼」在一九八七年五月到一九九〇年五月時，曾肆虐史卡巴羅這處多倫多的東北市郊地區，因而得此封號。他的主要犯罪手法是在女性下公車後（通常是在半夜三更時），跟蹤、制伏她們，然後予以強暴。在強暴時，他也在精神上折磨她們，說要殺掉她們，罵她們母狗、婊子、娼妓，及更難聽的話。在那段時間，葛雷格·麥奎利前往多倫多，我們兩人一起對強暴者做出剖繪，結果我們的描寫非常接近那晚看這電視節目時得意洋洋的人。

警方並沒有把史卡巴羅之狼與這名女學生殺手聯想在一起，因為其犯罪手法南轅北轍。前者伏候在公車招呼站，從背後襲擊受害者，但是並沒有殺人；而後者則在光天化日之下當眾抓走受害者，要不然就是從受害者房子的台階上把她們擄走。他們沒有考量到的是：先前的史卡巴羅強暴案與列思理·瑪哈費謀殺案已相隔一段時日，而我們對這名強暴者的推測其中有一項即是他的脾氣會更惡化，並從經驗中學習更進一步的犯罪手法。

雖然保羅·伯納多沒有犯罪前科紀錄，可是警方已經將他列入檔案。一九九〇年五月二十九日周二，《多倫多太陽報》(*Toronto Sun*) 刊出「史卡巴羅之狼」的合成圖像，是根據最新一名受害者（唯一清楚見到他的人）的描述而繪成。不可思議的是，這張圖像看起來酷似保羅·伯納多，結果就有一些他的朋友開玩笑說他就是那個強暴犯。其中一人嚴肅看待此事，便把這條線索通知警方，結果警察就登門拜訪伯納多。他很配合，充滿個人風采，同意給警方血液、頭髮及唾液採樣。

雖然他從來沒有被正式從嫌疑名單中剔除，檢驗卻一直沒有進行。DNA測試是一件費時又費力的過程，而警方實驗室的能力極其有限，要將依據每條線索而採集的樣品一一完成測試，需要耗時數年。保羅．伯納多因為沒有前科紀錄，所以一直不是嫌犯名單的重點，因此他的樣品甚至從來就沒有受到處理。要是有的話，列思理．瑪哈費和克莉絲汀．弗倫區可能現今仍然活於人世。

而且，另外還有一名受害者，這個人甚至沒有被綠絲帶專案小組列入名單，因為沒有人知道她也是受害者，她就是卡拉．侯牟卡的妹妹譚梅（Tammy）。

十五歲的譚梅．侯牟卡就像她的姊姊一樣，有一頭金髮，長得很漂亮。一九九〇年平安夜當天早晨，譚梅死於聖凱瑟琳斯綜合醫院（St. Catharines General Hospital）。她在父母的房子於神祕的情況下昏迷不醒，那個時候伯納多及卡拉都在這棟屋子。兩人都說他們看電視看到睡著了，醒來時聽到譚梅的喘息聲及困難的呼吸聲，很快地就變成幾乎無法呼吸。他們趕緊打電話叫救護車。警察判定這件死亡是意外事件。

事實上，譚梅是她姊姊的未婚夫伯納多的性迷戀對象。伯納多令卡拉幫他對譚梅下藥，準備在她昏迷不醒時強暴她。在藥物的效力之下，譚梅開始抽搐嘔吐。隔年六月，伯納多和卡拉在一場精心安排的盛宴中結婚。同一天，列思理．瑪哈費的屍體在吉柏森湖被發現。

現在，很明顯的問題是：以上帝之名，那麼聰明、受人疼愛的年輕女子，怎麼會嫁給這個強暴並殺害她妹妹的男人，任意受他毆打並糟蹋她的身體與感情，而且還實際參與他的綁票、攻擊及殺害天真無辜的年輕女性的計畫？

我希望這個問題有一個簡單明瞭的答案，不過並沒有。雖然我們已耗時多年研究性虐待狂及其順從的受害者，但往往要在事情發生後，我們才有機會建立這部分的知識。經過洛伊・哈茲伍德的拓荒性領導研究，我們已經可以歸納性虐待狂關係的一般演進方式。

第一，性虐待狂會找天真爛漫、依賴或脆弱的女人。事實上，她可能因為正遭受男人的凌辱而脆弱不堪。現在出現的這個新男人對她而言猶如天堂。

第二，性虐待狂會以溫情、禮物、情感或財務上的支援、身體的保護等（所有她需要的東西）來迷惑她。她會感受到他愛她並幫助她，而她也打算以愛他作為回報。保羅・伯納多長得迷人英俊且溫柔。女人總是會愛上他。

第三，一旦他達到那個目標，性虐待狂會開始鼓勵或說服她做一些她可能認為異常、奇怪或詭異的性動作。起初，這會像是一件偶發的事情。最後，它會演變成兩人間的例行關係，其後果是她的意志、她成長中被灌輸的價值觀及規範終將瓦解。這會反過來使她孤立於她的家人或任何知心好友之外，因為她不想談到這些性行為。

第四，性虐待狂對她與家人或朋友的關係盡力潑冷水，以達到孤立她的目的。他會贊同所有她的所作所為、日常活動。他需要變成她的存在中心，以達排除所有其他人事的地步。之後他可能會拿走信用卡，控制現金的使用，堅持她在特定的時間內不能離家，若她沒有做到就施予重罰。事實上，只要讓他感受到稍有不服從或不忠貞，她就受到處罰。

第五，當這個女人遭到隔絕後，性虐待狂變成她唯一的支柱。她努力保證對他的愛與感情，避免他生氣和憤怒，即使錯不在她，即使他隨興喜怒。虐待狂對她所說所做的一切，都更加讓她確認自己不好、卑下、愚笨或不夠格的新認同，使他的生氣與處罰變成理所當然，所以現在她必須隨時接受他的處置。卡拉寫了數百張的卡片、書信及便條給伯納多，為她的所有過失道歉，並允諾要改進。

洛伊的五階段分析確實可以精確解釋卡拉．侯牟卡遇見保羅．伯納多之後所發生的一切。後來，在克莉絲汀．弗倫區遭到監禁時，這位聰明機智的少女想說服卡拉幫助她一起逃離，但是卡拉已完全失去自主性。在這般冷瑟、荒涼、孤立的情況中，她所能想到的就是，若遭伯納多發現，會受到嚴厲的處罰。這種恐懼完全凌駕了她在看到這名天真無辜的女孩遭到強暴和凌辱時的劇烈反感，而且她心裡也很明白接下去這女孩就會遭到殺害。

雖然有些家庭成員和朋友知道伯納多有時候會毆打卡拉，但沒有人看出那是一種嚴重的凌虐關係。她總是對身上的瘀傷及鞭痕有一番說詞，要不是摔倒，就是發生汽車意外事故，或是她上班的獸醫診所的動物傷到她。甚至有一天，卡拉正在試穿結婚禮服時，她的兩個朋友也注意到她瘦弱的身體上有大塊的瘀傷，但在那時候，她們什麼都沒說。

伯納多不斷暗示她，有一天他會殺掉她。在玩虐待狂角色扮演時，他甚至會用他勒死那兩名女孩的同一根電線來絞住她的脖子。他威脅要把譚梅的事告訴她父母，逼得她不得不沉默，她一想到譚梅的事就要發狂。

大多數的性虐待狂都是自我耽溺的自戀狂，保羅．伯納多也不例外。他偏好時尚設計師的名牌衣服，幻想自己是個企業家，為他的失敗而責備這個世界。他以為可以一直這樣子下去：在完全操控及支配他一度愛好交際、活潑煥發的妻子之後，他還可以常常和其他的女人約會，而且還可以冒險誘拐少女，他甚至妄想要建立一處性奴隸的殖民地。在他開始犯下強暴案之前，他已經習慣長年坐在他的車子裡，透過臥室窗戶窺視年輕女孩更衣，他常用錄影機拍攝這些動作。就我們所知，並沒有人注意到或向警方報告這種行為。然而，如果他們去報案的話，警方就會嚴肅看待嗎？

保羅．伯納多最終還是栽在卡拉的手裡，我們本就預測結果會如此。當然，卡拉透過中間人去向警方投案，是否是因為感受到葛雷格．麥奎利那些話的壓力，這點我們不得而知。最後，她終究必須面對嚴酷的現實。凌虐情事終於明白地傳到她父母及朋友的耳裡。即便如此，她還是猶豫了好一陣子，才終於離他而去。

一名律師開始替她協商，希望以不利她先生的證詞為條件來減輕她的刑責。她住進西北綜合醫院（Northwestern General Hospital），待了七周之久，做精神病的診估，最後的協議是十二年徒刑，列思理．瑪哈費和克莉絲汀．弗倫區的家人也同意。保羅．伯納多在一九九三年二月十七日被逮捕。而他果然是個自我中心的懦夫，這是性虐待狂的典型性格。一旦他入獄後，他就開始葛雷格．麥奎利所說的「態度調整」。他向監獄當局訴說他害怕其他犯人可能會對他下藥，所以必須與一般囚犯隔離，以獲得保護。

接下來的審判，法官命令全面新聞管制：這在加拿大是合法的。此案變成加拿大的「世紀大審判」，留在加拿大人心中的印象之深刻，就如同辛普森（O.J. Simpson）案之於美國人，而其發生的時間也有部分重疊，都在一九九五年夏季。

在為期數周的作證中，卡拉終於把他們的關係全盤托出，其細節之慘烈，令人震撼。伯納多不只拍攝凌虐她的錄影帶，還拍攝強暴及折磨少女的過程。她作證說，伯納多強迫克莉絲汀觀看列思理被他強暴的帶子，想藉此來控制她，讓她順從。卡拉還娓娓說出被伯納多命令剪掉克莉絲汀的黑色長髮的經過。她說出伯納多如何亦步亦趨地密切留意「史卡巴爾之狼」及稍後的女學生謀殺調查，這正如我們所預測。

而且，正如葛雷格在他的剖繪中已略述的，伯納多在整個作證過程中沒有半點情感的反應或悔罪的表情，一臉淡漠，他只為被逮到及他的妻子兼性奴隸背叛他而懊惱不已。在犯罪部分，伯納多只承認參與強暴這些女孩，而把殺害她們的罪推給卡拉。

一九九五年九月一日周五，在經過一天的慎重考慮之後，陪審團判決所有九項罪名皆成立。其中最重大的兩項罪名：殺害列思理．瑪哈費和克莉絲汀．弗倫區的一級謀殺罪，讓他被判無期徒刑，並且至少二十五年不得假釋。

保羅．伯納多一案充滿不幸，其中之一是所有錯失的機會：認出一名性虐待狂歹徒早期犯罪跡象的機會；藉ＤＮＡ鑑定在「史卡巴羅之狼」加劇犯行、開始殺人之前抓住他的機會；遭虐待的妻子在自己變成重刑犯之前離開她先生的機會；她的朋友與家人認出應是非常明顯的凌虐事實的機會；卡拉和克莉絲汀一起逃離的機會；以及最令人難過的：兩位秀外慧中的年輕女孩成長、戀愛、成家及實踐燦爛夢想的機會。

作為剖繪員，我們有沒有從自己的犯錯中學到教訓？當然有。我們會不會又再犯部分相同的錯誤？或許。雖然已有法醫的證明和目擊者的說明，我們仍然想要尋找兩名男子：一名支配者與一名順服的夥伴。但現在我得到的教訓是：聽話的女性受害者也可能會是不可告人的犯罪的一名夥伴。

如我前面所說，多倫多警方請我們去，原本是因史卡巴羅強暴案，葛雷格．麥奎利和我都各別做過直接的鑑定。在偵辦建議之中，我們所提出的是一個「固定目標」的計畫，如同對付銀行連續搶案的策略一樣，強迫不明行兇者到你設定的下一個目標去做案。這個策略在這裡應該有效，但並沒有真的予以執行。我在這裡說出這件事，並非是要特別責備什麼人或機構。我要說的只是：假如我們所有人都可以更警覺，更意識到不對勁或不正確的事情，或許就可以避免未來再發生悲劇。

而其中一個要素是去了解你正在尋找的目標，了解真正的敵人的可能模樣。讓我們回到五〇年代，那個時代比較單純，對所有美國青年而言，胡佛的形象不只是個堅決打擊犯罪的強硬執法者，同時也是名嚴厲但慈愛的父親。聯邦調查局利用一張畫來警告兒童遠離潛在的危險，畫中顯示一名男子從樹後出現，提了一袋糖果給一個天真、信任人的小孩。畫面的隱喻和訊息很清楚：不要從陌生人手中拿取糖果。

這幅圖畫的意圖肯定是值得讚賞的，可是它也透露出五〇年代的危險似乎比較單純。至於現在，我恐怕得說，我們需要擔心的事，遠甚於陌生人的糖果。

這個案子的問題就是如此。這是我參與的第三個加拿大案子，就像派洛特和瑪哈費與弗倫區的謀殺案一樣，它涉及了強暴與謀殺一名天真孩童，但是它的背景環境及教訓並不相同，正如最初兩個案子彼此也不相同一樣。

一九八五年一月，我到多倫多提供當地檢察官起訴蘇潭波的策略。德罕（Durham）地區警察局犯罪調查組的警探約翰．薛佛德（John Shephard）和伯納德．費茲派特克（Bernard Fitzpatrick）要求我坐他們的車子到新找到的一個棄屍處去看看，然後給他們一些意見。我因已住院待了一整天，非常疲憊，所以只想回到旅館，喝點東西，然後倒頭大睡。他們已經把這案子提交給特別探員奧立佛・曾柯（Oliver Zink）處理，他當時在水牛城調查站擔任剖繪專員。我猜這個案子最終還是會交給匡提科處理，但在詳細聆聽這個案子的細節後，我心裡很明白，這不是個容易解決的案件。

前一年的十月三日，有民眾看到九歲的克莉絲汀・瑪里昂・傑索普（Christine Marion Jessop）在放學回家的路上買泡泡糖，這是最後一次有人看見她。她家在安大略省多倫多以北的一個小鎮昆斯維爾（Queensville），警方和自願民眾發動了大規模的搜索行動，但是一無所獲，沒有任何線索。

恐懼籠罩了這個寧靜的小鎮，鎮民假定一定是過路人劫持了她並把她帶走。市長及市政府官員呼籲所有家長務必警告他們的小孩小心陌生人，不要接近陌生人的禮物或糖果。這種被迫害妄想症和克莉絲汀失蹤所引起的恐怖感覺一樣強烈，這真是昆斯維爾小鎮的悲哀假期。

然後，在跨年夜當天，一個農民和他兩名女兒因撿到一隻流浪狗而出門到附近山德蘭（Sunderland）去找尋狗主人。在越過一片田地時，他們突然看到一具小小的人屍，大部分已剩下骷髏，腰部以下赤裸，只有腳上仍套著一雙白色且有藍邊裝飾的短襪，姿勢像青蛙一般。其他的衣服已腐爛，一雙耐吉田徑球鞋則是在附近找到的，草地上另外還找到一個帆布袋，裡面有一支豎笛，與克莉絲汀失蹤當天在音樂課所拿到的笛子相同。透過法醫的檢查和牙醫的紀錄確認死者即是克莉絲汀，她遭到多次戳刺，內褲的血跡和精液顯示她曾受到強暴。我的大女兒愛麗卡正好與克莉絲汀同齡。

我們坐在一輛沒有警用塗裝的警車前往棄屍地點時，兩名警探向我概略描述了案情內容。那一天克莉絲汀家裡沒有人在，她的母親珍妮特（Janet）和十四歲的收養哥哥肯尼斯（Kenneth）出門去看牙醫，然後，又去探望他們的父親羅伯特（Robert），他因一件白領犯罪案而入獄服刑。

我們知道克莉絲汀那天收到這支直笛。她的老師向警方證實她當時很興奮。我們也知道她去買口香糖的事，昆斯維爾百貨店的店員回憶說曾看見一輛黑色汽車駛過這條街道，也就是鎮上民眾都認為最有嫌疑的那部車，但我覺得這只是轉移注意力之線索，可能與案情根本不相關。她不是從街道上被擄走，我們知道她回到了家，因為她把她的腳踏車停在車庫裡。她家距離道路大約七十到九十公尺，我不認為陌生人會在她家門前劫持她，這要冒著被人瞧見的風險，他甚至不知道家裡是否有人。這是一樁暴力犯罪，需要民眾幫忙提供線索。這點很重要，我們一再鼓勵民眾參與，但是我們也知道必需要過濾所有的訊息，設法把真正的線索與不重要的枝節分辨開來。

他們也帶我去拜會克莉絲汀的父母，他們詳盡、生動地描述了他們的女兒。那晚稍後，我記得我在坐在這輛沒有警用塗裝的汽車後座，看了棄屍地點，並到那棟房子及鎮上其他相關地區走一趟之後，我告訴這些負責偵辦的警探說：「這名兇手並不是陌生人。他就住在這個社區。事實上，這名兇手認識克莉絲汀，而且就住在離她房子走路可到的距離之內。」

這兩位警探彼此互看了幾眼，然後兩人都回頭來看我。其中一個人說：「今晚你能否替我們做些筆錄？」

我說：「現在凌晨一點了。我已經疲憊不堪。」不過這似乎真的對他們很重要，因此我要了一台錄音機，請他們在旅館放我下車。我躺在旅館房間的床上，身邊是法醫的報告，然後，我開始把我的想法口述錄下。

大概因為太疲累吧，我發覺自己進入一個模擬幻境的狀態：我有時候會這個樣子，我看見這個罪案栩栩如生地呈現在我的腦海。

我依「受害者研究」的知識推測，克莉絲汀應該是一個開朗、求知慾強、熱心的小孩。當她從學校回到家時，（我可以感覺得到）她對這支新直笛一定很興奮，但家裡沒有人可以分享她的心情，所以我相信她一定外出到鄰近地區找人，找一個她可以告知這個消息、會欣賞她在音樂課所學的人。我說，不管那個人是誰，很可能他就是兇手。

不明行兇者必須開車帶她離開，他必須繞道行駛或冒著被人瞧見的危險開車經過鎮上。不管哪一種方式，他清楚知道目的地所在。他對此地極為熟悉，選擇了到幽靜的山德蘭鄉村田野去。

我相信接下來發生的事在某些方面會類似於發生在艾莉森．派洛特身上的事。在路途中某個時刻，克莉絲汀開始了解他們並不是前往不明行兇者原本說要帶她去的地方（可能說要去看她父親吧），她害怕起來，在這時，他也許就掏出刀子來控制她，但他未能掌控這位輕瘦的九歲女孩，這一點凸顯出他並非職業殺手的事實。在她給他這個可乘之機時，這個狀況才自然而然地發生。

她是一名很外向且友善的小孩。他或許曲解了她的開放個性與熱忱，以為她打心裡想和他做愛，因為這是他幻想的一部分，不管是特別針對克莉絲汀或者是對一般十歲上下的女孩都是如此。這在性方面未成熟的犯法者之中並非少見。一開始，他或許會愛撫她或強迫她口交。我相信這家庭的成員都認識他，所以當她開始呼喊或哭叫時，他知道她會告訴她的母親，因此他必須殺死她。刀戳的傷口顯示他在制伏她時吃足了苦頭，即使她已受傷，還是拚命設法逃離。在一塊肋骨上，法醫真的發現刀子戳到骨頭的痕跡。

我描述的這個人可能在二十至二十五歲之間，雖然在現在這種情況下，年紀很難以正確推測。由於他沒能力控制這年輕女孩，何況這又是他的幻想對象，所以他也許年齡要再大一些，感情一直受到壓抑。我說警方或許已經對他做過訪談。

刀戳傷口範圍很廣，這更進一步讓我確定她曾經努力掙扎過。這種傷口也表示並非慣犯所為，很可能是他第一次殺人，雖然他可能有過某種令人討厭的前科，像窺淫癖或縱火之類。如果是名年齡較大或經驗較老到的不明行兇者，致死原因則比較會是勒斃或鈍器重擊，那種傷口不會像亂刀戳刺這般傷痕累累。屍體是在離劫持地點數公里外的地方發現，這表示兇手想辦法避開熟人多的地區。同時，屍體狀況（四肢敞開且沒有完全遮蓋）顯示兇手是個散漫的人，所以他很可能外表衣冠不整。他大概是夜貓子，喜歡白天睡覺，而他的工作（假如有的話）不會是耗費心神的類型。他的車子不會保養得很好，可是駕駛里程數應該相當可觀。

我認為在這段時間，這名不明行兇者可能剛好在生活中遭遇某種重大的壓力。這種犯罪類型與細節不會讓我覺得他已結婚或和另外的女人有交往，所以我不認為那會是他壓力的可能來源，也許是工作上的問題，說不定遭到解僱。他可能和父母或年長親人住在一起，而他們常常對他施壓。不管問題為何，很可能與他的自尊問題有關。他甚至可能有身體上的傷痕或遭到毀容、有語言障礙、氣色不好，或某種讓他覺得不利於和同年齡女人交往的缺陷。我猜想他會在鄰近地區和兒童玩耍，並且跟比他年輕的人往來。

無疑地，在受害者掙扎的過程中他也會沾到血液，這表示他事後會馬上回家淋浴，把自己清洗乾淨，並且可能會把所穿的衣服毀棄。任何注意到這種犯罪後行為的人都會感覺事情不對勁，他們也會注意到他平常行為的變化，像是變得緊張、過度固執；他會有難以入眠的問題，更加依賴酒精或香菸。假如他就住在鄰近地區，他會遭到警察偵詢。為了不引起懷疑，他會顯得極度在意並樂於合作，而另一方面，他會企圖混入調查裡，以便隨時知道進展。這並非預謀殺人，因此他不會對事後隱匿做精心的計畫。假如他認為已受到懷疑，他不會因此而離開此地，因為如果這樣做，就等於告訴人家他真的就是兇手。他周遭的親友可能已經注意到他會想回到棄屍地點，而他會編造一些何以必須這麼做的藉口。

我也大略提出多項有利行動的技巧，有助於讓不明行兇者敗露行跡。隔天早上，我把錄音帶給了這位警探，他們立即將內容予以筆錄整理。

薛佛德和費茲派特克對我的東西非常感興趣，因為他們偵問過的人其中有一名幾乎完全符合我的剖繪，此人的名字是蓋・保羅・莫林（Guy Paul Morin），年近三十歲，與他父母同住於克莉絲汀家隔壁。他喜愛音樂，在社區樂團擔任單簧管樂手，而且克莉絲汀與他很熟。法醫方面的證據也很充分，包括他家中的血液及克莉絲汀衣服上的纖維。

一九八五年四月，他遭到逮捕和起訴，不過警方在問案時並未能取得他的招供。我想這鄰近地區的居民心裡大概五味雜陳，他們一直認為克莉絲汀是遭到陌生人殺害，認識她的人不可能做出這種事，蓋・保羅・莫林不論外表或舉止都不像怪物。

保羅・伯納多也不像怪物。

除了法醫的證據之外，警方最後還派了一名警察喬裝成犯人，進入莫林服刑的監獄，安排讓他和莫林同牢房，這種策略在加拿大合法。這名警察在初審時作證說，莫林曾對他吐露過強烈暗示犯罪的話，但莫林否認。

這樁案件的後續發展從那個時刻後就變得很奇怪且令人不安，最後，它導致克莉絲汀的父母離婚、莫林的父母財產全毀而且父親染上重疾。一九八六年，莫林的初審在安大略省倫敦市舉行，莫林不承認犯罪，但在審判進行時，他的律師陳述，假如陪審團判決他有罪，那麼他們應該找出精神錯亂的證據。然而，陪審團找不到足夠的證據，所以只好釋放了他。

檢察官提出上訴，這是一個不尋常的舉動。一九八七年六月，安大略上訴法庭推翻原判決，下令重新審判。隔年，加拿大最高法院同意上訴法庭的裁決。

直到一九九一年，第二次為期六個月的審判才開始，結果他被判有罪，此判決是在八天的慎重考慮後才宣布的，他被送到京斯頓監獄（Kingston Penitentiary）。

但是其後，在一九九五年的DNA測試中（在謀殺發生的時候尚無這項科技辦案設備），發現莫林血樣中的DNA與克莉絲汀內衣褲上沾染的精液並不相符，他被無罪開釋，從監獄放出。克莉絲汀．傑索普謀殺案再一次變成無解的懸案。

作為執法官員與為人父母者，我們厭惡看到這種一團糟、曖昧含混的結局。蓋．保羅．莫林是殺害克莉絲汀．傑索普的兇手嗎？那要留給法院去裁定，而不是我。我的單位上沒有人敢自稱能交出一名特定的不明行兇者的名字與身分。我們能做的是，根據所獲得的資料，描寫出我們認為會犯下這種事的個人類型，並且推測其犯罪前後的行為特徵，希望能藉這種方法來幫助調查人員縮小嫌疑對象的範圍。我仍然堅信殺害她的兇手住在鄰近地區，對她認識甚多，愛好音樂，而且是個為自我形象所困擾的、不成熟的獨行俠，迷戀比他年輕的人。

我也相信，事過境遷，保存的證據在那麼多年後可能已經受損，而犯罪現場、屍體及衣服也都面目全非，在這種情況下，任何科學上的檢驗是否仍能無誤，實在非常值得懷疑。

此外，自從初次審判以來，許多骯髒、麻煩的事都一一暴露出來，包括大克莉絲汀三歲的哥哥肯尼斯與他的幾個朋友從她四歲時就常對她性虐待，想起來真令人毛骨悚然，我不認為我們有辦法確定她內衣褲上的精液從何而來。這份ＤＮＡ證據可能只是此案中讓人轉移注意力的東西。這種現象偶爾也會發生。

不論這樁案件有什麼解釋，恐怕都是一個悲劇的案例，真相與正義永遠飄忽不可得。

放眼我的職業生涯中必須處理的事情中，對孩童施加的暴力犯罪毫無疑問是最讓人難受的。一旦你看過謀殺案現場及犯罪現場的照片，腦海中就留下了永恆的烙印。因長年歷經這些恐怖見聞，在我自己的小孩年紀尚小時，我的第一本能就是拿手銬把他們和我或我妻子潘蜜的手腕鎖在一起，永遠不讓她們離開視線。

問題是，如何在過度保護與允許孩子有自我成長空間以培養獨立性之間取得平衡，愛麗卡頭一次自己開車出門及第一次和男孩約會時，我都緊張得快要崩潰。我在單位中最好的朋友之一，是個個性瀟灑、富幽默感的傢伙，他在每次女兒出門約會前都要認真審問一番，才讓她出門。我們看過太多的不幸，一定要這樣做才能稍微安心。

我認為，家長在危險環伺的情況下，必須隨時保持警戒、小心觀察。認真教導我們的孩童，但不要讓他們恐懼所有的暗影。我們必須設定一套行為及正義的標準，並讓他們了解，有問題隨時可以來找我們。我必須承認，要取得這種平衡，絕非易事。

Chapter 04 世間已無神聖而不可侵犯的事物？

卡珊卓・琳・漢森（Cassandra Lynn Hansen），身邊的人都叫她凱西（Cassie），是一名六歲大的女孩，家住明尼蘇達州伊根（Eagan），屬聖保羅（St. Paul）南郊的城鎮。她比我的女兒愛麗卡大一歲，看見她略帶褐色的垂肩金髮照片時，立刻讓我聯想到一個可愛迷人的小精靈。她帶有酒窩的笑容看起來彷彿洋溢幸福快樂。

一九八一年十一月十日傍晚，她和母親及妹妹在聖保羅市耶和華福音路德教會（Jehovah Evangelical Luthera Church）的地下室做家庭禮拜。她告訴母親必須去一下化妝室，然後走出大廳，上樓去找。有一名教會女職員在樓梯間看到她，之後她就失蹤了。一直等不到她回來，她的母親愛倫（Ellen）就走到化妝室，把燈打開，四處查看。但裡面空無一人。她走到教堂外面，再三呼叫女兒的名字。其他人也幫忙找尋，仍然未能發現凱西，他們只好報警。

隔天早上，她的身體被發現蜷縮在葛蘭德大道（Grand Avenue）一家汽車修理店後的廢棄場角落，此處離教會大約五公里遠。她身上仍穿著原來的淡青色衣服。她的黑色皮扣鞋則在大約隔兩條街的地方找到。唯一沒有找到的是她的髮夾。

這件小女孩謀殺案是我遭遇過最令人心碎的案件之一，同時也是善用偵辦策略的最佳案例之一，而民眾參與調查的熱心與勇敢，也讓我印象深刻。

雙子城（譯註：聖保羅與密西西比河對岸的姊妹市明尼亞波利斯〔Minneapilis〕合稱雙子城）民眾對凱西的謀殺案感到恐怖、反胃與悲傷。假如一名甜蜜快樂的小女孩在教會（上帝之居所）做禮拜時也會遭到劫持殺害，那麼這世界上還有什麼神聖可言？

法醫沒有發現她有遭到性攻擊的證據，雖然在她穿著深藍緊身褲的大腿上發現了少量精液和幾根陰毛。精液顯示血液為O型，這是很好的線索，因為凱西的血型是B。致死原因是以繩索勒斃，依她脖子上的瘀傷來推想，可能是用一條大約六公分寬的皮帶行兇。她胸部的瘀傷顯示有另一條皮帶綁住她的上半身。另外還有一個更細部的證據被警方列為「管制」祕密，用來檢驗供詞的真假：這名六歲的女孩頭部及臉部都有被抓傷和毆打的痕跡。

凱西的父母離異，她和母親同住，警察迅即判定她父母都無嫌疑。愛倫告訴調查人員，他們教過凱西，如果她感覺受到陌生人威脅，應該大聲尖叫，而且她很清楚了解這項教導的重要性。不久之前，凱西看到她四歲的妹妹瓦聶莎（Vanessa）和她不認識的人說話，立即猛拉她退回屋內。

證人的說詞常有矛盾與令人困惑之處。那位看到凱西在樓梯間的教會職員想起看見一名五、六十歲的白人男性，一頭黑白相間的灰髮，粗糙的臉龐上架著一副黑框眼鏡。一名不動產經紀人在凱西失蹤時正走在教會附近的街道上，他說看見一名二十幾歲的白人男子帶著一個安靜不動的小孩，看起來是六或七歲的女生。過後，又有一個類似的描述，地點靠近那條通往發現凱西屍體的廢棄場的巷道。

聖保羅警察局積極偵辦這樁案件，利用聯邦調查局在明尼亞波利斯的調查站的協助，歸結出一些有希望的線索。但是聖誕節假期過完，新的一年又到來，他們仍然不知嫌犯在哪裡。民情沸騰，非找出殺害這名小女孩的兇手不可。

一九八二年二月下旬，在明尼亞波利斯的兩位特派探員比爾．哈格瑪伊爾和布倫特．佛羅斯特（Brent Frost）與我聯絡，要求我做這個案子的剖繪。這是我第一次和比爾共事，後來我們變成長期的工作夥伴，不到一年之內，他就被調到匡提科的行為科學組。一九八三年十二月，我在西雅圖瀕臨死亡邊緣，比爾募款讓我的妻子與父親到醫院來照料我。之後他加入我的調查支援組，一直到我一九九五年春天退休為止，他都是組裡的大將，現在領導匡提科的連續殺人犯與兒童劫持小組。

到了三月三日，我已把案情有關的資料做好分析，然後在與比爾、布倫特及聖保羅警方負責此案的主要人員的冗長電話會議中，我將我的剖繪提出。與會人員包括：聖保羅警局分隊長唐納德．楚魯儀恩（Donald Trooien），他負責謀殺與性犯罪小組，參加過一月時在匡提科舉行的性犯罪調查研討會，並聽取我的調查支援組報告；此外還有副局長羅伯特．拉巴斯（Robert LaBath）、副隊長賴利．麥克唐納（Larry McDonald）、羅傑．尼德漢（Roger Needham）與達瑞爾．席密特（Darrell Schmidt）兩位警官。依照我們在匡提科的習慣，我不要偵辦人員提供他們已經研判出的嫌犯資料，我要保持客觀，我的剖繪只依證據給我的提示為根據。

依犯罪的性質（一樁發生於教堂的劫持案件）判斷，我感覺我們所要處理的不明行兇者應是一名白人男性，長年執著於兒童，或許一輩子都將如此。犯案者幾乎可確定是與凱西同人種的人，雖然這件劫持案本身是隨機性的犯罪，但不是隨興而為、臨時起意的抓人行為。這個人常到有孩童在場、他可以自由地觀察並接近他們，而且父母的警戒心放鬆的地方。年齡是剖繪中最棘手的一環，因為情感或經驗的年齡未必與生理的年紀相符。雖然經驗告訴我們，迷戀兒童的症候在二十幾歲就可能顯現，我認為這名犯案者應至少三十歲出頭。不過，這未必就是可以依循的線索。在四個月前，我才辦完惡名昭彰的「林徑殺手」案件：在舊金山北部林木繁茂的公園裡，有多名女性遭人殺害。特別的證據顯示嫌犯應是三十歲左右的白人男性，可是後來逮捕到的兇手卻是名叫大衛・卡本特（David Carpenter）的工藝老師，住在聖荷西，年紀已是五十歲。不過他初次因性犯罪而下獄時確實是二十幾歲，就跟我們預料的差不多。總之，不管他的年紀如何，我判斷殺害凱西的兇手在更早之前應有兒童性犯罪的紀錄，雖然其罪行遠不及謀殺嚴重。他有辦法迅速有效地劫持她離開教堂，這表示他有某種水準以上的老練和成熟，把她劫離教堂說不定讓他覺得是一種頗為刺激的挑戰。

情況一方面顯示兇手的成熟與老練，另一方面，選擇兒童作為下手目標則顯示兇手沒辦法與同年紀的人相處。他只能對一名無助的小孩幹下這種事。劫持並殺害了一名小女孩只是碰巧。我認為凱西代表他所選擇的受害者，但同樣的事也會輕易就施加在一個小男孩身上，假如遇到的是一名小男孩的話。儘管如此，他仍可能已婚或和女人同居，但這不會是一段成熟或穩固的關係，而且我認為這個女人要不是依賴性很強就是尚未成熟。紐約州羅徹斯特有一個名叫亞瑟・蕭克羅斯的男子強暴並謀殺了數名性工作者，而先前他已因為攻擊並謀殺一名年輕男孩和一名女孩而坐牢十五年（依我個人意見，刑期太短了）。在謀殺性工作者時，蕭克羅斯有工作，已婚，並且有一名情婦。

我告訴調查人員，教會這種場所對這名不明行兇者的人格個性具有重要的意義，他可能甚至不解為什麼自己會跑到那所教堂去，那說不定並不是他所屬的教派。他可能認為自己到那裡是為了宗教上的理由：與上帝對話。他或許會認為自己道德高尚，而且不管自己做了什麼事，都是出於上帝的意旨。我們很可能正在處理一名妄想症精神分裂病患，至少我設想他有幻想或妄想的病症，而這些宗教的妄想或許與他對兒童的異想有密切關聯。當你終於認出這個傢伙，你說不定會發現他有精緻的日記本與剪貼簿，甚至是幾首詩，內容全都跟他對兒童的迷戀有關，甚至可能關係到一名特定的兒童。你也會發現一本或數本的《聖經》，裡面畫了很多重點，並且在空白處認真地寫了一堆註解。他可能是個獨來獨往的人，對自我的形象沒有信心，可能過度肥胖。他應該是個身強力壯的大個子，因為照常情推測，小孩應會不斷掙扎，他要有很大的力氣才可以靜悄悄地從教堂把她挾抱出去。但是他不可能長得好看，假如他是二、三十歲的人，大概因外表有某種缺陷或有語言障礙，讓他十分敏感。假如他是四、五十歲的人，我預料他會很肥胖，挺著大肚子，而且可能頭頂漸禿。他沒有什麼朋友，因此他的日記和剪貼簿擔任著他的主要溝通工具。某些兇手甚至會將他們的幻想錄在錄影帶裡，譬如把小孩走下校車的鏡頭記錄下來，或記錄對個別小孩的看法。如果不明行兇者開始擔憂調查的矛頭正指向他，他會把資料藏起來，但若非絕對必要，他不會把它毀掉：它代表著他的終身嗜好。

這種類型的人會全心關注案件與謀殺的調查，他的剪貼簿裡會有所有他找得到的剪報，特別是附有照片的剪報。警方拿給我看的凱西照片在報紙上也刊登過，我相信不明行兇者一定有這張照片的剪報。

他會到葬禮現場去，可能重複到過墓地幾次。他可能從這名小孩身上拿走東西當作紀念品（我注意到凱西的髮夾不見了），我們知道有些罪犯會把拿走的東西帶到墓地「還給」受害者。另一種可能性是把紀念品送給另一名小孩，這麼一來，他就可以「轉移」對這名死去女孩的迷戀。

處置場地是有象徵意義的。在完事後，藉著把這名小女孩丟棄在垃圾場，證明他有處置她的權力，證明他所作所為是站在正義的一邊，這可以和宗教妄想連接起來。她和上帝的直接接觸會幫助他把這件謀殺案合理化，要不是上帝要他幫助將這個純潔的靈魂重新召回天堂，就是她需要受到處置或淨化，而他是上帝的代理工具。為此，他可能會比平常更常上教堂，這會是處理他的壓力的一種方法，另一種方式則是酒精或毒品。

當你了解場地的象徵意義後，你期待這名兇手返回墓地，或是某個對受害者與罪案意義重大的地方。祕密跟蹤常常可以獲得正面的結果，這就是為什麼我建議在媒體上不時「提醒」凱西埋葬處的理由。

我認為這名兇手也屬連續犯罪類型，這種人大部分在犯罪前幾小時、幾天或幾周，通常都正受到一種特殊的壓力。正如我前面提到，最常見的兩種壓力源與工作及人際關係有關：失去工作或所愛的人之類，但是任何類型的艱困（特別是經濟上的艱困），都很可能會引發暴力行為。唯一重要的條件是壓力因素代表不明行兇者無法與之抗衡的某種東西，令他感覺受到不公平對待，或這個世界老是跟他作對。然後，由於我相信這名兇手有過猥褻兒童或性犯罪的前科，當機會呈現在他面前時，當他看見一名孤伶伶的小孩時，一旦他判定被他人看到或阻止的風險很小，便會立即本能地展開行動。

我告訴警官，不管是不是已找出嫌疑犯，他們都應該公開說調查頗有進展。我建議副局長拉巴斯上電視宣布，不管耗時多久，若案子未破，兇手未受法律制裁，絕不罷休：這會對兇手持續造成情感上的壓力。

由於不明行兇者會感受到壓力，如我前面所說，酗酒會是一項明證，但我認為酒精對他幫助不大。他可能已把犯行吐露給另一個人知道，假如真是如此，那個人可能隨時有生命危險。他會隨時計算距離犯罪時間是不是已夠久，是不是可以逍遙自在了，或是不時擔心調查方向已逐漸指向他，這種焦慮很容易引發另一次犯罪行動。

一旦警方真的發現涉嫌重大的人時，我建議此時應讓這種壓力更明顯。當約翰・威恩・蓋西（John Wayne Gacy）成為芝加哥地區失蹤男孩的主嫌時，狄普蘭（Des Plaines）的警探對他進行全面監控，密切跟蹤他。起初，這名圓胖的工程承包商當它是玩笑，甚至還邀請兩名警探吃晚餐。知道警方不會因為一些違規小事而將他逮捕，他就公然違反交通規則，並且開始吸食大麻。雖然如此，壓力仍持續加強，最後蓋西終於崩潰。他請警察直接進入他的住處，他們在那裡聞到腐屍的氣味。最後他們以吸食毒品將他逮捕，申請了一份搜索票，在他的屋子裡掘出三十三具屍體的第一具。

我認為這個案子也可運用類似的模式偵辦。假如嫌犯去做禮拜，警方就應該跟他去做禮拜；假如他去一家餐廳，他們應該和他去這家餐廳。讓他看見你在敲他鄰居的門，我同時也建議應該安排讓他在電話中聽到一些女性啜泣的聲音，用這種方法持續騷擾他。你必須發揮一些想像力，不要讓嫌犯擺脫心理壓力。

這種兇手可能是名夜貓子，假如警方在深夜經過他的住所，他們會發現燈光仍然明亮。他同時也可能像游牧民族，入夜後駕車到處漫遊。他不會逃離這個地區，因為他知道那樣做可能會引起偵辦人員的警覺，而不管如何，他至少會對部分作為理直氣壯。當時，有一種稱為「心理壓力評估」的技巧正流行於某些執法圈，特別是在中西部。這種技巧利用特定的觀察參數及一種像是測謊器的電子裝置，可以在盤問時偵測出對方是否說謊。我個人並不看重它的效果，尤其是對付那些已將行為在心中合理化的歹徒，如果他們盤問他殺害小女孩的事，他不會給他們滿意的答案。我認為，唯一可以引誘出有效反應的質問方式是挑明他在她身上自慰過，因為我們確實在她的緊身衣上找到精液。

在我客觀地描述出劫持並殺害凱西・漢森的兇手類型後，警方告訴我在調查的過程中，他們已經做了五百多次的訪談，並擬出了一百零八名可能的嫌疑者。

其中一人最引人注目。「當你在描述我們應該尋找的人時，這個傢伙大概有十個特徵符合你的說法。」分隊長楚魯儀恩說。

這名嫌犯五十歲，是個約一百八十三公分高的白人男性計程車駕駛，名叫史都華・瑙爾頓（Stuart W. Knowlton）。凱西失蹤當天，有人看見他開車經過教堂附近，所以警察曾找上他，但是他拒絕接受詢問，而且拒絕測謊器測試。他體格矮壯，一頭灰色短髮，並且戴著眼鏡。警方告訴我他常在各區教堂走動，而且有過猥褻兒童的前科，包括猥褻他自己的小孩。在我們的建議之下，警方把他當成主嫌犯，而把其他嫌疑者暫時擱置一旁。

然而，儘管警方懷疑，卻沒有足夠的證據可以控告他，因此他仍然逍遙法外。但是很碰巧地，大約在這個電話會議的三周前，瑙爾頓在走路回家時遭一輛汽車撞倒，失去了半條腿。要掌握他的行蹤短期內不會有困難，因為他持續在拉姆西郡療養院（Ransey County Nursing Home）做復健。

有個和史都華・瑙爾頓有關係的人也正在接受復健療養，地點是佛羅里達州奧蘭多（Orlando）附近，她的名字叫多蘿西・諾加（Dorothy Noga）。凱西死亡時，她正在聖保羅從事按摩的工作。她不是很喜歡這份工作，但是平均一周有兩千美元的收入，足夠讓她的丈夫留在家裡養育四名孩子。根據調查人員拼湊的細節顯示，瑙爾頓第一次光顧諾加工作的店是一九八一年十一月十一日，也就是凱西遭劫持的隔天，她的屍體被發現的那一天。很奇怪地，他向她要求，萬一有人控告他，她要當他的不在場證人。諾加不知該怎麼回答，只好把他的名片留下來，上面有他的地址和電話號碼。

諾加看到小女孩死亡的新聞時十分害怕，但她並沒有把這件事和瑙爾頓聯想在一起。不過，她確實是想到了另外一位顧客，那個人曾向她吐露常常幻想「和小女孩做愛」。在按摩房間的親密行為中，男人經常會向諾加傾吐一些祕密，所以她就打了一通電話向警方提供線索，但沒有告訴警方她的姓名。

數天之後，這件慘案仍然盤據在諾加的心中，她認為她的資訊應該對警方辦案有幫助，就決定更進一步出面。這一次她打電話時，留下了姓名，並同意接受偵辦人員訪談。在訪談進行時，一張瑙爾頓的照片碰巧溜出偵辦人員的檔案夾，掉到地板上。諾加認出他就是在謀殺案發生隔日進來按摩的那個人，她想要知道他是不是被列為嫌疑人物。警探確定地說他是，但他拒絕接受調查。

她想，或許他願意和她談談，就提出打電話給他的建議。警方拒絕了這項提議，不想被控非法取得資料，因為瑙爾頓已找了一個律師，而律師吩咐他什麼話都不要說。

但一等警方離去，諾加決定他們沒有權力要她怎麼辦，因此她就撥他卡片上的號碼。諾加有自信可以讓這個人吐露真相，這名三十二歲的女按摩師是個好聽眾，而且幾乎總能讓男人把心事告訴她。

她就這麼做了。不久後，她和瑙爾頓幾乎每天通電話，有時候一講就好幾個小時。她感到他的孤獨與絕望，他還異常關注凱西遭殺害的事，諾加確定自己做對了。

與此同時，通話內容卻漸漸枯竭並令人沮喪。瑙爾頓談話的態度常常好像兩人正在談戀愛一般，諾加覺得把他引導到這種方向很噁心。「我和他講話感覺很沮喪，我想放棄。我只會坐著哭。」她之後向《聖保羅快迅報》（*St. Paul Dispatch*）表示。

但她自己也有四名小孩，一想到凱西和她悲傷的家人就很悲憤，她不想讓其他人再經歷同樣的恐怖。之後在一次談話中，瑙爾頓承認殺害了凱西，這鼓舞她繼續和他談下去，同時也讓她決定開始錄音。她通知聖保羅警方，把錄音帶交給他們。警方一看到這些資料，就鼓勵她繼續做下去，但一旦錄音開始，瑙爾頓絕口不談他在凱西的死亡中所扮演的角色，不過他仍然繼續談論這個案件。

十二月十三日，謀殺案發生一個多月後，對話終止。這天是諾加的先生的三十歲生日，諾加正在工作。在那天後，她唯一記得的事是在聖保羅—拉姆西醫學中心（St. Paul-Ramsey Medical Center）的病房甦醒過來（史都華・瑙爾頓被汽車撞倒後也送到這裡來），看到她焦慮的母親坐在床頭。她身上被戳刺多刀，喉嚨被割，攻擊她的人把她丟在地板上，失血瀕危，醫生稱她的生還為「奇蹟」。在醫院裡她受到全天候保護，只對警察含糊描述了嫌犯的輪廓。警方帶來可能的嫌疑犯的照片要她指認，有一個人被帶進來，但由於缺乏證據只好予以釋放。

警方馬上懷疑瑙爾頓。他們把案情告訴我時，我也同意。他信任多蘿西・諾加是為了解除自己的壓力，但在壓力高漲時，他了解自己已變得非常脆弱，唯一的出路就是把威脅消滅掉。

這件案子缺乏目擊證人，也缺乏可派上用場的法醫證據，而且諾加所記得的就是她已經說出來的那點事。在她出院後，她和家人移居佛羅里達，繼續療養，避免讓攻擊者再找到她。攻擊者或許正後悔著沒把事情處理完全。

但史都華・瑙爾頓與他最近才遇見的一名女人之間的另一系列對談，也具有同樣的重要性。潔妮絲・雷特曼（Janice Rettman）與多蘿西・諾加同樣年紀，是聖保羅住宅資訊局的主任。這是責任重大的高階工作，而這位矮小、充滿活力、頭髮金黃中略帶紅色的女人在市政府圈子裡素以行政能力聞名，事情到她手裡一定可以辦好。

一九八一年三月十六日，在凱西・漢森遭劫持的八個月前，潔妮絲遇見瑙爾頓。他來到她的辦公室說人家就要把他從國民住宅趕走，而他的妻子打算離開他，把兩個小孩也一起帶走。他們用來維持生活的福利給付和食品券已遭取消，他才開始開計程車，也到幾處教會及社會服務處求助，但是似乎得不到什麼幫助。潔妮絲發現，他會遭到驅離，主要是因為兩件非常不檢點的行為。第一件事發生在去年秋天，那時瑙爾頓邀請兩名十四歲女孩到他的公寓裡玩紙牌。據說，她們一進入房內，瑙爾頓就開始對她們描述嬰兒出生的情形，並開始談到性、避孕及月經，他還答應展示他的陰莖給她們看。女孩的父母向警方報案，結果警方通知公共住宅局，瑙爾頓受到警告，假如還有此類事件發生，他和他家人的租屋會被收回。

然後在二月時，瑙爾頓要一名九歲的女孩脫下褲子讓他辦事，這個女孩受到極大的驚嚇，精神也受到創傷，開始反覆做惡夢。

這時候，瑙爾頓暫時住在一處簡易公寓，距離他妻兒所住的婦女庇護所只隔幾條街。

在和潔妮絲談話時，瑙爾頓毫無保留地提到他和小女孩發生性關係的事。潔妮絲本能地決定不告訴他她真正的姓名，便自我介紹為潔妮絲・里佛（Reever）。她說她有責任把任何可疑的虐待兒童案例向有關當局報告，然後告訴他：「我認為你需要幫助。」

兒童保護局告訴她，瑙爾頓的行為已經有其他人來報案，但他們沒有辦法獲得充分的證據將他起訴。

當潔妮絲聽到凱西的屍體已經被找到時，她馬上想到她在三月時交涉過的那個人。他說過他常到各個教會走動，而他所住的簡易公寓距耶和華福音路德教會只隔十條街。幾天後，她打電話給史都華·瑙爾頓，追蹤他的住房狀況。她發現他一副很煩惱的樣子，而且不太願意與人交談。不過，幾天之後，他回電話給她。他仍然像他們初見時一樣坦率，告訴她說在她打來電話時，警方正在他的公寓裡搜索，他氣得無法和她談話。他告訴她他正身處地獄，非常孤獨，需要有人傾吐，也需要有人來看他。

由於知道警方當時正想辦法把有關瑙爾頓的資料做綜合整理，可是卻做得很辛苦，潔妮絲就像諾加一樣，決定親身下海。

「不應該有小孩受到傷害，」她後來告訴《聖保羅快迅報》的琳達·柯爾（Linda Kohl）：「所有成年人都應為兒童的福祉負責。如果我可以幫助警方讓這個人接受法律制裁，或讓他永遠不能再去碰觸小孩，那麼這樣做就是對的、就是重要的。我們要替小孩的安危負責，不論是你自己或其他人的小孩。」

我堅信，如果社會有更多的人像潔妮絲·雷特曼一樣，我們就能夠活在更安全、更富有人情味的社會。

由於在市政府工作，潔妮絲直接尋求警察局長威廉·麥卡契恩（William McCurcheon）的幫助。瑙爾頓開始把心底話在電話中向潔妮絲·雷特曼傾吐，就像對多蘿西·諾加所做的一樣。他談到因猥褻兒童而遭趕出租房、談論到他的婚姻問題及無能保有一份穩定工作，並談到年前因聽強尼·凱希（Johnny Cash）講道而改變信仰的事。潔妮絲把每次談話都做了筆記，然後用打字機整理一份，送給警方。警方所得到的有關瑙爾頓的資料，大部分都符合我的剖繪，而其主要來源就是潔妮絲的紀錄。

多蘿西·諾加受到幾近致命的攻擊，讓潔妮絲也深深感受到生命的危險。雖然害怕，潔妮絲還是繼續行動，並且把筆記影印一份，以防萬一。

為什麼潔妮絲願意冒著身心的危險涉入其中？為什麼她和別人如此不同？舉個例子說，一九六四年三月十三日早晨，在紐約市皇后區，當溫斯頓・摩斯利（Winston Mosely）拿刀將姬蒂・傑諾維茲（Kitty Genovese）刺死在她的公寓門外時，有三十八名鄰居聽到了慘叫聲，卻沒有半個人伸出援手。我們或許可以幫她提出一點膚淺的回答：她拿過社會工作的學位；她花了六年半的時間參加美國海外志願服務團（VISTA）；她天性愛好冒險，十八歲就離開德州老家出外求學。但是這些都不是真正的重點，最重要的是：她覺得必須參與，因為她認為這樣做很正確，就如多蘿西・諾加所想的一樣。

我在工作中耗費許多精力研究罪犯的複雜動機，但基本上，所有對個人行為的影響都可歸結到一個主要的因素：他選擇了犯罪。同樣地，做正確的事也可歸結到一個簡單的因素：他選擇了參與。我們必須對自己的行為負責。

瑙爾頓絕不向她承認自己是凱西謀殺案的主角，但他似乎執迷於用讓她顫慄的方式交談。他說他對這個案件有「靈視」，而且有「第六感」，認為凱西・漢森謀殺案與多蘿西・諾加遭攻擊案有關係。他談到各式各樣的細節，包括屍體的處置方法。

而在其中一次對談裡，他犯了決定性的錯誤。

他提到凱西・漢森死前曾遭毆打，警察對這事一直予以保密，作為一個辨別兇手的籌碼。

這次洩露祕密後不久，瑙爾頓因車禍受傷，失去一條腿的下半截。潔妮絲到醫院看他，後來他轉移到拉姆西郡療養院。在先前幾次探望中，她隨身帶著錄音機，藏在手提包裡；之後幾次，她帶著警方的貼身麥克風。她非常懂得技巧，舉例來說，她好幾次穿著款式新穎的黑色皮鞋，因為凱西被劫走時穿的就是這種鞋子。我但願自己也想到這一招，不過，這純粹是她的主意。

當警方把她的行動告訴我時，我說，對付這般難纏與「不合作」的嫌疑犯，這絕對是正確的做法。我還提出一些可能會有斬獲的方法，譬如潔妮絲可以給他一本精緻的日記簿，好讓他把自己的想法與感情記錄下來。

雖然他聲稱與這件謀殺案毫無相關，卻告訴潔妮絲他可能在城裡某處有一個「完美的替身」。這是一個關鍵性的訊息，表達出另一種設法應付犯罪事實的機制。三年後，當我坐在南卡羅萊納州的萊辛頓郡（Lexington）的警長吉姆・麥茲（Jim Metts）的辦公室，審問黑髮、矮胖、蓄鬍，名叫賴利・吉恩・貝爾（Larry Gene Bell）的電工助手時，我又想起了這件事。賴利是殺害十七歲的夏麗・費依・史密斯（Shari Faye Smith）及九歲的黛博拉・海米克（Debra Helmick）的兇手。此案得以破解，乃是結合了優異的剖繪及偵辦技巧、第一流的警力及法醫的分析，與令人佩服的勇敢家人，終於使得賴利落入法網。我知道取得招供的機會非常渺茫，在南卡羅萊納州死刑仍然存在，要一名罪犯招供實情極為不容易，唯一的可能性是讓他表達出一些保全顏面的說詞。

所以我就和他談起每個人都有好的一面與壞的一面，法庭上的法官與陪審團只知道他是一名冷血殺手，我正在給他機會告訴我他的另一面。

「賴利，你現在就坐這裡，」我問：「你有沒有做這件事呢？」

他眼裡閃著淚光，回答：「我知道的是，坐在這裡的這個賴利・吉恩・貝爾不可能做這樣的事，但是壞的賴利・吉恩・貝爾可能有做。」

我了解那已接近招供。而這個案子的審判由郡法務官唐・梅耶斯（Don Meyers）指揮，也很令人服氣。在長達一個月的審判之後，陪審團只花不到一個小時的時間，就判定賴利犯有綁票罪與一級謀殺罪，他被判坐電椅。在謀殺案發生已超過十一年之後，賴利終於在一九九六年十月四日執行死刑。

一九八二年五月，警方已經將史都華．瑙爾頓鎖定為主嫌犯，並開始進行我們已經討論過的幾種偵辦技巧，多蘿西．諾加現身在聖保羅警察總部，告訴偵辦警員說，她已開始記得她遭受攻擊當日的情景。她說瑙爾頓來到她上班的地方，憤怒地指責她背叛他。他告訴她，他路過耶和華福音路德教會時進去借用男廁，然後看見這個金髮小女孩單獨進入女廁去。

根據他的說詞，諾加向警方報告：他等候她出來，要她和他在走廊玩遊戲，然後把凱西帶到他停放計程車的地方。他侵犯她，讓小女孩碰觸他的陰莖，然後把它放在她的大腿間搓擦，這讓他瞬間充滿了陶醉感。諾加說：但小女孩不斷哭叫著，因此他就用手摀住她的嘴巴，之後，他發現她沒呼吸了。至少，那是他告訴她的事情。

根據諾加的報告，他告白完後，就抽出一把刀子，在房間裡追殺她，然後亂刀砍向她的喉嚨。過後，她昏迷不醒。

五月二十六日，聖保羅警方認為已有充足的理由可以申請搜索票，所以就提出申請，而且也拿到了。一直到那時候為止，他們對調查盡量保持低調，設法瞞住媒體。

瑙爾頓的說明符合了在凱西緊身衣下的大腿上所找到的精液。聯邦調查局實驗室的阿爾．羅比拉德（Al Robillard）確認，在她的屍體上找到的陰毛與在她圓翻領毛衣上找到的頭髮，在顯微鏡檢查之下與瑙爾頓結果相符，他的血型也符合沾染在凱西衣服上精液的血型。

史都華．瑙爾頓被控綁架殺害卡珊卓．漢森（凱西），犯了一級謀殺罪。他被關進一處州立精神病院接受檢查，發現他可以接受審判。依他自己的請求，他的案件由一位法官聽審，而非由陪審團。案件由拉姆西區法官詹姆士・林區（James M. Lynch）主審，多瑪斯・波契（Thomas Poch）擔任檢察官，並由菲利浦・維羅姆（Philip Vilaume）和傑克・諾德比（Jack Nordby）替瑙爾頓辯護，提出二級謀殺罪的認罪交換條件，但不承認有罪。

「那完全無法讓人接受。」波契回想。

達娜・麥卡錫（Dana McCarthy）這名母親也帶她的兒子去凱西失蹤那處教堂做禮拜，作證說看見一名男人跟著小女孩之後走上樓梯。在法庭上，她指認出那個男人即是史都華・瑙爾頓。

輪到潔妮絲・雷特曼作證時，她被詢問：「你發誓說出所有實情，而且毫無虛言？」她向法官翹起大姆指，回答：「放一百個心吧！」她的說明條理清晰，令人動容。

瑙爾頓的說詞完全相反。他說凱西被劫持時，他正開著計程車。作為一名計程車司機，他照理說應該要有駕駛日誌，至少對他的不在場證明會有一些幫助，但是，他說他的日誌放在一個公事包裡，可能被顧客偷走了，而他記不得那晚他在哪裡。

瑙爾頓的計程車車行調派人員小唐納德・瓦倫（Donald Whalen, Jr.）作證：那天晚上他曾設法用無線電呼叫他幾次，但都沒有找到他。一家競爭的計程車公司的總經理派翠西亞・瓊斯（Patricia Jones）陳述：凱西的屍體被發現那一天，瑙爾頓設法向她購買駕駛日誌表格，但瓦倫卻告訴法庭，公司就有許多現成的表格可用。

法庭也調查出，瑙爾頓在騷擾了一名七歲女孩之後，曾在密西根州崔柏斯市（Traverse Ciry）的一家精神病院待過。

審判持續了十三天，共有四十八名證人出庭作證，證物超過一百項。瑙爾頓沒有選擇作證。在審判結束時，林區法官宣布瑙爾頓犯了一級謀殺罪與二級性犯罪，判決他無期徒刑。依明尼蘇達州法律之規定，他可以在二〇〇一年獲得假釋。

瑙爾頓聆聽宣判時面無表情，然後在一段十分鐘雜亂無章的陳述中，聲稱自己無辜：「上帝可以替我作證，我今天對你發誓，我沒有從教會劫持卡珊卓・琳・漢森。」他告訴法官。有趣的是，他並沒有否認殺害她。對他來說，這整起事件經過應該是一個複雜的心理防禦機制。

他非但不承認任何罪行，而且還重申他對宗教的信仰，我認為這其實就是他的本性。他說：「我沒有理由奪走任何人的生命，因為上帝並沒有賜予我那樣的權利。我沒有理由對卡珊卓・琳・漢森或多蘿西・諾加做任何的報復。」

辯護律師維羅姆聽到這判決時，似乎比他的委託人還要震驚。他發表一份公開聲明，表明他仍相信瑙爾頓無辜，但說他也相信法官林區的做法公平，整個審判過程良好且公正。

凱西的母親愛倫也在審判中作證。之後，她從傷痛中再度爬起，獻身於教育民眾注意兒童的安危，並極力促成施行更嚴苛的法律來保護他們。她注意到瑙爾頓童年曾遭父親打罵凌虐，所以她也極力向媒體呼籲，希望促成將凌虐孩童的父母予以判刑的法案通過，但求受害者長大後不會變成施虐者。她說，唯有將亂倫的惡性循環打破，才能減少兒童遭受猥褻的機會。而最要緊的事則是：應該努力對那些曾遭凌虐猥褻的兒童做心理重建，讓他們能重新自然快樂地面對父母或其他親戚、老師或家庭朋友。

愛倫・漢森與她的先生一直積極教育他們的小孩：凱西和瓦聶莎，要留心自身的安全。她們被教導不要和接近她們的陌生人說話或出去，如果心裡害怕的話，一定要大聲尖叫並且趕緊逃跑，因此漢森家人想不透他們的女兒是怎麼被誘惑或強迫帶走的。

瑙爾頓最初被監禁在橡木公園高原州立監獄（Oak Park Heights State Prison），但是由於管教人員擔心他會被殺死（甚至其他罪犯也無法容忍和殺害兒童的兇手相處），不久之後就被移監到聖克勞德感化所（St. Cloud Reformatory）。

我並不想要讓讀者以為小女孩是兒童騷擾案的唯一受害者，或以為傷害男孩的犯罪只被局限在年輕人身上。雖然危險度比不上女孩，跟艾莉森・派洛特或克莉絲汀・弗倫區同樣年紀的男孩也可能成為目標。

這就是十三歲的蕭恩・摩爾（Shawn Moore）的不幸遭遇。這個案子對調查人員來說，也是個很好的例子，能夠讓他們清楚了解剖繪怎麼幫助他們縮小嫌犯的範圍。

就他的年紀來說，蕭恩顯得有點瘦小，身高才一百四十五公分，體重大約三十八公斤左右；但是他長得很俊美：一頭筆直稍長的金髮、明亮淡褐色的眼睛，及具有感染力的微笑。依據我的同事特派探員吉姆・哈林頓（Jim Harrington）的說法，他是「一個受老天疼愛的小孩」。一九八五年八月三十一日周六，他幫他爸爸剪修房子周邊的草坪。他們家位於密西根州靠近布萊頓（Brighton）的綠橡木鎮區（Green Oak Township），在底特律西北大約五十公里處。那時正是大熱天，溫度幾乎接近三十二度。蕭恩問他父親可否騎腳踏車到當地的便利商店去。那家店距離他家還不到三公里，但它很靠近舊的二十三號公路，交通頻繁，特別是在假日周末的時候。因為蕭恩真的很想喝沙士，所以在特別叮嚀他的兒子要小心後，布魯斯・摩爾（Bruce Moore）（《安・阿爾柏新聞》〔*Ann Arbor News*〕的企畫主任）只好勉強同意讓他去。

蕭恩從此沒再回家過。當天稍晚，他的栗銀色十段變速越野腳踏車在靠近便利商店的地方被人發現，停放在路肩與草坡的交際處，距離州警派出所大約一點六公里左右。這輛六十六公分的腳踏車對他來說是大了些，但他希望趕快長大可以騎它，而且努力工作來付一半的錢。據他父親說，他對那輛腳踏車很自豪，絕不可能心甘情願地拋棄它，他也不可能在外面逛太久，因為那天晚上全家人要去看電影。在重新建構失蹤時間時，我們注意到在那時候，有一輛黎明史頓郡（Livingston）警長的車子僅僅在大約一條街的距離外。

證人的證詞也有彼此矛盾之處。一名婦女認為她看到一名二十幾歲的金髮男子，開著一輛吉普車離去，車篷蓋側邊有藍色的「變節者」大字。另一個人看到一名四十幾歲的男子駕駛著一輛卡車。第三個人則說注意到三名四十幾歲、「身材強壯矮胖、不成樣子的」男子追著這個男孩。還有一些矛盾的說法，譬如這名小男孩到底是害怕或困窘，這名男子到底是真的在追他或只是在跟他說話（或許是問路），所有這些潛在的嫌犯都可能把調查引導到完全不同的方向。

聯邦調查局在勞動節過後的周二被邀請調查這件綁架案。那時，一支聯合專案小組已經成立，成員包括密西根州警局、布萊頓警局及郡保安官的部門，由州警局領導。他們請求肯・沃爾頓（Ken Walton）這位負責底特律調查站的特別探員協助偵辦，肯把這案件轉交給吉姆・哈林頓，他是這處調查站的剖繪專員。許多在過去數年裡和我在調查支援組共事的人，起初都當過剖繪專員。

底特律調查站是我在聯邦調查局工作時最早被派駐的地方，我在接受探員訓練之後就被派到這來。底特律總是有許多事情發生，而底特律警察可說是我的最佳老師之一。我大部分的剖繪經驗始於對銀行連續搶匪的非正式訪談，這些搶匪是我在銀行搶案小組服勤時被我們逮捕的。吉姆．哈林頓一蒐集到蕭恩．摩爾失蹤的資料就打電話給我。

在電話中，他把細節告訴我，兩人馬上就一起討論出剖繪內容，接著在一場電話會議中，我們把內容弄得更完整具體，描述給專案小組的人聽。對於這個案件有兩種流傳的說法，我們覺得有必要予以駁斥。其一是蕭恩在遇害之前已被兇手跟蹤好幾天或甚至好幾周。另一個說法是，涉嫌者是一個親密的家庭成員。雖然想起來頗為可怕而且沒有人性，但的確有父母殺死自己的小孩，原因各式各樣都有。通常發生這種事情時，他們會報案說是失蹤或遭人劫持，留下一處布置過的現場。作為鐵面無私的調查員，只要是與受害者親近的人，不管是父母、兒童或配偶，都得納入調查。

部分員警感覺到蕭恩的父母：布魯斯與夏崙．摩爾（Sharon Moore，她是一名小學老師）對事件的反應不當；他們似乎沒有顯得很悲慟，而且似乎過度樂觀地認為他們的兒子一定可以平安歸來。這點引起我們的警覺。但是當吉姆去拜訪摩爾夫婦時，他感覺他們是一對恩愛夫妻，他們外表缺乏悲傷其實是強忍，希望周遭關心的人士信心不會動搖，吉姆離開時深深動容。

跟蹤的情節對我們也沒有多少意義，光天化日之下在主要幹道附近，把一名十三歲的小孩子從腳踏車上抓走，這實在是膽大包天的行為，風險也極高。如果有人蓄意跟蹤他，企圖劫持他，其實會有很多較不明目張膽、較沒風險的機會。我們確信這是由一名陌生人臨時起意所犯下的罪案。

而劫持的方式也透露出不明行兇者的一些特徵，其中一點是：他熟悉這個地區，他不是碰巧經過那裡的人。另一方面，他或許正好受酒精或毒品作祟，需要藉一點東西來壯膽，才能做出這麼莽撞的劫持。

依犯罪與受害者的類型來看，我們設定他為一名白人男性，年紀在二十至二十五歲之間，長年悶悶不樂，對自我形象沒信心，不常想辨法補救，遮掩方式可能包括刻意表現出陽剛氣概，或展現對拉風的跑車、槍、打獵或釣魚有特別嗜好，但是這一切都只是一個假面，用來掩飾他對年幼男孩的著迷。所以他也可能會有女朋友，那只是一種虛應、一種柏拉圖式的關係，為了讓他本人及周邊的人都覺得自己「正常些」。我會懷疑他是否曾經與異性發生過關係，假如有的話，這個經驗大概會令他受到恫嚇、不完滿，或無法令他滿足。他真正想發生關係的是年幼的男性，和男孩發生關係會比和他同年齡的人發生關係更讓他感覺舒爽。即便如此，他還是必須利用金錢或物質作為禮物，來使他們保持對他的興趣。他是個軟弱的傢伙。甚至在他選擇誘拐十三歲的小男孩時，他也會選擇個子較小的對象，好讓他更易於威脅和控制。

他不可能有高階的工作或受高等教育，但是人家會雇用他，因為他會維修和駕駛汽車。他應該是藍領工人，技術程度不高，可能高中畢業，但沒有上大學。以他刻意表現陽剛氣概的心態來看，他可能想過要去當兵，但或許了解自己一定適應不了那種生活，假如他真的有服兵役的紀錄，我猜測他可能是不名譽退役。另一引導我們對他的工作下這種結論的考慮，是因為我們相信這種光天化日下的劫持行為應是藉毒品或酒精壯膽才幹得出來，他可能常常在白天喝酒。這點也可以推測嫌犯從事的工作不需要精力充沛，而且他應是本地人。

即便是藉酒或毒品壯膽，這名不明行兇者也必須經驗老到，才可能如此順利完成犯罪過程。我們告訴警方，應該尋找一個有被控訴過性犯罪與類似的劫持經驗的人，這控訴可能讓他坐過牢或被強制住進病院，或兩者都有。不管怎麼說，都會留下紀錄。

假如他誘拐這名男孩，他可能對這個地區甚為熟悉，而且知道有高度隱密性的幽靜處所，可以讓他窩藏俘虜。這種類型的人屬於依賴心重的人，雖然他和父母的關係緊張，但我們猜想他和父母或其他的家庭成員（可能是姊姊或姑姑）住在一起。因此，他不會把蕭恩帶回他的住處。他會帶他到森林裡某個沒有人會去的地點，或者，因為我們認為他可能從事打獵或釣魚的活動，那裡可能會有一間小木屋，屬於他朋友或家庭所有，也可能已廢棄，若開車的話很容易就可抵達。儘管摩爾一家人樂觀地期待蕭恩平安歸來，吉姆和我都有做最壞打算的準備。假如在第一天或甚至第二天他還是沒有被釋放，我們擔憂綁匪並無意釋放他。他的屍體終會被發現，可能是在路邊或在森林裡，離不明行兇者帶走他的地方車程不遠處。

就我所知，這會是一份漂亮可靠、不含糊曖昧的剖繪。我們通常最沒把握的因素是年紀，但是對於此案，我甚至連嫌犯的年齡也非常有把握。大約就在這時，我們告訴警方，必定有一名嫌犯符合這份描述，而且你們甚至已經和他說過話。

從我們的研究與經驗來看，我們相信這件劫持案歸因於某個刺激事件或其他的壓力因素，或許與兩種最常見的導火線有關：工作或感情問題，兩者都有可能，但因發生時間是假日周末，我們認為感情問題可能性較大。這種類型的人在假日時常常陷於孤獨、挫折及壓抑的心情中，他可能需要將心情發洩到某人身上。我猜想他會覺得那個拒絕他的人很像他所劫持的這名年幼男孩，因此蕭恩只是一名代罪羔羊，只是被不明行兇者拿來對他失去的人出氣洩恨的代替品。

日子一天天過去，都沒有蕭恩平安回來的消息，我們愈來愈悲觀。但是警方已利用剖繪作為引導，開始把調查集中在我們所描寫的個人類型。他們比較看重目擊證人報告的一名二十幾歲、金髮或淡棕色頭髮的男子，駕駛著一輛吉普車。他們把這訊息發布給附近的警察局與媒體。他們也貼出通緝傳單，上面有蕭恩的照片、一幅警方對嫌疑犯的素描，及一張根據描述而認定他所駕駛的汽車的照片，一輛白色或淡金屬色的吉普車，篷蓋側邊印有「變節者」或「切羅基族」（Cherokee）的藍色大字。傳單上印有兩個電話號碼：一個直接通到調查小組，另一個給不想透露姓名的人使用。

我們確信這個傢伙就住在附近地區。幾乎在所有的案件裡，總是有某某人知道某某事，而且，只要他們提供訊息，只要我們需要他們協助，他們都很願意和警方合作。

在這個案子中，認出這份剖繪而來通報的人，也是執法單位的一員，他是麗瓦尼亞（Livonia，在布萊頓與底特律市區之間的一座小鎮）的一名警官。他打電話給專案指揮中心，然後提到一個名叫隆．勞埃德．貝里（Bonald Lloyd Bailey）的年輕人。

「你們一定要留意這個傢伙，」他說：「我們以前逮捕過他，因為他對小男孩有病態的性迷戀，他很像你們所描繪的那個傢伙。」

專案小組對他展開調查，吉姆和我都十分驚愕，因為他非常符合剖繪的內容。他是一名二十六歲的白人男性，中學畢業，住在麗瓦尼亞，從事運送工作，是藍領工人。他和父母同住，相處關係不太好，父親阿弗瑞德（Alfred）頗嚴厲，而且從他年輕時開始，母親總是警告他要小心女孩子。後來我們發現，當蕭恩．摩爾失蹤時，阿弗瑞德．貝里即擔憂隆可能涉案。隆最近剛買了一輛銀色「變節者」吉普車。他個性溫和、身材消瘦，一頭直長的金髮，跟蕭恩的頭髮很像，而且是個獨來獨往的人，一直和年輕男孩糾纏不清。事實上，他已經被強制關進精神病院三次。

一隊州警調查人員在九月十日去找隆．貝里進行偵問，但他有不在場證明。貝里說，蕭恩．摩爾失蹤那天，他與一名認識的男孩北上到凱斯維爾（Caseville）划船及釣魚。釣魚不好玩，所以他們就縮短旅程，在周一勞動節回來，而他父親告訴他蕭恩．摩爾失蹤的事是在隔天早晨。他父親還說警察有一份吉普車的描述，聽起來很像是他兒子的。隆的確有一間僻陋的漁獵小木屋可去，在靠近葛雷德溫（Gladwin）的地方，屬於他拿來當幌子的女友黛比家所有，他和黛比的弟弟計畫下周要去那裡，而隆知道它會一直空到那時候。

但是，當偵辦小組找到隆所說的這名男孩時，這名小男孩報告說，雖然他確實認識隆，而且原定周末要和他一起出去玩，但事情被他母親發現，結果嚴禁他出門。

隆受到拒絕時有什麼反應？警方問。他很懊惱和失望，這名男孩回答。

隔天，警察回去找隆，質問他說詞為何與小男孩不一致。隆堅持他的說法，而且就在那一刻要求找律師，而律師拒絕讓他再回答任何詢問。當他列隊在一排嫌犯中時，證人也沒有指認他，結果警方只好將他釋放。

但是他們並沒有放棄調查他，他仍然是最有嫌疑的人，而且也是唯一符合剖繪的人。何況，他的不在場證明並不可靠，而這名年輕男孩所提供的細節顯示其中有我們所推測的刺激事件。警方布置一隊人馬密切監視隆，並注意他下一步作為。我確信他會再到棄屍處去，而且我們希望他可以把警方也引到那裡去。

他所做的事是去自動提款機領出幾百元現金，然後開車到機場，買了一張機票飛到佛羅里達，隨身沒有攜帶任何行李。飛機抵達時，佛羅里達警察追蹤他到森林裡。

就在同時，九月十三日，蕭恩・摩爾的裸屍在一條道路旁被發現，身上覆蓋著細枝、葉子與樹幹，整個腦殼和大部分的肋骨都外露。屍體因於熱天曝露在外、受動物與昆蟲嚙咬已殘缺不全，所以法醫無法判定正確的致死原因，也無法判定是否遭人殺害。蕭恩失蹤那個周末，有幾名目擊者曾在小屋附近看見一輛近似隆所開的吉普車。調查人員覺得已有足夠的證據來採取行動，就知會他們的佛羅里達同仁設法把隆逮捕。

他們四處搜尋，最後在一間工具儲藏室找到他，他身上爬滿一堆蟲，正在啃咬他。他平靜地把自己交給警方。

警方的進一步調查也發現了隆・貝里一些有趣的資料，他和不少同年齡或更年輕的男孩發生過性關係，而且顯然他也和兩名女性發生過肉體關係，第一個是他被強制關進的精神病院裡的護士。她當時二十幾歲，而他才不過十五、六歲。

在偵訊隆的期間，辦案警員終於把整個事件的重點拼湊起來。

他原本已計畫周末要到小木屋去痛快玩一場，當小男孩取消與他的約會時，他懊惱不已。事實上，他當時還在盛怒中摔了電話。然後他到處找認識的人跟他去玩，但是很不湊巧，沒有半個人有空。黛比必須充當臨時保姆，有一位朋友人不舒服。一位表弟得去參加婚禮，另一位必須回學校去。他開始駕著他的新車到處兜轉，尋找友伴，喝啤酒，抽大麻。他到處逛了幾個小時，從一位朋友家到另一位朋友家，偶爾停車加油，或買更多的啤酒及香菸，他幾乎菸不離手。

他在布萊頓的一場派對中逗留了一陣子，然後開車回來。他注意到已經通過密西根州警的布萊頓分局，在二十三號公路不遠處的一家便利商店停下來，買了兩包香菸。就像很多吸菸者一樣，他以為如果一次只買兩包，而不是一整條香菸，他或許可以減少吸菸量。

就在這家便利商店前，他盯上了那個年幼的男孩，也就是蕭恩·摩爾。他穿著一件黃褐色T恤、灰色慢跑短褲，及藍色運動鞋，坐在路緣，腳踏車就停放在旁邊，正在喝汽水。他身材苗條、金髮、英俊，使隆想起他的理想化自我。他把蕭恩描述成「他們之中最俊美的人」，看他似乎一副孤獨的模樣，他坐在吉普車裡凝視他數分鐘之久。

然後他開車穿越過高速公路，心想或許可以到辛辛那堤度周末。不，或許他應該去安娜堡，但是不確定怎麼回轉到那裡去。他回到布萊頓時，在二十三號公路的便道看到蕭恩騎著他的腳踏車，他認出他就是剛剛在便利商店的那個美麗男孩。他在蕭恩後面約十公尺處停車，然後往蕭恩那裡走過去。

「嘿！我有事想問你！」隆大聲呼喚，蕭恩停下車。他和他談了大約一分鐘左右，問他這條路是不是通往安娜堡。

然後他厲聲說：「跟我走！我身上有刀子。」他的確有一把刀子，但放在吉普車上。

蕭恩一時恐懼，就跟著他走，但說他不能離開太久。隆的手臂環繞這名男孩的肩膀，蕭恩的新腳踏車就丟在那裡。隆發動吉普車，首先他往南開，然後掉頭往北。他找話題和男孩交談，問他學校的事。

中途，他決定到小木屋去，他已經向黛比要了鑰匙。他說他把蕭恩當成朋友，而且一點都不擔心這名男孩會逃離，即使當他們在另一家便利商店停車買香菸時，蕭恩去洗手間，隆就在吉普車裡等著。當被問及是否會擔心蕭恩的父母會很焦急時，他回答：「我想都沒想過這個問題。」

這棟小木屋很簡陋，有一間臥房與廚房，屋後有一處戶外廁所。在小木屋裡，他喝了更多的啤酒，而且抽了更多的菸和大麻，還要蕭恩也跟著抽。他說他讓蕭恩玩他裝了子彈的點二二來福槍及十二口徑的獵槍。他打開一些罐頭食品，放到爐子上加熱。他們在小木屋的雙層床的下鋪一起睡覺。隔天早上，他宿醉嚴重，又因為吃了麥司卡林（mescaline，譯註：一種迷幻藥）及煩寧（Valium，譯註：一種安神劑），讓情況更形複雜。蕭恩問：「你確定會把我帶回去，而且不會傷害我嗎？」

「當然，」隆回答：「假如我要傷害你，我不會等到現在還沒動手。」

下午稍晚，隆又要他一道喝酒，然後口交，弄到高潮時就射精在他的腹部上。他強逼蕭恩喝酒、抽大麻，讓他維持在一種與恐懼交混的恍惚狀態。之後，他動作愈來愈猛烈，不過，他說以前老頭對他幹過的事，現在他報復到蕭恩身上，這讓他覺得自己很惡劣。當他又開始性遊戲時，他用一條皮帶緊緊繫在蕭恩的脖子上，他解釋說這樣可以提高興奮度。

他說就在那時候，他開始「真正地感到詭異」，搞不清楚怎麼回事。他到外面去散步，設法讓頭腦清醒，然後，他回來屋內，讓蕭恩跨坐床上，逐漸把皮帶拴緊。起初，蕭恩奮力掙扎，但隆把他壓制住，然後他停止掙扎，靜止不動。隆也幾乎昏死過去，心中頓感輕鬆，當夜就睡在蕭恩的身邊。

周一早上醒來時，他接觸到蕭恩的大腿，冷冰冰的感覺。他赤裸的身體已經僵硬，皮帶仍然緊拴在他的脖子上。他說他極度恐慌，整個人跳了起來，猛敲自己的頭，跑出小木屋。他「宿醉得厲害」，哭著想辦法把每件事拼湊起來，不敢清醒地注視蕭恩的臉孔。他喝了一些啤酒，抽了一根菸，來鎮定心神。

他開吉普車去兜風，心裡仍極度恐慌，一直在想著怎麼辦。他停車吃早餐並喝咖啡，希望可以讓頭腦恢復正常。他又開了一會兒車，也去湖邊坐了一陣子，然後才回到小木屋。他扛起僵硬的屍體，用力把它拖到吉普車的後車廂。他在路邊找到一處地方，就將屍體棄置在那裡，撿拾了一些樹枝丟在屍體上，上面又以樹葉和羊齒植物覆蓋住。然後他開了約三十公里的車回到沙吉諾。

正如我們所推測的，這並不是兇手第一次涉及年幼男孩的性犯罪。一九七三年九月（當時隆十四歲），他持刀劫持了一名十五歲男孩，綁住他的手，用腳踏車載他離開，然後強暴他，之後將他釋放。受害者從一本學校畢業紀念冊上認出他，這是隆第一次被關進霍淞中心（Hawthorne Center）的原因。

十四周後他被釋放，隔年六月，他又因持刀威脅一名十二歲的男孩，並撫弄他的生殖器而被逮捕，結果就是第二度待在霍淞。八周後他又被釋放，理由是「在住院期間，一直是模範病人」。

隔年五月，他以一把魚刀搭訕一名十歲的男孩，騎腳踏車載他到一處野外，然後扯下他的褲子，強迫他吞下幾粒藥丸，然後掐住他的脖子來達到性滿足。當這個男孩醒來時，隆已離去，但是男孩認得出他。隆的父親要求再度讓隆進入霍淞，但這回他被送到「韋恩郡青年之家」（Wayne County Youth Home）。那裡的醫生判定隆需要長期療養，所以建議將他送回霍淞。就在那時候，他被釋放回到他父母的家。很顯然，那也沒什麼用。到了八月，他父親打電話向警方報案，說他的兒子「瘋了」。當日，隆被允許第三次進入霍淞。

在那裡待了七周之後（期間他被發現撫弄一名年輕男孩），隆又逃離。遭到逮捕後，他又被送到韋恩郡青年之家。兩個月後，他被移監到諾斯維爾地區精神病醫院（Northville Regional Psychiatric Hospital），他設法逃離，然後就在青年之家和這間醫院之間來來去去。

隆的應付方法有一種循環的模式。事發被捕之後，最初他會否認任何責任，編造另一套情節來免除自己的罪責。在一項犯罪中，他說他掐住男孩的脖子，讓他保持安靜，以免遭到附近的營建工人攻擊，可是到最後，他會承認他的罪行，但又發誓說他已經有所改變，絕不會再發生那種事。

到了一九七七年，他的主治醫師湯玻（José Tombo）報告，他的治療進展良好。當他因服用毒品並和另一名病人發生性關係而被逮到時，即使明知被告過去的精神病歷，湯玻醫師竟說這是「正常的成長模式」的特徵。他在一九七七年十月被釋放，其釋放診斷書寫的理由是「青年期的適應反應」。他被處以五年緩刑，並規定要繼續到湯玻醫師的門診處做治療。

一九八〇年二月，他和一位朋友搬到佛羅里達州的薩姆菲爾德（Summerfield）。他在當地從事輪胎運送工作，一直待到一九八三年五月。他承認在那裡搭訕和綁架了幾名十四到十六歲的男孩，偏好的受害者是金髮偏瘦的男孩，與他在那個年紀的模樣相似。他喜歡用皮帶或鬆緊帶緊繞著自己或夥伴的脖子，來製造性高潮。他估計這種事已經發生過三到五次，地點就在赫蘭都（Hernando）和戴通納（Daytona）海灘區域。有一回，他在一處活動房屋公園搭訕一名男孩，說：「你想不想舔我的屌？」男孩的家人馬上報警，隆被控唆使未成年人犯罪，再次被判緩刑。

一九八四年七月十八日周三，兩名男孩發現了半裸的十五歲肯尼・邁爾茲（Kenny Myers）的屍體，地點就在底特律北邊，韋恩郡海尼茲公園（Edward Hines Park）的河堤邊。他們向剛好路過的韋恩郡警長的座車招手。肯尼的母親兩天前已經報案，因為他在晚餐時間後一直沒有回家。同一天，他的藍色哥倫比亞十段變速腳踏車在底特律找到。隔天，他所穿的藍色緊身衣也在公園外的一座網球場附近找到。他遭人用皮帶勒死，而毒物檢驗顯示體內有酒精及大麻。

一名底特律的證人報告說，她看見一輛骯髒受損的白頂褐色廂型車，靠近一個騎著這款藍色腳踏車的白人男孩。汽車駕駛走出來，把男孩從腳踏車拉下，丟到汽車裡，然後急速離開。她原以為駕駛者是這個男孩的父親，而這個男孩做錯了事，不過她還是不放心，想要記下牌照號碼，但未能看清楚。

邁爾茲一案一直懸而未決，直到隆・貝里因蕭恩・摩爾謀殺案而遭逮捕，邁爾茲案才明朗化。這兩個案子的類似性：做案者為身材削瘦、一百五十二公分、四十公斤重的白人男性，都是從腳踏車把小男孩劫持到汽車裡，強迫灌藥與酒，然後用皮帶勒死，讓警方認為隆涉嫌重大。

透過在隆的家當裡找到的名字和地址，密西根州警聯絡到一名年輕人。他承認認識隆，前一年隆就開著一部白頂破損的褐色廂型車，而且隆還給過他啤酒及大麻好幾次。警察追蹤這輛汽車，結果發現那是隆擁有的一輛一九七〇年別克廂型車，他在一九八四年十二月十日折價賣掉這部車子，換購一輛一九八五年的豐田小卡車。在肯尼・邁爾茲遭謀殺期間，隆正在為漢克・葛林菲爾德（Hank Greenfield）工作，漢克是一家連鎖咖啡店麗瓦尼亞分店的老闆。隆把這部別克停在咖啡店後面，一個月後漢克看著心煩，要他把車子開走。

一名十幾歲的男孩告訴麗瓦尼亞警方說，他遭到一個駕駛一輛老別克廂型車的男子所劫持，他認出這個人即是隆。隆載他到海尼茲公園，強迫他口交，然後才載他回來並釋放他，其他多名男孩也有類似的報告。

肯尼・邁爾茲的屍體被發現時，他身上有件東西顯然不見了：一支黑色塑膠手錶。肯尼的媽媽說大約在他失蹤前一個月，他用她給他的五塊錢在跳蚤市場買了那支錶。黎明史頓郡警察局副隊長麥可・史密斯（Mike Smith）在專案小組的會議中說，有一件事他覺得很奇怪：隆・貝里因謀殺案從佛羅里達被押解回來後，他最關心的事似乎是那支被沒收的廉價黑色塑膠手錶的下落，一直想要回它。他後來承認，他必須殺死其中最美麗的男孩，因為他們讓他想起自己。

現在，這整個故事有幾個重點，不過我擔心許多所謂的專家已再三地錯過。

審判前，隆由多位精神科醫生與心理醫生予以檢查，其中有一些由檢方指定，有些則由辯方指定。辯護律師認為這是很典型的精神失常案例，畢竟，他從青少年時期起就已多次進出精神病院，而且他的精神病歷也反映出他有嚴厲專制的父親，以及愛管教的母親。母親不斷地處罰他，並警告他勿與女人往來，而且他還宣稱（有其他病人的說法可以替他作證），他在諾斯維爾的精神科醫生湯玻，曾多次和他發生性關係。隆的說詞是：他把他劫持的年輕男孩當成朋友，他恨他自己，而當他殺害蕭恩時，他真的相信他所殺的是年輕的自己，如此就可替世界除去他的成年自我可能引起的禍害。

好吧。不過，雖然隆原先聲稱蕭恩的死亡是「一件意外」，負責起訴的心理學專家哈利・史達克（Harley Stock）與醫學博士琳・布蘭特（Lynn Blunt）逼得他不得不承認，早在他開車到葛雷德溫的小木屋時，他就明白非要殺死這名男孩不可，不可能讓他活著回來。至於為什麼他沒有在頭一個晚上就把蕭恩殺掉，他回答說他們「還沒有過性關係」。他更進一步承認他的謀殺動機之一是他心中充滿了妒忌，殺掉蕭恩可以防止他和其他人發生性關係；照其意推測，他指的是女人。雖然這都表示他的心智不穩定，但這並不是發瘋。在犯案之前，他有能力去計畫、組織、思考。他的謀殺理由透露出他並未缺乏辨別是非的能力，而是擁有一種自我中心與自戀的人格，這種人格常常造成極端反社會的（而不是精神異常的）行為。瘋狂與人格失序之間的差異被弄混了，法定上瘋狂的人是無能分辨是非黑白的人，極端反社會的人格失序者則有能力分辨是非，但選擇胡作非為：或許是出於生氣、妒忌，或只因為覺得痛快。

他受到湯玻醫生性虐待的事呢？那難道不是造成他「精神失常」的原因嗎？

假如這是實情（湯玻醫生否認），那麼它當然對這個已有嚴重人格問題與自厭情緒的男孩沒有益處，這樣的行為既不可原諒又可鄙，會讓病人與醫治者之間的信任感破裂，所以應該盡速處理。但是正如檢方精神科醫師所指出的，還有另外的事必須牢記在心：在隆和湯玻接觸之前，他的性侵略模式已經形成。我們或許必須指望更具建設性的治療法、指望不同的家庭生活與教養，或者一套更有效且更準確的少年司法制度。

但是，這一切都無法替蓄意及預謀殺人辯解。「在被告的所有精神病歷裡，」檢方精神科醫生下結論：「絕對沒有任何跡象顯示他的行為舉止曾表現出精神病的特徵。」

顯然，黎明史頓郡法庭的陪審團同意上述意見。雖然隆作證而且設法表現出極度悔罪的模樣，但是並未得逞。辯方精神科醫生裘爾・德萊爾（Joel Dreyer），診斷隆患有「假性心理變態精神分裂症」。心理學專家史達克以他自己的診斷反駁：邊緣性人格錯亂、戀童癖及性虐待狂導致他把痛苦強加在他人身上，以讓自己獲得性滿足。他說隆雖有人格錯亂問題，但仍可分辨是非，並有能力決定要不要傷害某人。「激烈抵抗的人會遭受傷害，」史達克說：「那些乖乖聽從的人會獲釋放，有時候還會再度見面。」但在隆遇到蕭恩・摩爾時，情況似乎不再是這樣。

在最後的分析中，大部分陪審員說，由於有使用皮帶，所以他們確信隆所為是理性的預謀。用皮帶掐住蕭恩到死亡為止需時超過一分鐘，在這段時間裡，隆必須把他的雙手壓制住並阻止他反抗。陪審團判決隆犯了綁票與預謀殺人罪。他一開始在密西根州服刑，但是，正如史都華・瑙爾頓的遭遇，其他的囚犯一直威脅要殺掉他。為了安全起見，他被轉移到本州外的一處監獄。

處理任何暴力犯罪（特別是謀殺）的後續，我們總是盡可能設法從中取得教訓，檢討其中各式各樣的悲劇。

事實上，隆．貝里的罪行與一連串的悲劇相連。警方沒有看出他最早期行為的嚴重性，所以沒有採取果決的行動。另一方面，對於肯尼．邁爾茲一案所發布的新聞太少，這原本可以鼓勵民眾提供重要的資訊。假如對不明行兇者可能駕駛的交通工具的類型與特色發布更多的細節給民眾參考，隆的老闆漢克．葛林菲爾德就會報案這汽車停在他辦公室後面，那輛車子他看了一個月，天天讓他覺得刺眼。如果他早報案的話，蕭恩．摩爾或許現在仍然活在人世。

依我的看法，警方對蕭恩的謀殺案處理得很好，諮詢我們的時間抓得很準，而且也利用我們的剖繪作為他們的調查重點。而且我相信，由於專案小組的辦案效率，使得其他可能遭隆．貝里殺害的男孩現在仍然得以活在人世。

我從隆．貝里一案所得到的另外一個教訓是：無論精神病醫學、心理學及社會工作的職業是如何高尚，也無論他們是多麼努力在幫助每個被帶到他們面前的問題人物，從我自己的長期經驗，我相信你不能簡單地只把隆．貝里當成一名病人，而沒有留意到他的行為的整體性影響。我的意思是說，精神醫療專家的工作固然是設法幫助面前的人，但同樣要替大家著想，一旦他回到社會，就會和許多人打交道。

人有一種自然的趨向，會想要感同身受當事人的處境，這就是為什麼許多精神科醫生不願意閱讀犯罪現場報告，或深入了解被控告者的背景，他們害怕那樣做可能會使內心萌生偏頗，喪失客觀性。對我而言，這就好比是一名藝術史學家不想要看畢卡索的任何畫作，因為害怕對這位藝術家的評價會產生偏差。

裘爾・德萊爾醫師分析隆的問題為「一顆原本已經混亂的心靈，在遭受創傷後所引起的失序。」他寫下：「我相信他在諾斯維爾州立醫院的遭遇比他所犯下的罪案更凶惡，因為醫院收容他就是要幫助他，而且正如〈希波克拉底誓詞〉（Hippocratic Oath）所說的：『勿傷害。』」在前一頁他寫著：「我了解在那個時刻，坐在我對面的不是加害者，而是一名受害者。」

抱歉，醫生，但是，讓我們言歸正傳吧。正如許多人的遭遇一樣，隆・貝里在很多時候可能曾是個受害者，但是隆・貝里殺人，他奪走了數條性命，人死了可是無法復活的，沒有人對他做這樣的事。一旦我們忘記這名年輕人與他的其他同類是兇狠的加害者，我們等於也就忘記了肯尼・邁爾茲、蕭恩・摩爾、凱西・漢森（那些真正的無辜者）被殘酷殺害的事實。

法庭中雙方對精神病學爭議不休，問題是，那是根據嫌犯的自我報告。假如你因個人疾病去找精神科醫師診療，通常是因為你不快樂或有心理上的煩惱，因此你會告訴醫生生活的真相，好讓他可以幫助你。假如你看精神科醫師時是名囚犯，你的目的就是離開被關的地方，因此，你對醫生所言就只是為了讓你的目的得逞。當然，精神科醫生會希望他的病人病情獲得改善，那會讓他覺得他的專長有所發揮，也讓他覺得對社會有所貢獻。他會傾向相信犯罪者告訴他的話，讓他有機會回復正常的生活，但是，萬一因為他這樣做而讓更多人有受害的風險，那實在是我很不願看到的情景。

最後，作為社會的一員，我們必須自問，這世上是否仍有神聖而不可侵犯的事物存在？如果答案是肯定的，那麼，我希望孩童的生命永遠擺在這份名單的第一順位。

Chapter 05 為了孩子們

「全國失蹤及被剝削兒童中心」(National Center for Missing and Exploited Children)位於維吉尼亞州的阿靈頓郡(Arlington),就在華盛頓特區外圍不遠。當你走進其中,首先會被招待區平時的模樣嚇到,覺得像是商業或法律辦公室的大廳。你所遇見的友善的人似乎像是靠得住的專家,那種形象很難和他們天天在處理的恐怖事件互相調合,但假如你注視著那些由海報、照片、徽牌所遮蓋的牆壁,你會開始體會這些人對他們工作的投入和奉獻有多深。

經過走廊,你的心情會霎時改變。這些牆壁上貼著微笑、幼嫩臉孔的照片,其中很多是六、七歲左右,正在換齒年齡的小孩,咧著缺了門牙的嘴快樂地笑著,背景是一片假森林或牧場,是那種典型的學生照片。這些臉洋溢著歡樂,但你心裡知道,自從拍了這些照片後,這些孩童就不知身陷何處。即使周邊圍繞著這些稚氣的臉孔,中心的職員也微笑著迎接你,但這裡的氣氛很不同:人群行事匆匆,或在講電話,或在打電腦,或在做筆記,同時至少一心二用地做兩件事。從他們身上,你感覺到他們身負任務的緊迫:牆壁上有那麼多的臉孔!

我對自己說:這些人和我在西雅圖險些喪命前一刻時一樣面對巨大的壓力,每一樁案件都迫在眉睫,每一樁案件中,時間都是最重要的考慮。那麼多天真無辜的年幼生命處於危急中,你該選擇先處理哪樁案件？你哪裡還有吃午餐的時間？你哪裡還敢一到下班時間就想回家？這些小孩在盯著你看（而這些只是所有失蹤或受凌虐兒童中少部分有案可循者），這代表著最難以形容的恐怖。

請挑一張照片看看（隨意挑取一張），然後想像那名小孩的遭遇。想想他是不是仍然活著，想想他親人長期焦心守候奇蹟的情景。逐一地凝視這些臉孔，你會訝異地領悟到，他們都是再普通不過的小孩。我們說小凱西．漢森好漂亮，也提過或許艾莉森．派洛特有希望成為田徑明星選手，但事實是，兒童侵犯者並不一定專挑最吸引人或最有天分的小孩下手。

牆壁上的許多名孩童並非是歹徒的特定目標，而只是歹徒伺機而為的受害者：這名小男孩單獨到洗手間去，然後就不見了；這名小女孩在放學回家途中失蹤；這名女孩不幸因母親童年時亦遭過凌虐，人格受到嚴重傷害，脆弱又孤獨，結果投入壞男人懷抱，也將小女兒送入狼口。

另一面牆壁上，在「復得」（Recobered）的標題之下也有微笑的臉孔。初次見到它，你的心可能會興奮地抽緊，以為這些小孩終能與親人重聚，然後他們解釋：「復得」只是指找到和帶回，但並不表示找到的一定是個活人。

「全國失蹤及被剝削兒童中心」是一個非營利性的私人組織，一九八四年時受當年的「失蹤兒童法案」（Missing Children Act）委任而設立。這個中心的合作對象是美國司法部青少年審判與犯罪防治局（Juvenile Justice and Delinquency Prevention），它在加州、佛羅里達州、紐約州、南卡羅萊納州及維吉尼亞州都設有分部。一九九〇年，它和「亞當．瓦爾虛兒童資源中心」（Adam Walsh Child Resource Center）合併，這家資源中心是由約翰和黎芙．瓦爾虛（John and Reve Walsh）夫婦於一九八一年，六歲兒子在佛羅里達遭劫持謀殺後所設立的。如今，「全國失蹤及被剝削兒童中心」所致力的目標（正如它所刊印的一本小冊子中所描寫的）是「帶動舉國上下盡力找回失蹤兒童，並教導民眾防止兒童遭劫持、猥褻及性侵犯的方法」。

透過亞當・瓦爾虛兒童基金會，它同時也提供失蹤兒童家屬幫助，爭取立法革新以保護孩童，並教育、促成家庭與關心此事的民眾投入，以保護我們的國家幼苗。

由於聯邦法律並沒有要求警察或其他單位向「全國失蹤及被剝削兒童中心」報告兒童走失案件，也因為附加在這些犯罪上的恥辱及受害者的恐懼與困窘非常巨大，所以國內對這個真正嚴重的問題只有粗略的資料。根據「全國預防待虐待兒童委員會」（National Committee to Prevent Child Abuse）的資料，美國一九九五年就有大約三十五萬件經報案的兒童遭凌虐案件，其中有九成的犯罪者都是兒童所認識的人，通常是同一個家庭的成員。「全國預防虐待兒童委員會」的熱線電話設置後的最初十年，接到了超過九十萬通的民眾電話，打來報告失蹤或可能遭剝削的兒童案件。幾乎同一時期，「中心」協助找回的小孩超過兩萬八千名。

然而，保護你的小孩的最好方式是認識你的敵人。基於我的職務與我所見種種，我或許太過敏感了，但重要的是一定要有所警覺。

比起其他的暴力犯罪，民眾總是會問我，怎麼有人會做出這種傷天害理的事？是什麼樣的怪物竟會劫持、猥褻，而且還可能奪走這樣一名純真兒童的性命？既然那種穿著軍用雨衣、長相可怕的陌生人形象並無法代表大多數的兒童侵犯者或劫持者，我們該如何識別他們呢？

如同其他類型的歹徒，這些兇手在犯案前後都會顯現出一些異常的行為，這些行為常常會洩露出他們的祕密身分。

我們先談兒童性侵犯者，甚至其他的暴力罪犯也認為這種人最像低等動物。正如有不同類型的強暴犯（所謂的紳士強暴犯，對比虐待狂或權力關係的強暴），也有不同類型的兒童侵犯者。我在匡提科的同事、特別探員肯・藍寧（Ken Lanning），也是全世界研究兒童受害的頂尖專家，對這問題做過很廣泛的研究。他從執法者的觀點，給兒童侵犯者下了這樣的定義：兒童侵犯者指的是「從事與兒童的非法性活動」的人。兒童的定義則是指在犯罪行為發生時尚未滿十八歲者。除了這種廣義的認定之外，多位專家，包括肯・藍寧、帕克・愛略特・狄亞茲（Park Elliott Dietz）醫生（著名的精神科法醫，一直擔任我的單位的顧問），對不同類型的兒童侵犯者也做了界定。

第一，真的有戀童癖患者，這些人偏好和幼童發生性關係，將幼童當成他們的幻想主體。第二，也有人雖然其主要的性慾和幻想對象是指向成年人，但也渴望和幼童發生性關係，以滿足另外的需要；也許他們感覺自己配不上，無法接近他們慾望的真實對象，便以幼童當作替代品。狄亞茲和藍寧區分出兩種類型的犯罪者：一種是偏好型的（preferential）兒童侵犯者（真正的戀童癖）；另一種是臨時起意的（situational）兒童侵犯者（孩童受後者傷害的機會多過前者）。

一名戀童癖患者很可能終其一生沒有騷擾過半個小孩，他甚至會和成年人建立性關係，以其他的方式來滿足他的慾望：藉洋娃娃來幻想幼童的手淫，或者挑選一個在某些方面很像小孩子的成人性伴侶：他的愛人也許是一個胸部扁平、個子嬌小的女人，或是講起話來像嬰兒一般的女人。這些行為一點都不犯法。戀童癖也可能僱用成年妓女來表演他的幻想，就這一點，沒有小孩會被加害或剝削。就像某個對腳有戀物癖的人，只要其情人不介意穿著高跟鞋走路炫耀，或讓他畫她的腳指甲等等，就不會有傷害發生。

但正如肯・藍寧所指出的，這些傢伙中也有許多人沉溺於兒童色情刊物中：照片、錄影帶、雜誌。他們蒐集、交易兒童色情刊物，方式如同小孩收集棒球卡一般。從我的研究和經驗來看，我知道有很多的暴力犯購買、蒐集色情刊物，特別是與捆綁和虐待狂／被虐狂（SM）有關的內容。執法者獲得搜索票到虐待強暴及殺人嫌犯家中去搜查時，通常一定會把這類東西列在目標中，但是我的意思並不是色情刊物讓本來就有那種歪念頭的人更加色慾焚心。我常常見到兇手刻意模仿一個他讀到或觀賞到的類似情景，譬如蘇潭波殺害戴黎安娜・韓特就是如此。不過，只要慾火中燒，這些傢伙無論如何都會幹出這泯滅人性的事。事實上，大部分購買和閱讀色情刊物的人一點都沒有危害性，而且從來不會作姦犯科。所以，即使有一小撮人因消費色情刊物而助長其強暴及厭惡女人的行為，我並不會因此而建議限制憲法第一條修正案。

但是兒童色情刊物不同，單單它存在的事實即意指一樁犯罪的發生。只要看著這個東西，或是將它傳遞給其他人，這名戀童癖其實即已犯下侵犯兒童之罪，並且正在剝削這個小孩，不管他是不是在原來的犯罪現場。就像保羅・伯納多、白特克和諾里斯、列克與吳這些成人殺人犯，很多兒童侵犯者製作他們自己的兒童色情刊物，小心翼翼地記錄下自己的非法性邂逅，以便一再重溫。另外的人可能涉嫌組織所謂的戀童圈（child sex ring），其中有一名或多名成人（通常是信任的朋友）凌虐並剝削數名兒童受害者，男童女童都有可能。縱使兒童色情刊物是以郵購方式購買，而購買者從來就沒有碰過兒童，任何蒐集兒童色情刊物的人其實都犯了剝削罪，它就如同成年強暴受害者遭人強迫拍攝的照片。

雖然戀童癖可能認為利用色情刊物來作為幻想的養料沒有什麼關係，可是這其中仍然有小孩受害。就跟其他性錯亂症或戀物癖一樣，這種潛能隨時都有可能會爆發。一旦這幻想不足以滿足，戀童癖患者就會感覺需要找一個真正的幼童來洩慾：也許僱用一名雛妓、騷擾他認識的幼童，或誘拐陌生孩童。雖然他可能會在「花錢買性」與劫持及強暴鄰近小孩之間，做一個自我合理化的區分，只要那名小孩一被捲入，犯罪的剝削就已經發生。現實上，我們不需要害怕地認定每個對小孩有性幻想的傢伙都真的會騷擾幼童，但我確實認為應該對此有所警惕。

我同時也同意肯·藍寧所說的，正如並非所有戀童癖患者都是性侵犯者，並非所有的性侵犯者都是戀童癖患者，所謂的「臨時起意的侵犯者」可能受到各種各樣的動機所驅使。有一些人只有在面對最脆弱的受害者時，才會顯露出侵略性。這些人也可能把目標鎖定成年人或性工作者等相對容易到手的目標。

這些人很危險，因為他們的行為可能會加速惡化。開始時，或許只是侵犯幼童的衝動、一個單獨的事件，結果卻可能變成試練身手（如果他得逞而且沒有遭到逮捕的話）。他們的犯罪可能變得更暴力，犯案生涯一旦開啟，就愈來愈猖獗，攻擊更多的受害者，而且花更長的時間折磨他們，讓幻想更完滿實現。紐約州羅徹斯特的亞瑟·蕭克羅斯一案就有這種類型的演進方式。葛雷格·麥奎利判斷兇手會回到棄屍處，花更多的時間與被害者的屍體為伴，後來我們就利用這一點逮住了他。一旦捉到他，才發現他最初兩名受害者並不是性工作者或無家可歸的女人，而是年輕女孩與男孩。

臨時起意的兒童侵犯者或許更多過偏好型的侵犯者，當然戀童癖患者可能終其一生侵犯過多個幼童，因為那是他的主要性衝動所在，他無時無刻不魂牽夢繫於此。一個臨時起意的犯罪者可能一輩子只侵犯過幼童一次，但也可能會變成他的長期行為。

「全國失蹤及被剝削兒童中心」所出版的《兒童侵犯者的行為分析：給執法官員調查兒童性剝削

案件時參考》（*Child Molesters: A Behavioral Analysis for Law Enforcement Officers Investigating Cases of Child Sexual Exploitation*）中，藍寧概述了四種類型的臨時起意的兒童侵犯者：壓抑型、缺乏道德感型、性方面不加選擇型，及社會適應不良型。壓抑類型指那些對自己的小孩施暴的傢伙，因為自家小孩最容易得手。一點都不意外的是，他們通常自尊心很低，把發生性關係的幼童當作無法到手的成年人的替代品。這種類型的罪犯較可能利用誘惑或詐騙，而不是強迫幼童來配合他。而且這些事件通常與他生活中某種壓力來源有關。

缺乏道德感的類型也會性騷擾自己的小孩，雖然他也會操弄、誘惑，或甚至使用武力來得到其他的受害者。這種人實際上可能一生都在幹這類的壞事：他凌虐妻子與朋友，不管在家中或在上班地點都慣於說謊與欺騙，而且他對偷東西不會有羞恥感。這類型的人沒有良心，因感情衝動而行事對他一點都不困難。

這種類型和性方面不加選擇的侵犯者，假如被問及為什麼要對小孩性騷擾，他們可能會自問：「為什麼不呢？」但是性方面不加選擇的侵犯者會把那種想法更推進一步。他會凌虐兒童，因為他日子過得乏味，而這種經驗似乎很新奇、刺激。藍寧描寫這些類型的人為「嘗試性的人」（try-sexuals），意指不管什麼樣的新奇事物，他們都會勇於嘗試。這些傢伙可能會搞成人集體性交、配偶交換遊戲、捆綁，什麼都來，只要是對法定成人不構成犯罪的行為。但是，他們也可能拿小孩來當性實驗品。比起其他臨時起意的兒童侵犯者來，這些人一般而言擁有較高的社經地位，因而也更加容易欺負各種的受害者。相較於其他喜歡兒童色情刊物的類型，這類型的人可能有更加廣泛的情色蒐藏品。

最後，社會適應不良型的兒童侵犯者很像其他幾章裡描寫的犯罪類型。事實上，在我的單位裡，我們所處理的大多數是無道德感與社會適應不良的類型，犯人是社會的局外人。青少年時期，他同年齡的朋友很少，成年後可能繼續和父母或一名年紀較長的親戚同住。對這種人而言，兒童是不具威脅性的，就像他的其他潛在目標（老年人、性工作者）一樣。他的受害者可能是一名他很熟悉的小孩，或是一名用來作為一個他無法親近的同輩的代替品的人。這種人與其說是天生在性方面迷戀兒童，不如說他在成人的世界中對性充滿好奇，但是又很沒有安全感。假如他蒐集色情刊物，內容應是成人，而不是兒童。因為他遭社會摒棄，他的敵意和憤懣可能一直在醞釀，直到找到發洩出口。這種人可能非常危險，假如他的憤怒爆炸，常常會導致折磨並殺害他的受害者。

一九八〇年早期，我處理過一個結合了社會適應不良症與無道德感兩種類型的案例，當時匡提科的剖繪計畫正在緊鑼密鼓地發展。

北達科塔州迪京森（Dickinson）的警察局對他們的破案紀錄頗為自豪，而事實上他們也應當如此。在一九八三年三月，他們紀錄上只有一件謀殺案尚未偵破，但是那個懸案是個駭人的雙人謀殺案，已延宕幾近兩年。他們要求我們幫忙做個剖繪，希望能有助於調查。

他們的描述如下：一九八一年十一月十六日的大清早，一名臨時工人到史望森汽車旅館（Swanson Motel）辦公室喝一杯咖啡，這是他每天早上必做之事。但是這一次，他發現五十二歲的經理普麗席拉．丁寇（Priscilla Dinkel），臉朝下躺在地板上，身體被綁，嘴巴也遭封住，手腕和脖子被一條電線捆綁著。她的長睡衣和家居長便袍已經褪下，背部有局部暴露。

警方到達後，他們注意到她的頭髮上有林木的碎片，然後又發現一件可怕的事：搜尋這房子時，他們發現丁寇的孫女，七歲的丹妮兒．李茲（Dannelle Lietz）在後面的臥室裡，也一樣遭到謀殺。她的屍體躺在床上，上面有東西蓋住，脖子上也同樣繞著一條電線，手腕上有遭繩索捆綁的痕跡。驗屍結果顯示兩名受害者都死於勒斃，而丹妮兒死前曾遭強暴。

案子發生後一年半裡，偵辦人員曾根據許多線索去追查，但仍然一無所獲。

在評估這個案件時，我從受害者研究的觀點出發。普麗席拉·丁寇近來遷居到迪京森，接下汽車旅館經理的職位。這地方的能源工業景氣翻騰，來了許多臨時工人，房間通常是按周出租，而這家汽車旅館所處的環境正因臨時工人的湧入而迅速改變。事實上，警察局長已經警告當地居民要鎖上他們的門窗，這種事以前從未聽聞。

雖然普麗席拉·丁寇的個人背景毫無高風險的跡象，她的工作、這家汽車旅館的位置，及這個地點的臨時性質，都使我將她分類為高風險的受害者。另一方面，我感覺她的孫女單純是因時機不湊巧而受害。她年紀輕輕，沒有能力掌控自己的生活或環境，所以我視她為碰巧的受害者。

在這個案子中，這名不明行兇者有充裕的時間來綁住受害者並凌虐她們。丁寇沒有遭到強暴，但頭部遭鈍器重擊而昏死。兇手也剪斷她的胸罩與內衣褲，滿足他的獸慾，並顯露出他的恨意及攻擊性、支配及控制慾。丹妮兒的頭部也遭重擊，頭殼被敲碎。他離開之前，還把汽車旅館錢櫃裡的現金也洗劫一空。很明顯地，他待在現場相當長一段時間，而且頗為悠哉自得，這引導我剖繪出一名對被害者與這地區都很熟悉的罪犯。不過，當夜他去那裡似乎並非特意行兇。較可能的情況是，殺人的事件是不經意間發生的。犯罪現場反映出既有混亂又有隨機應變的成分：兇手很能順應環境，從電燈及吸塵器拆下電線來綁住受害者。

現場的這種混合景象讓我研判酒精一定是那天晚上的致命因素，而這名不明行兇者或許有酒精中毒的歷史。以對老婦的攻擊程度來看，我猜想他是那種具有雙重人格的酒徒。正常時是個獨行俠，一點也不喜歡與女性交往，在幾杯酒下肚後說話就會開始大聲，個性中的侵略性也會現出原形，不過他只能對他認定可以支配的人表達出這一面，他和女人幾乎無法相處。

由於兇手通常不會第一次犯案就是兩條人命，這個人可能以前就曾觸犯過法律。他可能已幹過像攻擊、搶劫或竊盜之類的罪行。留下這種犯罪現場的兇手通常都具有普通智能，但這個傢伙或許連中學都沒有畢業。若他有工作，通常會是勞力而非勞心的工作，譬如工人、機械工或卡車司機。他不會把自己打扮得乾淨體面，他看起來應該是一副需要洗個澡、刮刮鬍子，並去理個髮的樣子。

所有留在公寓的行為線索中，最具意義的是女孩所在的臥室現場。當他攻擊丹妮兒時，她的祖母不在場，所以他可以盡情發揮幻想，輕易地支配和控制她。在他攻擊時，他是在消耗她，增強他對整個狀況的宰制力量。然而，他用床單遮蓋她身體這個事實，顯示出事發後的許多情緒。他想辦法抹除強暴的痕跡，對自己的行為感到厭惡與噁心。由於心境上明顯的改變，他對她的死亡感到有些後悔，這與他攻擊她祖母時不饒人的模樣正好相反。

只要你在現場找到兇手後悔的跡象，就可以進一步推敲不明行兇者在犯案後的行為。他會忍不住和人說話，了解警方的調查進展。他會喝更多的酒，在某些方面改變身體的外觀，也可能去這女孩的墓地一趟。

對這名不明行兇者的生活，我唯一沒有把握的是他的年紀。正如我前面已提及，這方面常會有問題。我看過這類的兇手年紀從將近二十歲到五十出頭都有，因此我建議警方把焦點放在犯罪後的行為及剖繪的其他要點，別費心去尋找特定年紀的兇手。我也警告說，在事件歸於沉寂後，兇手或許已經悄悄逃離鎮上。一如以往，我告訴偵辦人員，假如他們想要更進一步討論事情，或對偵辦及質問技巧做腦力激盪的話，就打個電話給我。

迪京森警方繼續調查的工作，約談了將近三十名嫌疑犯。犯罪現場只得到一枚指紋，但結果偏偏屬於一名偵辦人員所有。之後，當DNA測試可行時，警方重新檢驗證據，結果發現實驗室的冷凍庫發生故障，證據遭到銷毀。沒有找到任何證人可以提供當晚的線索。

然而，這些狀況並沒有讓迪京森警方洩氣。有一段時期，他們甚至到城外去求教一位靈媒，把受害者的私人物品與可能的嫌疑者，及這地區已知的性罪犯的照片寄過去給她。靈媒從中選出一人為兇手，當蒙大拿州密蘇拉（Missoula）的治安官辦公室告知調查人員，此人有侵犯鄰近小孩的嫌疑之後，他們更加懷疑他有涉案的可能。他的朋友告訴警長，他一直在談論迪京森這起謀殺案。警方約談了這名嫌疑犯，問了一大堆話，並要他接受測謊器測試，但是他拒絕照辦。他們還取得他的齒印，來與丹妮兒右頰上的咬痕比對，但這些結果並不具決定性。

傑利．希斯曼（Jerry Theisman）畢業於聯邦調查局國家學院，目前服勤於北達科塔州犯罪調查局。他在一九八五年十二月和我們聯絡，請我們評估這名男子的涉案可能性。我們向他解釋，兇手不可能會以這種方式來降低暴力的層次。在兇殘地強暴和殺害兩個人之後，不明行兇者現在應不會冒著被抓的危險，現身鄰近地區。同時，迪京森殺手還從犯罪現場拿走現金，這傢伙似乎不會捉襟見肘。

迪京森警察局仍然鍥而不捨，又告訴我們有另一名嫌犯，這人幾乎符合所有我原來測寫裡的要點，調查早期他們曾對他做測謊測驗，顯示他隱瞞重大事實。問題是，他已離城而去，沒有人知道他的去處。他的名字是威廉．多瑪斯．里格（William Thomas Reager），雙人謀殺案發生時他正住在那家汽車旅館。他不只認識受害者，還常充當丹妮兒的臨時保姆，而且似乎迷戀著她的母親梅樂蒂（Melody）。

這家人察覺到，當他來訪時，他會要小女孩坐到他的膝蓋上，而他的手總是在她的腿上毛手毛腳，令他們覺得很不舒服。就在丹妮兒遭謀殺前幾天的某個晚上，她還央求她的母親別讓他當臨時保姆。謀殺發生後隔天晚上，里格因酒醉駕駛被逮捕，並被警察盤問。現在，幾年過後，迪京森警方正在找尋里格的下落。

到了一九九一年，警官恰克・蘭姆爾（Chuck Rummel）接手這個案子，他又聯絡我們。我當時不在鎮上，就由傑德・雷（Jud Ray）出勤，一直到案子水落石出為止。藉由鄰郡的全國犯罪資料中心電腦搜尋，蘭姆爾已經追查出里格住在阿肯色州的貝次維爾（Batesville）。迪京森警方和貝次維爾的警局聯繫，讓他們知道里格涉嫌一件雙人謀殺案。有趣的是，當地警方正在處理一件一九八八年發生而尚未解決的老婦謀殺案。在同年六月，七十七歲的黛拉・哈定（Della T. Harding）的屍體在一座橋下的乾涸河床上被發現。前一天，歹徒闖入她家，捆綁、毆打然後勒死她。在老婦遭謀殺時，里格就住在離她大約一點六公里的地方。

在進一步追蹤里格後，蘭姆爾終於把這名嫌犯請到阿肯色州的保安官辦公室偵訊。他在進行之前請教了傑德・雷，由於我們推測嫌犯對強暴並殺害了丹妮兒・李茲感到懊惱不已，而原來的測謊也顯示他說謊，蘭姆爾和傑利・布森（Jerry Theisen）就步步進逼，直到他終於承認，供出迪京森謀殺案中尚未為民眾所知、甚至警方也未察覺的細節，譬如當晚他從犯罪現場拿走的東西，事實上不只現鈔。

根據里格所言，他去辦公室和丁寇談她女兒梅樂蒂的事。他想更進一步了解梅樂蒂，結果遭她母親嘲笑。里格沒有氣餒，反而憤怒起來，他描述自己「暴跳如雷」，拿茶几上的一塊木板打她。里格說，丹妮兒從臥室走進來時，他正在捆綁她的祖母。照我想像當時場景，他必須保持對情況的控制，結果就強暴了這名女孩。他承認除了拿走錢外，他還從現場拿了丹妮兒與梅樂蒂的一張合照及一個裝飾性的大盤子，先前的失竊紀錄並未列有後兩項，兇手保存了他的犯罪紀念品。

里格是一名白人男性，犯罪時三十九歲，過去的犯罪紀錄包括重竊盜罪、開假支票、竊盜罪及輕竊盜罪。他的智能普通，做過的工作包括粗工、卡車司機、洗碗工及巡迴表演團工人。照片顯示他總是看起來一副邋遢像。犯罪後，他改變了外貌：他不再染髮，讓頭髮完全呈現原來的灰色。他長期酗酒，有酒醉駕駛被逮捕的紀錄。他與女人不睦，和第二任妻子離婚。他和第二任妻子結婚時，也尚未與第一任妻子離婚。據報，當他被逮捕時，正準備和第三任妻子結婚。第二任妻子證實他有「冷漠的」人格，他們的婚姻生活常起爭執，而且他時常喝得醉醺醺。最後，他對當夜事件的說詞證實了他對丁寇的憤怒與敵意起因於他想追她女兒，而她不把他當真。

一九九一年三月，里格因為迪京森謀殺案被逮捕，同時也被指控為阿肯色州哈定謀殺案的兇手。兩州的調查人員還注意到，從迪京森一案到他被逮捕的十年期間，他行遍了美國，而德州達拉斯（Dallas）警方也宣布，他們正在調查里格與當地發生的一些老婦謀殺案是否有關。

我們必須感謝迪京森警局鍥而不捨的追查精神。十年期間，新人被分派接辦這個案子，每個人都抱持奉獻與專業的精神繼續調查。常常，最初的衝勁一旦失去，老舊的案件就只有長年塵封的命運。依我的想法，里格無疑會繼續任衝動擺布，不斷殺人直到因另罪被關、死去，或因太老殺不了才罷休，但是那得花上一段很長很長的時間。

在貝次維爾一案中，哈定是里格所認識的另一名較年老、脆弱的女性受害者，里格先前就到過她的住所。就像迪京森兩名受害者一樣，她的頭部也遭到重擊，但死於勒斃。在兩處犯罪現場，兇手都用電線勒死受害者，並拿走現金。里格坦承犯下此罪，可是稍後又否認，不過，他又對他的未婚妻承認了犯罪。也許命該如此，自然的定律搶在人類的法則之前對他施行了報應，在他因謀殺三人而被起訴後，同時也在阿肯色州的首席檢察官唐・麥斯巴登（Don McSpadden）宣稱要以死刑起訴哈定一案的兇手後，里格突患致命的心臟麻痺。雖然你很想把這個傢伙帶到審判席上，特別是在那麼多年之後，可是訴求判處死刑的案件，在阿肯色州至少要歷經十年的訴訟過程。對法蘭克・丁寇（Frank Dinkel）這位謀殺案的苦主來說，結局來得似乎快了一些。在獲悉里格被逮捕的消息後，《俾斯麥論壇報》（*Bismarck Tribune*）訪問他時，他還說：「我希望在我死之前，這事得以了結。」

小丹妮兒・李茲很明顯是遭臨時起意的兇手所殺害：只因她在現場，所以就遭到強暴和謀殺。另一方面，偏好型或戀童癖型的兒童侵犯者對孩童有明顯的性愛慾望。他們並非受到當下環境的壓力或情緒的不安全感所驅使，純粹是偏好和兒童發生性關係。他們的行為模式可以預期，因為這種模式一再地出現。這種儀式性的行為是一種「簽名特徵」，縱使它令犯罪風險更高或更困難，他們還是非得如此做不可，因為這是他們性行為的一環。譬如他已精心計畫好要劫持一名特殊類型的受害者，即便這名受害者若不加以跟蹤的話很難到手，即便整個計畫會拖延他脫身的時間，他還是會照做不誤。

他們的社經背景通常也比臨時起意的侵犯者要高。他們會不斷受驅使去侵犯年幼者，不像臨時起意的侵犯者可能一輩子只欺凌過一名小孩。雖然所有偏好型的兒童侵犯者具有同樣的性取向，他們對受害者的選擇（不管是性別或年齡偏好）非常特定，各個有別（雖然偏好男孩受害者的人多過偏好女孩受害者的人，而且受害兒童愈年幼，其性別愈不重要，那些偏愛尚在蹣跚學步的小孩的人對性別較不在乎）。

肯・藍寧根據不同但可預期的行為模式，概略把偏好者分成三種類型：誘拐者、內向者與虐待狂。

當你在媒體上獲知當地的一名老師被指控撫摸或強暴學生，或一名教練被控對他隊上的小孩做出不雅的行為，你面對的是一名誘拐類型的侵犯者。這種人真的會以禮物或關愛來追求他的受害者，慢慢地贏得他們的信任，降低他們的警戒。他非常擅長與小孩溝通，而且非常擅長選擇對象，很清楚誰最容易上勾。舉例來說，一名在家裡極少受到關愛的小孩會覺得得到關注，而且會接受他的關懷。

這時候，你的自然本能能夠幫助你保護你的小孩。假如某個人似乎過分關注兒童，似乎過度把焦點放在孩童身上，而花費在小孩身上的時間與花費在和成人交往的時間太不相稱，就應予以警覺。我並不是說你住家附近的所有教練或孤獨、年長者都是性變態，守在那裡伺機擄掠你的小孩，絕非如此。我們不希望人際間變得如此互疑，削弱了所有的人情喜悅與滿足，但是，切記要監督你的小孩與人交往的情形。

你不必告訴你的十歲女兒說，你認為她的壘球教練可能是個性變態，你只要密切監視她，去參觀他們的活動。假如你內心有所懷疑，不要讓他們有單獨相處的機會。同時，設法進一步關懷她，讓她不會輕易因別人的關愛而動搖。當我在聯邦調查局服務時，我沒有很多時間和家人相處，對此頗感後悔，但我希望我的小孩與我保持親近，而且能了解到，假如有任何人對他們做出或說出任何讓他們感覺不舒服的事，他們可以來找我或者潘蜜。這些傢伙傾向挑戰落單、沒人照看的小孩。你不必當個超級媽媽或超級爸爸，只要留意你的小孩交了哪些朋友，並隨時注意他們的講話內容。

這些誘拐類型的人大都會同時有幾名受害者：他們擁有自己的戀童圈。受害者或許是他的童子軍團、他的課堂學生，或鄰近地區的小孩。他花很多時間和他們在一起，聆聽他們說話，而且很懂得與他們溝通，並操縱他們。因為他是大人，很多守規矩的小孩會覺得應該聽他的話，所以他會利用這種權威與地位來獲取好處。假如他的年幼受害者沒有及早道出他的勾當，這種情勢將一直維持到他準備好結束彼此的關係時：當兒童受害者長大成熟，不再能吸引他。大部分的受害者都會在這時出來報案，除非這名侵犯者威脅並甚至凌虐其身體，要其永遠封口，手段可能與他平時用來防止逃離或報案的方法一樣。

和誘拐類型的人不同，其他同樣渴望和兒童性交的侵犯者，就缺乏勾引受害者的人際與社交技巧。內向類型的人較像刻板印象裡穿著雨衣潛行的陌生人，他比較可能會徘徊於公園或運動場，盯著小孩看。你可以認出他，他可能隨時會盯受害者幾眼。他的性活動限於短暫的邂逅，而且目標常常是陌生人或是更加年幼的孩童。他可能會藉著給兒童打猥褻電話、自我裸露，或和雛妓性交來滿足幻想。假如找不到其他方法來擄獲受害者，他甚至可能娶一名有幼小子女的女人或和這名女人生下小孩，然後，孩童從幼年開始就可以供他發洩獸慾。

不過，最恐怖與危險的偏好型兒童侵犯者，是虐待狂的類型。就以成人為對象的虐待狂強暴犯一樣，他們需要引發痛苦，心理上或生理上的，以撩起性慾並獲得性滿足。一名虐待狂類型的侵犯者會利用詐欺或是暴力來取得對被害者的控制，然後，用某種方法來折磨他們，以獲得性滿足。雖然虐待狂類型的侵犯者似乎愈來愈少見，這些人卻最有可能會劫持和謀殺他們的受害者。

令人震驚的是，也有誘拐類型罪犯轉變成虐待狂類型的案例。這些傢伙或許原本就有虐待狂的衝動，只是到後來才顯露出來，大概是受到一些壓力源所引發，或者，他們也可能從他們早先的犯行獲取了信心和經驗，逐漸地發展出這種性向。

雖然我們對於臨時起意的兒童侵犯者無法一概而論，可是戀童癖患者卻有能被預期的行為，為人父母者或許不難認出。在青少年時期，戀童癖患者可能和其他同年紀者很少有社交的接觸，他的性興趣已經轉向兒童身上。長大成人後，他會時常出其不意地搬家，因為有疑心的父母或執法者會強迫他離開城鎮。假如他跑去從軍，他可能會無緣無故就被強迫退役。在很多案子裡，犯人通常前科累累，包括猥褻或虐待罪，還有觸犯童工法則、開假支票或假冒警察。假如他先前曾因侵犯兒童而多次遭逮捕，可能會有多名兒童受害；假如他侵犯過鄰近地區的一名小孩，對其他小孩可能至少也動過歪腦筋。

一旦我們回顧他過往的罪行，你會看見他誘惑兒童的計畫（與冒險）都有相當高的水準，不像臨時起意的侵犯者，戀童癖患者花很多時間與精力去發展完美的接觸方式，而且他會不斷練習，以達靈巧熟練。他的生活方式會反映出他偏愛兒童甚於成人性伴侶的事實。近年，隨著「回巢」的口號更流行，一名二十五歲的單身男子和父母同住並非屬異常。然而，隨著年紀再大些，假如他都沒跟女性約會的話，便可能會有自戀的傾向。他也可能獨居，房間的裝飾會以能夠吸引他所偏好的受害者當作設計目標。視其類型而定，他可能會有玩具、洋娃娃或各類的遊戲與娛樂器材，若在另外的環境中，他是不會要這些東西的。

這種人或許會和一名女人交往，但情況趨於極端：這個女人若不是脆弱、天真爛漫，就是有支配慾、比他強悍。雖然這種人的女友或太太都不想談論他們的私密生活，但假如你可以用祕密的方式訪問她們的話，她們說不定會承認自己的丈夫或情人在性方面有些問題。他同時也會蒐集兒童色情刊物，其中可能有他自己拍攝的照片。就像我在女兒舞蹈表演會上指給潘蜜看的那個傢伙，即使是未裸露、未擺出特別撩人性姿勢的兒童照片，也可能讓他們慾火中燒。他可能會揹著相機到公園裡，拍了一卷又一卷的底片，照片洗出後，就對著畫面中的孩童妄思胡想。

雖然很多戀童癖患者成功地混入社會中（至少一段時間），他們的某些生活方式的確會叫人提高警覺。對我們的小孩顯得過度感到興趣的人，會讓我們起疑心。一個在拱廊、購物中心與公園徘徊的成年人，似乎沒有同年齡的朋友，會顯得很不對勁。戀童癖患者了解他的性癖好必須保持祕密，因此要他與其他成年人建立交情非常困難。常常，其成年朋友也一樣是戀童癖患者，因為他們彼此可以推心置腹。

這種類型的人通常會使用理想化的語言，譬如以「天真」、「純潔」、「乾淨」等詞來形容小孩。他也可能是用「對象」、「計畫」或「財產」等詞來談論小孩。肯・藍寧摘錄了一些信件的內容，諸如：「這個小孩使用次數尚低」，或者「我已在這個計畫上花了六個月了」。

他們對年幼朋友的選擇也很挑剔，雖然外表總是比實質更重要；換句話說，假如他偏愛十歲女孩，則一名外表及舉止像十歲的十四歲女孩，要勝過一名十歲但看起來已十四歲的女孩。

請牢記，這些因素沒有半項會使你的鄰居成為一名兒童侵犯者。然而，全部加總起來，它們可能暗示著某種危險。正如在面對其他狀況時一樣，我們需要運用常識並相信本能。這些描述能夠幫助我們識別潛在危險，但終歸最重要的還是得小心呵護，善盡為人父母之責，並給小孩作安全訓練。而在一些案例中，也只能憑老天保佑。

在一些案子中，父母保護不了小孩，或其中一人就是問題所在。我們很難想像，很多受害者是自己家庭成員的犧牲品，他們原本應是大部分孩童的指導、愛與支持的來源。近親相姦的兒童侵犯者可能符合稍早論及的剖繪中的所有特點：從壓抑型到誘拐類型都可能。而且他們追求受害者的手段可能既殘忍又工於心計：一個內向型的戀童癖患者結了婚，目的可能只是為了生出一名可以讓他猥褻的小孩（這對他當然有風險，因為無從保證生下的小孩會是他偏好的性別）；一個誘惑類型的兒童侵犯者可能其結婚或交往的異性對象已有小孩，而且小孩的年齡與性別正符合他的想望，他自己可以當一個現成的父親。等這家孩子長大到對他不再具吸引力，他會再找一個同樣背景的家庭，另起爐灶。這些人唯有在絕對必要時才會和妻子或女友發生性關係，而做愛時心裡必須幻想著小孩，或可能要女人打扮成兒童模樣或說些兒語。

不只父親會幹這種事。「全國失蹤及被剝削兒童中心」主任彼得・班克斯（Peter Banks）在華盛頓特區的警政單位待過好幾年，專門調查虐待兒童案件，他說了一個令人心碎的案子：他認識一對警官夫妻，他們的大兒子出了問題，一開始成績一落千丈、行為不端，然後變成犯些小罪，像在商店偷竊，最後終於一發不可收拾。他跑到喬治亞州去，偷了一輛汽車，接著在搶一家便利商店時被逮到。當他被上銬帶走時，他的媽媽問他有沒有什麼辦法可以讓他弟弟長大後不要像他。

「有，」這個男孩回答：「讓他離開外公遠一點。」幾年來，這女人的父親一直和這家人住在一起，很顯然猥褻她的大兒子已有一段時日，而且就在他們的屋簷下。她在同一天失去了大兒子與父親。

為什麼這名男孩沒有更早就把這可怕的事實告訴他的父母？亂倫罪的受害者若說出他們的遭遇通常會損失慘重。你可以思考這個問題：我們的社會用許多無形的方式處罰這些年幼的受害者，除了困窘、恐懼與屈辱，你想想一名小孩若說出他家人做出這種壞事，會有什麼後果。在最好的狀況中，他們立刻採取保護這名小孩的行動，把小孩帶離這個環境，而侵犯者卻仍留在原處。小孩失去了他的房子、他的兄弟姊妹、他的朋友、他的學校、他的狗，變得一無所有。在最壞的案例中，小孩請求予以幫助的人要不是無能為力就是不情願，讓那小孩更覺無助，而且更傳達給小孩這樣的訊息：這名虐待者的威脅是真的，如果他把實情告訴別人，後果會很悲慘。這讓小孩心理上更進一步受創。

小孩若遭到非家庭成員凌虐，要他們說出真相也很困難。一開始時，受害者不會告訴任何人，因為他們正因受到關注而高興，也不知會發生什麼事。過後，就像最初的誘惑時一樣，侵犯者精通讓小孩保持沉默之道。不管是哪種類型的侵犯者，受害兒童可能會擔心他或他的家人會遭這名壞人傷害。

其他的情緒也開始蠢蠢欲動起來：窘困不安、迷惑。歹徒可能對這名小孩做情感上的勒索，而且因為許多歹徒都是隨便就能接近小孩的箇中老手，他們甚至可能會利用團體競爭的手法來掌控受害者，運用競爭或同儕壓力的心理來拐獲新小孩加入，並且不聲不響地汰換掉年齡較大的小孩。

成人歹徒通常遠比兒童更有經驗、更詭計多端、更具危險性，而且更加擅於操控。唯一能真正保護你的孩子的，就是不斷地強化他的安全和信心。

肯・藍寧描述了侵犯兒童的歹徒在面對調查及起訴時的慣有反應，一點也不意外，最初的反應通常是全盤否認。在聆聽對他的控訴時，他可能會裝出一副驚訝、震撼，甚至憤怒的表情。他可能會設法解釋說，是這名小孩誤會了他的動作：「擁抱小孩就算犯罪了嗎？」說不定會有家人、街坊鄰居或同事可以支持他，並替他的品行作證，這端賴他的社會支援力量而定。

假如事實證據俱在，逼得他無法否認，他可能會設法淡化：或說只碰過一名小孩，或說只犯過一次，或說他撫摸這名小孩倒不是為了性滿足。通常歹徒了解法律，所以寧可承認較次要的罪行。在這些案例中，受害者說不定因為處境窘迫，還會不知不覺中替歹徒說話。舉例來說，青春期的男孩可能會否認發生過性行為，縱使調查人員找到照片、證實有這樣的事，受害者也可能對發生的次數輕描淡寫。

兇手另一種常見的反應是合理化。他可能會振振有詞地說，他對這名小孩所付出的關照勝過他的父母，因此他教導這個小孩有關性方面的事是很有意義的做法；或說他個人身受太大的壓力或酗酒過度。這些兇手老是想替自己的衝動及犯行合理化，他們不認為自己是性變態的罪犯。最常見的合理化辯詞是反過來責備受害者，是受害者誘惑他，而且他並不知道她的實際年齡；或說受害者事實上是個雛妓。縱使如此，罪刑仍然是成立的，因為只要性行為涉及兒童，則兒童本身是否同意便完全無關。

連同合理化而來的是編織謊言，愈是聰明的歹徒，其所編的謊言愈是動人。有一名戀童癖患者說，有幾名小孩自己在拍性愛錄影帶，當他發現後，他就把帶子拿走，然後拿去給他們的父母看。比較沒有創意但也同樣無所不用其極的歹徒可能會突然精神病發作，或玩弄大眾的同情心，表現出極度後悔所為，而且對社區有根深蒂固的感情，讓民眾覺得很惋惜，認為他雖麻煩，但基本是個好人。還有歹徒用很病態、笨拙的方式替自己說情，他們會以自己對社區的貢獻來自我辯護，譬如說，自願當照顧兒童的義工，那當然只是就近接近兒童的手段。

罪犯也很有可能會逃重罪而就輕罪以避免公開審判。好處之一是年幼的受害者將不會因必須上法庭作證而再度遭受創傷，然而若碰到犯罪者「認罪，但又申訴無罪」的情況就會變得很令人困惑。他可能會認罪，但是卻不承認犯罪，或者他也可能藉發瘋為由而不承認有罪。最後，大眾可能永遠無從得知事實真相，而受害小孩可能會無法理解何以傷害他的人被法庭判定無罪。

最後，就像很多罪犯一旦遭逮捕便會對生命失去控制，所有侵犯兒童的被捕罪犯，自殺可能性都很高。而且因為他們大部分人出身中產階級家庭，過去並無遭到逮捕的紀錄，一旦自殺，警方通常會受到責備。這也會讓兒童受害者或一般受害者迷惑不已。

就像這名觸法的男孩曾遭外公侵犯一樣，很多侵犯兒童的歹徒在童年時都曾遭受過某種類型的傷害。雖然這種背景並不能拿來當為非作歹的藉口，但它正好可以說明我們不時會見到的「受害者／做惡」的惡性循環。正如彼得・班克斯所說，走進一處警察局，仔細看看凌虐與剝削檔案裡的兒童名字。然後，看看青少年犯罪的檔案。最後，再看看賣淫與強暴犯罪的檔案。你會在三處檔案裡找到許多相同的名字。雖然並非每一名受虐兒童都會出現在後面的犯罪檔案裡，實際上每個列在後面犯罪檔案裡的人小時候都是受虐兒童，他們要不是變成未來的（兒童或成人）加害者，就是長大後一路受害下去，譬如說，受虐女孩長大後就和暴虐的男人在一起，或年紀輕輕就開始賣淫。作為一個社會整體，發生任何惡果每個人都有責任。假如我們現在覺察到一名小孩的生活有異樣，而不設法處理，後果可能難測。

理查・艾倫・戴維斯（Richard Allen Davis）於一九九三年十月，在加州佩塔魯瑪（Petaluma）綁架並殺害了十二歲的波麗・克拉斯（Polly Klaas），因而被判有罪，他聲稱是不幸的童年所致。在宣判前的結辯中，辯護律師描繪被告母親為心狠手辣的女人，有一次竟抓住她兒子的手硬推到一團火燄上，而且在與他的父親離婚後拋棄了這名男孩。辯護律師為求被告免於一死，幾乎是不擇手段，又說被告的父親也是暴虐成性，有一次還重擊他兒子的下巴，造成嚴重的傷害。

與戴維斯的背景相反，波麗一案最令人痛心之處是：她的父母竭盡所能將家裡弄成一個最安全的庇護所，結果還是在自己的家中失去至愛。對劫持的歹徒來說，這是一個風險極高的犯罪。

某天深夜，戴維斯偷偷闖入波麗母親的房子，當著她兩個朋友面前持刀劫走了這名女孩。那晚波麗邀了朋友到家準備通宵閒聊，事情發生時，波麗的母親與異父妹妹在旁邊的臥室睡覺。這件劫持案被認為對歹徒的風險極高，所以差不多所有初期的調查人員都懷疑是內賊所為：歹徒一定是一名能自由出入這棟房子的人。早先，警察懷疑波麗的父親（與她母親離婚，住於他處）可能涉嫌。當事實明顯表示她父親與案情無關時，這處平時甚無生氣的北加州社區，氣氛變得更加驚懼，一名陌生人闖入了他們的家。

諷刺的是，在調查人員將波麗的父親當成嫌疑犯進行調查的最初幾個小時裡，戴維斯在靠近聖塔蘿莎（Santa Rosa）的地方與警察不期而遇，此地在佩塔魯瑪的北方，距離只有四十公里。警方前往調查一件非法入侵的電話報案時，發現戴維斯正在設法把他的白色福特斑馬（Pinto）從路旁水溝中開出。他們盤問他，搜查他的汽車，然後放他走，沒有人察覺到這個人正好符合佩塔魯瑪警方所描述的通緝犯，也沒有察覺到戴維斯剛剛把這個女孩（此時仍然活著）藏在附近。被警察放走後，戴維斯回到受害者那裡，勒死她，然後把她的屍體棄置在靠近高速公路旁的一個淺墓穴。

戴維斯與警察不久後又狹路相逢，這次終於讓案情大白。戴維斯因酒醉駕駛而遭逮捕，警察把他的指紋拿來與劫持波麗的歹徒指紋比對，發現兩者相符。之後他招供，告訴警方棄屍之處。後來在審判時，被告宣稱劫持謀殺乃起因於企圖行竊未遂，並否認曾企圖強暴波麗。然而，檢察官傳喚多名目擊證人，證明他在案發前幾天就在她家附近徘徊，並曾暗中跟蹤她。證人的說法符合強暴犯的一般犯行模式，最後，陪審團不買他的帳。

很明顯地，我們不可能期待父母在孩子睡覺時充當他們的武裝警衛。在這個案子中，是司法制度無法保護這個小孩。劫持謀殺發生時，戴維斯正在假釋中，早先他因一件綁票案被判了十六年徒刑，服刑一半後獲得假釋。他成年後的日子大部分都是在牢獄中度過，一而再、再而三地犯罪，就像很多歹徒一樣。每次犯罪後戴維斯都變得更兇暴，服刑無法改造他，只讓他在釋放後罪行更加劇。戴維斯的前科紀錄包括使用致命武器攻擊、綁架搶劫。波麗．克拉斯一案的起訴引用了部分先前受害者（他們至今仍生活在恐怖之中）的證詞，來進一步佐證這件可怕的犯罪只是一個更大、更危險的行為模式中的一種。辯論終結時，檢察官葛瑞格．傑克波（Greg Jacobs）表示此劫持謀殺案乃是「對人性的一個嚴重侮辱」，而很明顯地，加州的民眾同意他的看法。一般皆定波麗一案是促成加州通過全美國最強硬的「三振」法律（"three strikes" law）版本的主要原因，這項法案規定對累犯得以處無期徒刑。

除了困厄的童年外，戴維斯的辯護團也強調他有酗酒及吸食違禁品的問題。我可以同情一個真正努力克服這些問題並積極面對人生的人，但戴維斯在犯下罪行時其實意識非常清楚。所幸，波麗一案，陪審團認定他有罪。雖然他的辯護團設法說服陪審團饒恕他一命，說戴維斯已表示懊悔，但是戴維斯卻狂妄依舊，在聽到有罪判決時，他對著媒體攝影機做出一個猥褻的手勢。由於他除了一級謀殺罪外還連帶犯有綁票、竊盜、搶劫及猥褻兒童未遂等罪，陪審團建議以注射致命藥物的方式來執行死刑。

一九九六年一月十三日，德州阿靈頓發生了一起九歲女童遭劫持謀殺的案件。受害女童名叫安柏．哈格曼（Amber Hagerman），她是在公路旁被人從腳踏車上劫走的，現場附近即有幾名目擊者。這種犯罪雖談不上大膽，但也是高風險、容易失手。在那種情況，假如歹徒動作更靈巧一些、腳步也更快一些的話，他會把腳踏車丟到他的卡車上，然後說出類似這樣的話：「好吧！就這樣說定，我帶你回家。」這樣子即使目擊證人聽到女孩的尖叫聲，他們也不會太在意。這裡我順便要提醒讀者，假如我們看見一名成人與小孩在大庭廣眾下吵嘴，我們不能理所當然就認定那名成人是一名家長，因為小孩鬧彆扭或行為不端而正在被教訓。

所以，為什麼有些侵犯兒童的歹徒只要能夠混進一處社區去，猥褻附近的小孩，就能夠獲得滿足，不會想進一步做出劫持（更別說殺害）兒童的行為，而像戴維斯之類的歹徒卻非得持刀將他們劫走不可？記住這一點：每一個歹徒都有其個別的需要和衝動在驅使著他。肯・藍寧與賓夕凡尼亞大學的安・布吉斯（Ann Burgess）醫生，與我合作進行對七〇年代與八〇年代的連續殺人犯的大規模研究，他們對劫持小孩與不劫持小孩的侵犯者之間的差異做了一些描述。依照他們的分析與研究，大部分的劫持都是對社會適應不良的人，他們不太可能在事發之前即認識這名小孩，這部分是因為他們比起那些不劫持小孩的侵犯者較少接觸兒童。由於社交手腕笨拙，劫持者沒像誘惑者那麼容易就能親近小孩。因缺乏社交能力，他們想要和女人發展關係時也倍感艱辛（即便只是當作掩飾），因此他們通常未婚。由於劫持者沒有辦法操弄或誘惑一名小孩離去，他們常常攜帶武器，主要是用來恫嚇和控制受害者，而不是要傷害他們。而且，就像其他類型的歹徒一樣，劫持者通常在童年時代即問題重重。

肯・藍寧描述了劫持歹徒做案的四個階段：萌念、劫持、劫持後、找回／釋放。在萌念階段，歹徒幻想性冒險，雖然可能並非一開始就以兒童為目標，他們會將幻想說給那些可以與他共樂或鼓舞他的人聽，藉此自我合理化，同時也藉著看色情刊物來激化那些幻想。壓力因素可能會催促他將幻想化為行動，然後，要不是剛好有了機會，就是他自己創造了機會。當歹徒準備好要劫持時，選擇受害對象變成主要的關鍵。

選擇全然不認識的對象很重要，這可讓他有不會被抓到的勝算。藍寧把設計犯罪手法並實行的歹徒稱為「思考驅動型」(thought-driven)，他們會衡量風險高低並擅長利用機會，選擇的受害者對象不會太專一。假如他可以抗拒衝動或草率的錯誤，事前做好詳細計畫及演練，便很有機會可以順利得手。

另一方面，「幻想驅動型」(fantasy-driven)的歹徒會比較在乎自己的特定儀式。他可能在演練劫持行動時，心中會以特別類型的受害者為對象，然後，即使風險升高，他也沒有足夠的彈性改變原先的計畫。這種強制性的衝動，由於受到特定需求要所驅使，令他很難順利執行劫持行動。

對歹徒來說，劫持後才是棘手問題的開始。假如劫持是受到性幻想所激發，那麼他必須讓小孩活著，並藏匿一段時間，以實現他的幻想。譬如說，性虐待狂需要讓小孩活著、醒著，並安置在一個隔音的環境，好讓他可以在對受害者施加痛苦的過程中，盡情享受自己的權力及宰制力。偏好型侵犯者可能一直幻想著「從此之後過著幸福快樂的日子」的情節，這種幻想在現實中當然不可能，並需要大規模的計畫來達成。這種歹徒常會設置一個祕密房間或籠子，將受害者關於其中，持為己有。

一旦壓力變得太高，不論是因為媒體報導，或者是了解到情況不符合他的幻想，劫持者就會想除掉小孩，死活不管。劫持者可能會乾脆丟下小孩離去，把他丟棄在路邊或甚至靠近受害者的家不遠處。如果劫持小孩的人並非家庭成員，小孩通常能活著回來。不過，受害者失蹤的時間愈久，活著回來的機會就愈小。在一些案子中，劫持者最後也自殺。有些劫持者認為殺人是其儀式的一部分，但也有因無退路可想而殺人的劫持者。理查・艾倫・戴維斯聲稱他並無意要殺害波麗・克拉斯，但在載著她開車到處跑了一陣子後，他覺得必須殺掉她，因為他不想要回到監獄去，這是他控制情況的唯一方法。

在剖繪殺害兒童的兇手時，分析犯罪現場是很重要的一環，在很多案子中，現場也即是棄屍之處。屍體找到的位置、找到的時間迅速與否，可以讓我們對兇手有更多的了解。行事周密的兇手傾向把受害者（不管死或活）載到一段距離之外，他們會把屍體棄置在需要較長時間才能找到的地方，或是可以幫助毀掉證據的環境，譬如丟棄到水裡。或者，他們偏愛塑造戲劇性或震撼的效果，因而把屍體棄置於容易被找到的地方，會造成整個社會憤怒不堪的地方。正如其他行事同樣周密的罪犯類型，這些傢伙的智商在平均之上，而且對社交技巧都很有一套。他們做出犯罪計畫，目標對準陌生人（選擇兒童為目標，可能是臨時起意，也可能是偏好），然後殺人，其目的或為引起顫慄，或為滿足虐待狂的衝動，或為其他。行事周密的兒童殺手很可能就是患有精神病的連續殺人犯，他們在殺害被害者前施予的性侵犯會比較粗暴。散漫的兇手通常性無能，所以常常在小孩昏迷或死去後才予以施暴。這些人的智商較低，通常並沒有周密的劫持計畫，而且常在不經意間就將小孩殺死，譬如對很年幼的小孩過度施暴。他們的社交能力很差，傾向於選擇認識的受害者。他們不會把受害者載到遠處去，相反地，在離家近的地方劫持殺害，最讓他們感覺痛快。他們甚至沒有運送屍體的工具，受害者通常就被留置在犯罪現場或是更容易發現的地方，他們會把屍體隨便棄置或挖個淺穴將其埋葬。

令人悲傷的事實是：父母也可能殺害自己的小孩，然後把案情偽裝成遭人劫持，以轉移注意力。一九九五年發生在南卡羅萊納州的蘇珊．史密斯一案就是如此。遭殺害的兒童年紀愈小，兇手愈有可能是家庭的成員，不過兒童同時遭受性侵的可能性也愈少。典型悲劇情節是一名孤獨絕望的單親媽媽，遇見一名愛上她的男性，而她覺得這是她唯一的幸福機會，但男子卻堅持不要她的小孩。或者，甚至更直截了當地，他可能告訴她：他想要和她結婚，並開始一個「他們自己」的家庭。

若是找得到小孩的屍體，就很有機會研判兇手的身分。父母對於處置小孩的屍體，通常不會像陌生兇手那麼不在乎：他們可能會用塑膠布把屍體包裹妥當，並埋葬在對他們有特別意義的地方。假如他們事後悔罪，則可能會設法引導調查人員往正確的方向，好讓屍體能夠被找到，並以適當的禮儀予以埋葬。

然而，隨著家庭生活環境的複雜化，有愈來愈多家裡的非父母成員犯了謀殺兒童罪。發生在維吉尼亞州克拉克郡（Clarke）的十二歲女孩娃勒黎・史梅爾瑟（Valerie Smelser）謀殺案，兇手是住在一起的母親男友諾曼・霍佛特（Norman Hoverter），他長期凌虐娃勒黎和她的三個兄弟姊妹，並將她殺害。這件案子轟動全國。

一九九五年一月，霍佛特和娃勒黎的母親汪達・史梅爾瑟（Wanda Smelser）在一個路旁公車站報案這名女孩失蹤。隔天，她的屍體被發現，全身赤裸棄於一處峽谷。由於這名女孩消瘦模樣的消息傳開，以前的街坊鄰居及其他人皆議論紛紛，懷疑有虐待的隱情。這個家庭已經遭呈報須做兒童保護服務，但由於他們搬了家，而且虐待兒童案件的增加速度遠超過預算與人力負荷，娃勒黎和她兄弟姊妹的境遇就在混亂的狀況中未受到外界關注。

在準備審判時，檢察官詳究虐待的證據。霍佛特和史梅爾瑟逼娃勒黎留在地下室，有時候將她綁上鏈鎖，剝光她的衣服，令她到門邊，逼她尿在一個舊咖啡罐裡，並在地板上大便。他們不准她和家人一道吃飯，必須向他們哀求賜予一點麵包屑，要不然就得等到夜晚偷偷找東西吃。有一天她不小心把咖啡罐翻倒在廚房的地板，便遭到殺害：霍佛特鞭打她，把她的臉強按在灑在地板的尿液上，然後猛力把她的頭往牆壁摔去，竟然在牆上摔出一個凹洞。雖然她母親的辯護律師原本計畫宣稱她也是遭霍佛特操控的受害者，利用「受虐女人症候群」（battered woman's syndrome）的理由作為辯護，但她最後無異議接受劫持罪與二級謀殺罪。她不承認對她的女兒施加酷刑並予以殺害，但承認有足夠證據可以將她定罪。霍佛特也認罪，現正因劫持罪及一級謀殺罪而服無期徒刑中。

除了兒童遭其父母所殺（不是典型的性侵犯案件），或是女人擔任較強壯、具支配優勢的男性的共犯（就像伯納多和霍佛特的案子）的例外情況，到目前為止，我們所描述的所有兒童謀殺及侵犯案件的兇手都是男人。並非沒有女性的性犯罪者及兒童劫持者，但壓倒性的多數案件都是男性歹徒所為。我想，我們這些專門對付侵犯兒童犯罪的人會同意，女性的兒童侵犯者一定比統計數字顯示得多。與年幼女童發生性關係的男人，會被貼上社會恥辱的標籤（一個「髒老頭」），而年幼男孩與成年女性的關係，卻仍然被許多人認為是一種「成長的儀式」。

日間托嬰中心也可能發生嬰兒及剛在學步的小孩，遭到凌虐或猥褻的案子。在這種地方，女性很容易接觸到年幼的孩童。她們的照顧工作包括幫小孩洗澡、穿衣和脫衣、檢查身體。這些受害者還無法自我表達，而且對外來的觀察者來說，也很不容易看出保姆所為有任何不對勁之處。當女人侵犯年齡稍大的孩童時，她們通常都會有一名共犯。這些女人很少符合偏好型男性侵犯者的行為模式和特徵；她們通常另有心理上的需要及問題。她們可能在童年時就是性虐待的長期受害者，且（或）長年受自己的先生凌虐。劫持兒童的女人（非家庭成員）與那些在日間托嬰中心猥褻幼兒的女人所受到驅動力並不相同，她們並不是受到性慾的催動，而是出自一種彌補生命空缺的渴望：她們需要有個小孩，這種需求顯現在一種很不尋常的犯罪類型中，那就是劫持嬰兒。

「全國失蹤及被剝削兒童中心」會同聯邦調查局、國際醫療保險及安全協會（International Association for Healthcare Security and Safety）及賓夕凡尼亞大學育嬰研究院（School of Nursing），展開了數項研究計畫。據估計，美國每年四百二十萬名新生兒中，遭到劫持者不到二十名，但是我們稱這些為「高度衝擊性」的案件，因為它們對父母、護士與其他醫療保健專家的影響極大。不過，就如同其他類型的侵犯兒童罪行一樣，要得到可靠的數據其實困難重重，因為報案總有一個問題。譬如說，我們不知道每年有多少劫持未遂案發生，醫院尤其不願意向有關當局報告「差一點就失蹤」的事件，這牽涉到其既得利益的問題。我們確實知道這種事情在全國大大小小的醫院都發生過，只是在都會區更為盛行。

家長很難想像，從終於看見新生嬰兒的興奮與喜悅，一下子轉變成嬰兒失蹤的恐怖與傷害：那名告訴你要把嬰兒抱到育嬰室去做檢查的「護士」，或那個說要把嬰兒抱去拍照的「醫院行政人員」，就和嬰兒一起消失不見了。初為人母者，方才經歷過一場身體與精神的耗損，沒有多加考慮就把嬰孩交給劫持者。有時，打扮成護士的女人就大方地從醫院育嬰室抱起嬰兒，走出醫院，有時候把嬰孩藏匿在厚重的衣服或一個大肩袋裡，而有時候甚至連藏匿的動作都懶得做。

雖然劫持者通常是從醫院把小孩擄走，但也曾有過把嬰兒從家裡擄走的案例。譬如說，依循地方報紙上的廣告去應徵臨時保姆，然後等這名母親或其他家庭成員離開時，就大方地將嬰兒抱走。

顯然，這些犯法者看起來一點都不可疑，否則沒有人會把嬰兒交給她們。依我早年的工作經驗及近來的研究，我們可以對這種類型的人做出非常明確的剖繪。嬰兒劫持者幾乎都是女性，通常過度肥胖，外表看起來完全正常。其中大部分都有工作，而且沒有犯罪前科。她們約略屬兩組年齡群：十六歲到二十一歲，及三十二歲到四十五歲。這兩組年齡代表典型的分娩年齡的開始與結束，分娩年齡顯然對這種類型的犯人具有重大的意義。嬰孩劫持者苦於自尊心低落，她們必須藉由成為太太和母親來建立自我的價值。其中很多人都成功懷孕過，兒女也逐漸長大，可是一旦沒有年幼小孩可照顧，她們就感到很不自在，好像活著沒有什麼價值。犯罪起因於這些複雜的情感需求，而不是傳統的貪婪動機（譬如勒索巨額贖款）、為了性滿足或權力慾望。

犯罪的壓力來源也有所不同。對社會適應不良的男人在丟掉工作或遭女友甩掉後，可能會殺害小孩，而劫持嬰孩的女性歹徒的壓力比較可能與分娩有關：最近曾因流產、死胎或甚至墮胎而失去小孩；接近更年期；最近做過子宮切除手術；或想藉嬰兒來挽回瀕臨危險的婚姻。

這些犯罪女人的行為乃是智慧與自我否認的奇怪混合。她們為劫持的計畫費盡心機，包括長達數月對自己的丈夫或情人、家人及同事說謊，假裝懷孕。她們的動作完美，身形改變、定期去跟醫生掛診（可能還要伴侶開車載她們去）、準備產假、購買嬰兒用品，並談論即將到臨的生產。我們還看過報告，說明女人過分到去醫生的辦公室偷孕婦的小便取樣，或拿別的女人的超音波圖給她們的伴侶看。她可以弄得大家都信以為真，送一大堆禮物給她。她們的伴侶（通常年紀明顯較大或較小，而且看起就是一副容易受騙的樣子）可能也沉浸在嬰兒即將誕生的興奮之中。醫院劫持者會做一番研究，在劫持前先去走訪各個育嬰室及產科病房幾次，查看環境，決定哪家醫院風險最低。她們也會閱讀報紙上的出生通知和徵求保姆的廣告，以研究從嬰兒家中劫持的可能性。不管何種情況，她們都會盡情說謊、假冒或使用詭計及詐欺，到了連自己都相信就要生下嬰兒的地步。其中有些人會得到假懷孕症候群，而且沒有人認為自己會被逮到。事實上，在很多案子中，她們都被自己所愛的人或好朋友交給警方，她們把新生嬰兒炫耀給親友看，而親友卻從媒體的報導中認出這是遭到劫持的嬰兒。

劫持行動本身（不管是計畫了九個月或只有幾個小時）透露出計畫的一些訊息。在醫院中，劫持者穿著護士的制服，知道所有東西的放置處，甚至能夠瞞過其他護士她是其中一份子。她的計謀通常預先準備周到，而且她知道那些母親與嬰兒的名字，因此她還可以假冒成來探望的家庭成員。從家裡劫持的風險較低，因為較不可能有他人來介入並保護這名嬰孩，選擇受害對象遠不及選擇劫持地點及方法重要。因為她們就只是需要有個孩子，他們選擇受害者時並不以性別為優先考慮，不過大多數人都會選擇同種族的嬰兒。

大部分時候這類歹徒不會使用暴力，如果有暴力情事的話，多半是從家中劫持或在醫院外面的時候。劫持者可能在醫院的停車場持槍劫奪嬰孩，或是手持武器在嬰兒家中制伏其父母。劫持者奪得嬰孩愈吃力，便愈有可能轉而使用暴力，不顧一切。

在一些案例中，歹徒可能會做得太過火，甚至失手殺害嬰兒父母或其他的照顧者。

裘安．威特（Joan Witt）是一名三十歲的母親，生下女兒西瑟（Heather）才四天，就在防衛歹徒搶奪時慘遭殺害。一九八七年十一月，在佛羅里達州的傑克森維爾（Jacksonville），十九歲的溫蒂．莉．札貝爾（Wendy Leigh Zabel）在威特家劫奪她的嬰孩時，對威特開了好幾槍，並拿刀刺死嬰兒的祖母。札貝爾瘋狂地想要一名嬰兒。幾年來她已為此費盡心力。

計畫劫持時，她曾到西瑟誕生的那家醫院的育嬰室，但是醫院是個風險太高的地方，她沒辦法在那裡下手。跟蹤威特幾天後，她敲門假裝即將生產，要求借用她們的電話打給她先生。嬰兒的母親和五十六歲的祖母是當時家中僅有的兩名大人，她們焦急地走向札貝爾，勸她說西瑟不久前才在附近的浸信會醫學中心出生，她也應該到那裡去。她們讓她使用浴室之後，札貝爾手持一把槍及一把短刀，命令她們交出嬰兒。

根據札貝爾的說詞，接下來發生的事讓她吃驚不已。她知道母性的本能一定很強，但她沒預料到真的還必須訴諸武力來搶奪嬰兒。當她走向嬰兒的小床時，兩個女人都馬上過來阻止她。她先以刀子刺死這名祖母，然後在裘安抱起嬰孩往外奔出求援時，又開槍射殺她。裘安腿部中一槍，腹部中了兩槍。

札貝爾的犯罪手法與大部分的嬰兒劫持者的行為模式一致：犯罪發生於白天、她利用緊急事故為藉口進入受害者的房子，因此沒有強迫進入的跡象、犯罪現場明顯可看出有恐慌及急促倒退的痕跡。在劫持事件之前，札貝爾和她的伴侶已經替嬰兒做了幾個月的準備，採購嬰兒用品，而且還告訴同事懷孕的消息。據說，認識這對夫婦的人都沒有起過疑心，儘管事實上在嬰兒「出生」前，札貝爾已經「懷孕」大約十一個月。札貝爾的伴侶雖然初時亦遭到指控，但稍後便不再列為嫌疑犯，因為他有案發當天下午的不在場證明，而且也無從證實他知道這名嬰兒並非真屬他們所有，他同時也同意接受測謊測驗，成功過關。

不像很多嬰孩劫持案是透過鄰居的目擊證詞而予以偵破，札貝爾一案是靠她殺人的那把槍而得以破案，她那把手槍棄置於離受害者住家不遠的馬路邊。

札貝爾以前從未有犯案紀錄。事實上，她的父親是威斯康辛州的一名退休公路巡警。在劫持謀殺案發生過後四年的一次錄音訪談中，札貝爾說她一直苦於缺乏自信心。她覺得自己缺少吸引力：太高、太胖，而且不漂亮。據說，她有過假性懷孕，期間她曾充滿希望。

溫蒂・札貝爾被判了三個無期徒刑。她逃過一死，條件是承認持械綁架、一級謀殺罪，及一級謀殺未遂罪，而不得上訴。

媒體常常是迅速找到失蹤嬰孩的關鍵，而且報紙及電視對案情的報導方式，對劫持者照顧嬰兒的態度具有重大影響。事件不應該被貼上綁票或劫持的標籤，而且也不應該直指歹徒邪惡，你應該避免讓劫持者感覺恐慌，令她想逃走或傷害嬰孩。同時，新的陳述應該強調嬰兒的安全返回，而不要著重在罪犯的處罰上。你要呼籲劫持者的朋友、家人、鄰居及同事，讓他們對受害者的家庭產生同情心，幫忙注意新生嬰兒及其母親是否有任何異狀。

有一個案子因一通匿名提供線索的電話而得以破案。我的單位對這個案件很有興趣，因為其中具有很典型的嬰孩劫持要素。一九八八年六月二十日上午九點半左右，一名女性喬裝成醫院護士去看雷妮・麥克盧爾（Renee McClure）。雷妮在北卡羅萊納州高點（High Point）的地方醫院產下嬰兒。這名「護士」告訴麥克盧爾女士說她的兒子傑森・雷（Jason Ray）需要去育嬰室稱重量。不久之後，一名真正的護士進入病房，馬上知道事有蹊蹺。當地警察立刻接到報案，而聯邦調查局也在當天下午加入調查。

匿名電話在隔天打來，而一名目擊證人也印證了來電者所提供的資訊。根據這些線索，警方和聯邦調查局探員以劫持罪名逮捕了布蓮達・喬伊斯・諾柏斯（Brenda Joyce Nobles）及她的女兒夏倫・利・史雷頓（Sharon Leigh Slaydon）。夏倫明知這名嬰兒不是她母親所生，但是並未報案。傑森在她們的家中被尋獲，遭藏匿在臥室的壁櫥裡。他的頭髮已被剪掉，很明顯是企圖將他偽裝，不過此外他的狀況良好。

從諾柏斯和史雷頓的訪談中，我們獲知諾柏斯的男友（年紀大約七十歲）一直以生子作為和她結婚的條件。他特別想要兒子。她因為幾年前已做過子宮切除手術（她一直隱瞞這件事），所以覺得必須另謀他計。一九八七年十二月，她告訴他和其他家庭成員說她已懷孕，而且開始大吃特吃，好讓身體真的有懷孕的跡象。一九八八年五月，史雷頓在高點生下小孩，而諾柏斯則趁此機會熟悉環境。一九八八年六月十九日，諾柏斯去這家醫院探望一名親戚，經過育嬰室時又停腳。在看傑森・麥克盧爾時，她便決定把計畫付諸行動。

根據諾柏斯的男朋友所言，在六月二十日早上她告訴他說人不舒服，可能那天就要分娩。當他下班回家時，他發現「他的兒子」和諾柏斯在床上。她告訴他那天早上她已在鎮上一家診所生下小孩。他非常興奮，便邀請至親好友來慶賀男孩的出生，從沒想到要質疑她的說詞或小孩的真實身分。然而，卻有人起了疑心打電話報案。最後，諾柏斯因劫持罪被判十二年徒刑。

正如札貝爾和諾柏斯兩案所顯露的，這些犯案者的犯罪手法並不特別高明，而且他們常常留下讓調查人員可以依循的線索。譬如，儘管她們偽裝成護士，在做案之前及做案期間，她們會讓別人看到她們的面孔：這讓警方可以依據目擊者所述馬上發布她們的面貌特徵。而且她們還常常把部分偽裝的服飾遺落在犯罪現場，留下寶貴的指紋及其他的犯罪證據。

她們常常還有一些致命的弱點。調查人員到醫院翻閱近來的墮胎或流產的紀錄，就輕易獲得線索。劫持者可能醫院應徵過工作，甚至就在醫院工作過。家庭劫持的案例中，常常會有目擊者可以對做案車輛做一番描述。但最重要線索是來自那些接近劫持者的人。人有時候會覺得可疑，因為這個「新生嬰兒」實際上已是三個月大，只要看過嬰兒的人都分辨得出其相貌與動作都與初生嬰兒不同。劫持者會很興奮地讓朋友看「她的」嬰兒，但是對生產的詳情可能只是三言兩語支吾帶過。讓他們到醫院探望她時，沒有人知道她什麼時候開始臨盆，而且她也沒有告知他人：甚至也沒有告訴所謂的父親。小孩也沒有出生證明。這些事實，再加上對嬰兒及劫持者的詳細描述，很快地就廣為流傳，常常就能馬上替父母找回嬰兒。

雖然劫持嬰孩的歹徒幾乎總是女性，不過偶爾也有例外。一九九一年夏天，查爾斯·尼爾·伊克德（Charles Neil Ikerd）與他的岳母梅茲·黑斯特（Maize D. Hester），打電話向科羅拉多州歐羅拉（Aurora）的警察局報案，說查爾斯的十八歲妻子泰拉·安（Terra Ann）與三個月大的女兒西瑟·路易絲（Hearther Louise）失蹤。泰拉得了產後憂鬱症，起初她先生與治療醫師都以為她只是想離開一陣子。不過，在討論了整個狀況之後，他和岳母梅茲（她讓他們夫婦住在她家）非常擔憂泰拉與嬰兒的安全，決定還是要向警方報案。

大約三周後，案情開始有了眉目：一名道路維修工人在離鎮約五十公里的田地發現了泰拉的屍體。她胸部遭人開了兩槍，頭部也被射了一槍，沒有遭強暴的證據，也沒有西瑟的蹤影。泰拉屍體所在的位置與附近沒有找到子彈彈殼，這顯示她是在另外的地方被殺害之後才運到這裡來棄屍。科羅拉多大學（University of Colorado）的專家檢驗了屍體周遭的土壤與植物，判定她可能在失蹤不到兩天即遭殺害。

我常說受害者研究可能是解決這類案件的關鍵，調查應朝泰拉·伊克德的個人生活這方向去進行。她失蹤當天，泰拉把西瑟帶到她工作的運動俱樂部，三天前她才剛到這裡來上班。當日她得到一張付款支票，就帶著西瑟到銀行存下所有款額。然後她回家換裝，之後又帶著女兒出門。她打了一通電話給她母親，聲音聽起來沒有任何不對勁。下午的某個時刻，一名鄰居見到她和西瑟進入一輛由一名白人男性駕駛的轎車裡。之後就沒有人再看到她。

她的先生查爾斯立刻被列為嫌疑犯，因為他們的婚姻不太和諧，而且他似乎對妻子與女兒的失蹤不怎麼傷心。但是他有她失蹤時的不在場證明（他當時正在當地一家速食餐廳賣力工作），而且以他的微薄收入，他似乎也不可能有錢或策畫技巧雇用歹徒做案。當偵辦單位更進一步查明受害者的人際關係時，至少查出她有三名男朋友，其中一名有一輛車子，與鄰居所稱看到泰拉於事發當日進人的車子相符。另一名男朋友也是頗有嫌疑。他服用毒品並酗酒，並曾威脅假如她與另外的人結婚，就要殺掉她。第三名男友在空軍服役，是駐在科羅拉多泉（Colorado Springs）的憲兵軍官。他配有一把左輪手槍及子彈，可能與殺害泰拉的兇器相符。他的不在場證明（她失蹤時他正在城外參加一場葬禮）顯示他仍有充裕的時間返回來殺害她。

雖然有多條的線索，但是並沒有確切的訊息，嬰兒仍失蹤不明，調查人員依舊不鬆懈。到了八月八日，堪薩斯州托佩卡（Topeka）警察局把一條從「預防犯罪熱線」得到的線索告訴了他們。來電者報告有人欲在肯塔基州販賣嬰兒，那名嬰兒與西瑟．伊克德的描寫相當符合。利用從堪薩斯州警局來的資訊，科羅拉多警方循線找出了涉案的男子拉夫．布雷恩．泰克邁爾（Ralph Blaine Takemire）。泰克邁爾四十五歲左右，住在堪薩斯州，平常以腳踏車作為交通工具。伊克德家庭成員認識這名男子；泰拉的公公稱他為「拉夫叔叔」，是家裡的一位老朋友，七月四日國慶假日期間來家裡拜訪。來訪期間，泰克邁爾花很多時間陪泰拉及西瑟，買名牌T恤給她們當作禮物。伊克德家人覺得：儘管拉夫叔叔的來訪和泰拉及西瑟的失蹤日期巧合，他是一位老朋友，絕不可能幹出可怕的劫持謀殺案。

調查當局感覺事有蹊蹺。就在那天晚上，堪薩斯聯邦調查局特勤小組開始監視拉夫叔叔的房子。他們確定屋內有一名嬰兒，所以隔天早晨泰克邁爾出門時便予以攔下。西瑟終於活著回來。在承認謀殺泰拉並劫持西瑟後，泰克邁爾依聯邦綁票罪遭逮捕。搜尋他住處及座車，結果找到了殺人武器的彈殼，並在車子裡找到血跡及泰拉沾血的錢包。殺人用的手槍則在附近一家當鋪找到。

在聯邦調查局所做的訪談中，泰克邁爾表示他的犯罪動機與女性的嬰孩劫持者有頗多雷同之處。他因無法讓妻子懷孕，所以感覺有需要幫她弄到一個小孩；特別是在他答應買給她一名嬰兒卻食言後，他們為此吵了一架。泰克邁爾以下面這項結論來合理化他的行動：從七月四日他到她家匆匆一訪的觀察所得，泰拉不適合養育小孩。

一九八七年夏季，另一個案子引起了我們的注意，因為其做案手法異常殘暴，而且漫無章法。七月二十三日，懷有身孕的辛蒂．琳．雷（Cindy Lynn Ray）前往科特蘭空軍基地醫院（Kirtland Air Force Base Hospital）做例行的產前檢查。醫院就在新墨西哥州的阿布奎克（Albuquerque）外圍。她檢查完畢離開時，在醫院外面停車場遭到一個名叫達西．凱林．皮爾士（Darci Kayleen Pierce）的女人手持一把假手槍，把她強押到一九六四年款福斯金龜車裡。達西．皮爾士過去十個月來一直告訴她的先生、朋友與家人說她已懷孕。她把辛蒂．雷載到遙遠的阿布奎克東邊的曼札諾山區，從雷的錢包裡取出一把胎兒監聽器，用監聽器的纜線把她勒昏。她把雷拖到一片樹林後面，然後用她的汽車鑰匙對雷施行剖腹生產，並用嘴咬斷嬰兒臍帶。然後她把受害者留棄在野地中，趕回阿布奎克，告訴人家她在回來途中已生下嬰兒，並且自己接生。

一輛救護車被召來，皮爾士與嬰兒被抬到新墨西哥大學醫學中心（University of New Mexico Medical Center），醫院一名內科醫生欲對她作檢查，遭到拒絕。醫生研判這名嬰兒並非自然產下，便質問皮爾士。然後她說嬰兒是代理孕母所生，生產時請了一名助產士幫忙。就在此時，空軍基地一名助產士提起有位懷孕的軍人家眷失蹤。在警方的偵訊之後，達西・皮爾士終於帶領調查人員到她棄置辛蒂・雷的地方，但是太遲了。辛蒂已因失血過多與曝露於寒冷天氣中而死去。

雷・皮爾士（Ray Pierce）在得知妻子的招供後，深受其中的邪惡所驚嚇，整個人錯愕不已。在與阿布奎克警方與空軍專業調查人員面談時，他說他一直以為妻子已經懷孕大約十或十一個月。達西・皮爾士被監禁在科特蘭，之後被判處無期徒刑。

所幸，在皮爾士的案子裡，起疑的醫院當局馬上接觸執法單位，雖然他們尚未有非法情事已經發生的證據。同樣重要的是，當地警方與軍方調查人員迅速形成一個團結的調查單位，密切合作，使案情得以真相大白。雖然這種合作方式在其他類型的罪案中並非常見，碰上劫持嬰兒案，盡快報案與速效發布消息的好處非常明顯，所以警方應盡速發布有關的消息，提供線索，讓社區民眾能夠把任何可疑的人事迅速向警方報告。另外，在過去五年，主要由於「全國失蹤及被剝削兒童中心」的副主任及執行長約翰・拉邦（John Rabum，他也是預防醫院嬰兒劫持準則的作者）等人的拓荒性努力，這些犯罪的發生率已經有戲劇性地減少。醫院嚴正訓練其職員，擴大安全措施的規模，並制定立即反應的計畫。

拉邦和「全國失蹤及被剝削兒童中心」替為人父母者制訂了預防嬰兒劫持準則。這些準則及另外提供給父母和醫療保健專家的資訊都可以向「全國失蹤及被剝削兒童中心」索取，或寫信給「全國失蹤及被剝削兒童中心出版社」。

即使故事以喜劇收場，嬰孩安全返家，健康未受損，父母仍會因此受到極深遠的影響。如果劫持案發生在醫院，醫護人員所受到的衝擊也很可觀，常常因此而發生訴訟。但護士遭受心理上的問題（像創傷後的壓力所引起的失序）所苦，卻大過被反告失職的恐懼。甚至資歷優良的護士在劫持案後都會選擇轉業或離職，因為罪惡感與無助感造成心理上巨大的創傷。為人父母者也是一樣，在整個劫持過程中受到太多的精神煎熬：從一開始了解他們的寶寶已失蹤，歷經等待他平安回來的焦慮與恐懼。即便嬰兒已安返，父母從此再也不敢寬心。他們必須重新與小孩建立親情，而且常常懼恐可怕的事情隨時再發生。父母會因創傷後的壓力而患上失調症，而且會對小孩予以過度保護。而小孩也一樣，雖然在劫持案後會得到更周全的照護，但卻飽受惡夢、恐懼，與劫持場景不斷在心裡重現所苦。另外，經歷犯罪者的審判與接續的民事訴訟後，所有人又再度受到傷害。

正如對所有類型的犯罪一樣，我總是勸告民眾要「研究這門技術」，要能設身處地從犯罪者的角度來看待事情，但是有時候，我們所能做的就是茫茫然盯著一面空牆，這是挫折感最深的情況。當一名嬰兒或小孩一直無影無蹤，受害者的家庭和所有參與調查的人員都會瀕臨崩潰。沒有屍體、沒有犯罪現場可分析，因此你就只好困陷在最一般性的假設裡。當受害者是小孩而非嬰兒時，照以往的統計數字來判斷，不明行兇者應該不會是家庭成員，應該是男性，而且可能是受性慾所驅使。或許劫持的發生方式可以讓我們研判出兇手的老練程度，但你基本上正在搜尋的是半徑數百公里之內的每一名性罪犯：已知或涉嫌者。然後，你擴大搜尋範圍，將已知或有嫌疑的兒童或成人劫持者都包括在內。這就像海底撈針一般。更糟糕的是，有些「大腦短路」的嫌犯會招供認罪，只為了引人注目，但進一步調查卻證明案情與他們無關。除非能很快證明這些傢伙在胡扯，否則你還是得花時間來追蹤每一條線索（不管它的真實性如何），因為你不能冒著錯過任何找回小孩的機會之風險。

幾年過去了，對於大部分的懸案而言，只能以認定小孩已死作為了結，可是受害者家庭依舊不死心，日日巴望著孩子（或某個人）會來電，說不定有人會從「全國失蹤及被剝削兒童中心」的失蹤兒童網頁上認出他們的至親。另一方面，「全國失蹤及被剝削兒童中心」的專家正在利用電腦的「年齡增長模擬」軟體，設法描繪出孩童成長後的樣貌，希望這些圖片能帶來指認的機會。同時，調查人員也在努力從當地近來所發生的類似案件中尋找可能的線索。

對兒童而言，我們的世界充滿了危險，從詭異的意外到成年人的蓄意暴力攻擊都有可能發生。好消息是，正如孩子坐進你的車子時，你可以讓安全帶自動扣上，藉此保護他們；你也可以教導他們其他的安全技巧，既可以保護孩子，也不會嚇到他們。下一章我們將討論一些預防措施，讓你的孩子免於成為「全國失蹤及被剝削兒童中心」牆壁上的其中一張臉孔。

Chapter 06 反擊

正如我們前面已說過，歹徒「捕食」獵物（兒童）的手法之多，令人驚懼。用「捕食」與「獵物」來類比，很容易讓人了解，因為身處社會中的孩童，就像自然界中無防衛能力的年幼動物一樣，在許多方面都是最受歹徒覬覦的目標。

小丹妮兒．李茲是一名受害者，克莉絲汀．傑索普也是。她們受害的原因就跟其他發生不幸的兒童一樣：對環境沒有控制能力。小孩不能挑選他們的家庭成員、臨時保姆、街坊鄰居、父母的朋友或地方學校，萬一家中有人在身體或性方面凌虐他們，萬一居住環境充滿危險，或學校有同學吸毒或持有兇器（或是每天遭到其他孩子霸凌毆打），他們也沒有辦法收拾包包就走。而且，就算他們真的逃開，以後在充滿敵意的新環境中，還是很容易遭遇形形色色的危險。

然而大多數身處危險的小孩都無法不陷入其中。年幼的兒童（不管是遭到凌虐或沒有受到照顧）或甚至年齡稍大的兒童，可能並不了解其他小孩的生活跟他們有任何不同，不明白他們的生活並不正常。譬如，我處理過一名連續強暴犯的案子，罪犯還是青少年時，他的父親就常常在晚上帶他到酒吧去，然後召來一名性工作者，狠狠把她打一頓，然後和她性交，一切都在男孩的聽覺範圍之內……我現在並不是在替他的犯罪找藉口，除非人真的發了瘋，否則對所有行為都應負責。不過，我確實認為，如果小孩拿父親這種對待女性的方式當榜樣，不出問題才怪。

然而，即使在最安全、最健康的家庭環境中，孩童的天性也會造成他們的不幸。有許多明顯的特性（所有兒童普遍都有）使得他們變成理想的受害目標，包括天性好奇、容易受大人操控及影響、需要關愛與照顧、在不同的階段有用不同的方式違抗父母的衝動。

所有家長者都體驗過小孩的天生好奇心，我自己的小孩對種種事物的好奇，既令我頭痛，也令我羨慕。有時候，在這個過程中還會遭受傷害，我或潘蜜走進房間時常常發現正瀕臨大災難發生的邊緣。在我三個孩子的成長過程中，他們常常表現出讓我驚訝的智慧和機伶，但偶爾也有讓我覺得不可思議的疏漏。我們看見一個蹒跚學步的小孩衝到街道上時，會為她的莽撞嚇出一身冷汗，但我的小女兒卻把它當作新鮮事，興致勃勃地想去一探究竟。我們立刻抓住她，責打她一頓。疲憊的父母碰到緊急的危險狀況最直接的糾正方式就是這樣，但她卻怎麼也無法了解她的冒險心何以遭來如此處罰。

父母難為，我們並不想剝奪小孩的好奇心，因為好奇心鼓舞他們學習、認識這個世界，好奇心讓他們成為獨特、有趣的人。不過這很困難，因為其中的界線相當微妙。假如我們看見一個剛會走路的小孩在游泳池邊玩耍，就在我們的視線邊緣，我們會嚇得發抖，心想要不是我們剛好經過那裡，不知會有什麼慘劇發生，然後我們會飛步向前，攔阻他，並教他要遠離游泳池。然而，我們心中的理性聲音此時也在說：「等等！你可不要讓他嚇到一輩子都怕水！」

家住紐澤西州特蘭頓（Trenton）的梅耿・肯卡（Megan Kanka）不幸遇害，其中有部分原因即是她的好奇天性。一九九四年七月的某天傍晚，這名活潑蹦跳的七歲女孩不想繼續和她的妹妹看電視，就跑到外面去看看是否有小朋友可以一起玩耍，也許是小女孩最愛玩的跳房子遊戲。過後不久，她的妹妹也出去玩，卻發現梅耿不在她朋友家裡。過了將近二十四小時之後，梅耿的屍體在離家數公里的一處公園找到，被棄置在一個塑膠玩具容器裡，她遭到強暴勒死。

結果，梅耿成為環境的受害者，雖然她的父母在她遭劫持前，無從得知這是個高危險地區。肯卡一家人所住的紐澤西市郊地區一向平靜，通常只有小孩子玩樂的嬉戲聲，沒有人知道肯卡家對街住了三名在阿維內爾（Avenel）監獄待過的男子。阿維內爾是紐澤西州專門關性犯罪者的地方，裡面的犯人必須接受治療，期望他們服滿刑期後不會再對社會構成重大威脅。沒有人知道這回事，直到三人之一的傑思．提門得夸茲（Jesse Timmendequas）因殺害梅耿而遭到逮捕。提門得夸茲曾經因猥褻並差點勒死一名七歲女孩而遭判刑，他藉口要把自己的小孩給梅耿看，將她誘騙到他的房子裡。

梅耿家人及同社區的居民都被這個事件嚇得毛骨悚然。當得知兇手曾有強暴前科時，他們的恐懼轉變成憤怒，憤怒變成行動，最終導致「梅耿法案」（Megan's Law）的通過，要求一旦高危險性的假釋強暴犯遷居到一處地區時，當地的社區應受到知會。一九九四年的聯邦犯罪法案規定，強暴犯在獲釋十年之內，各州都應將其列在特別名單，予以長期追蹤，同時也應特別提醒其居住地的執法當局，但並沒有規定應讓一般民眾知道這份資訊。然而，一九九六年五月，「梅耿法案」獲得通過，成為聯邦的法令，明文規定應將這份名單告知一般民眾。多數的州都已對此訂立法規，但各州的規則不同，變化極大，有的州規定居民若想了解住在當地的假釋犯的狀況，必須自己聯絡警方，有的州規定警方必須將性犯罪假釋犯的姓名、地址及照片通知當地的居民、學校、女性收容所及露營地。

這項法案引起很多的爭議，受到不少州法院的挑戰。有些州認為通知是對隱私的侵犯，威脅到犯人更生的機會，結果等於是讓他受到雙倍的處罰。一旦家長發現這些人住在鄰近地區，恐怕也難免會採取特別的行動。犯人的律師認為一旦他們的委託人服刑結束，應該還他一個乾淨的紀錄讓他重新開始。在這個國家，我們的確對救贖抱持頗深的希望。

不過，此項爭論的最大問題其實是：戀童癖患者通常不會就此打住，他還是會一直迷戀兒童。

假設有某個位高權重的人跑來對我說，我一切都好，但就是不應該被成年女子所吸引，因為那是性慾倒錯的行為。我會發覺不管我怎麼做，就是本性難移。我是個受過教育的中產階級父親，有三名小孩，與社區情誼密切，而且對整個制度與社會結構「投注」甚深。但是，即便冒著所有這些風險，假設有關當局要求我一定得改變性傾向，才能被法治社會所接受，我實在無法做到。同樣地，我相信，要處於同我類似的社會經濟條件的同性戀者改變其性傾向也是不可能的。不管你怎麼告訴他們被同性的成人所吸引是「不對」的事，你都改變不了他們的性傾向，那只可能迫使他們走入地下（就如對同性戀所採取的偏差行動常導致的結果），但不可能改變得了他們。

戀童癖患者更是如此。他們有很多是受人尊敬的專家與生意人，而事實上，這種性癖好是他們生活中的祕密。但是他們其中有更多人是社會的邊緣份子，就跟謀殺或強暴成年人的兇手一樣。而且，我們從經驗與研究中已得知，我們沒有辦法命令他們自願放棄對小男孩或小女孩的興趣，就像你沒有辦法叫我放棄對成年女子的興趣，或叫一名男同性戀者放棄對成年男子的興趣一樣。

但是，假如你無法叫他放棄這種癖好，難道你不能讓他了解自我克制對他自己有利（這樣他就不會被關回牢籠去）？也許你可以試看看，正如你也可以試試看讓連續強暴犯克制他們的性衝動，即便他們從強暴成年女子而獲得滿足，但我不認為你會成功。正如彼得．班克斯所說：「你不會某天早上醒來就打算出去謀殺一名小孩，侵犯兒童的人看待事情的觀點和我們不同。我們視這種行為為非理性，他們則視之為正常。」

他的話反映了很多參與救助失蹤與被剝削孩童的工作人員的心情：「有些事情我們絕對不應予以容忍。我認為，竊取一名小孩的天真在某些方面比殺害還要惡劣。」

根據我對正在服刑的強暴慣犯所做的訪談，及和各地警方合作破案（通常是累犯案）的經驗來看，我對於矯正犯人的性格沒有太大的信心。他們被逮捕入獄，坐牢時很守規矩，還告訴精神科醫師他們感覺好多了，這是真的，但這全是一面之詞。他們說可以控制自己的性衝動，但是我們怎麼知道一旦他們被釋放，會發生什麼事？**強暴是臨時起意的**，很多精神病醫學與司法領域的人士似乎都沒有了解到這一點，它與環境及機會有關。就算他是模範犯人，也無法證明一旦他不再處於密切監督、高度戒備的環境，還能循規蹈矩。

亞瑟・蕭克羅斯在獄中是一名模範犯人，他因在紐約州水鎮（Watertown）殺害了一名年幼男孩及一名年幼女孩而入獄十五年。在獲釋幾個月內，他兇性復發，連續在羅徹斯特殺害數名性工作者。傑克・亨利・愛伯（Jack Henry Abbott）因殺人而被判坐牢，他寫了一本談監獄生活的書《野獸腹中》（*In the Belly of the Beast*），在文學界贏得不少名聲與支持。他在獄中表現十分良好，是更生的模範，所以很快就獲釋。而且不像大部分的罪犯，他有名望，也有社會名流的友誼及支援。儘管如此，獲釋後不到幾個月，他與格林威治村一家餐廳的服務生發生爭執，一怒之下就殺了這名年輕人。雖然我還沒聽說，不過，如果人家又告訴我他是一名模範犯人，我一點都不會驚訝。

我忍不住想問這些侵犯兒童的罪犯或其他強暴犯的律師，不知他們出門時願不願意把自己的小孩交給這些傢伙照顧？不知他們願不願意讓自己的小孩參與某種非正式的侵犯兒童者更生研究？一旦這些歹徒明白自己連受過高等教育的成年人都可以隨意哄騙，要他們停止用其影響力來誘騙小孩（特別是那些強烈撩起其性慾的小孩）豈非難上加難？或者，正如我從多位受害者及其家屬那裡聽到的：好吧！在犯罪者已服滿刑期後，就給他們一個乾淨的紀錄吧！只要……受害者在身體上、心理上及情感上都能恢復過來……或活過來。

在梅耿・肯卡的社區，當地居民已經採取另一種較沒有爭議性的措施來療傷止痛。當地的扶輪社買下了肯卡家對街的那棟房子（那是殺害她的兇手所住之處），然後又花錢拆掉它，將這個地方改建為一處公園，取名「梅耿之地」，父母可以就近看顧在這裡玩耍的小孩。

我們的社會已開始認真設計種種保護兒童的措施，「梅耿法案」只是一個例子，現在各地購物中心也陸續安裝讓父母登記小孩指紋的設備。當你進入兒童用品店時，總會看見除了玩具、衣服等物品外，也有像狗鏈一樣的用具，防止小孩與父母外出時走失。我甚至看過電池操作的跟蹤裝置廣告，在父母啟動搜尋按鍵時，就會發出提醒的嗶嗶聲。

當我的小孩出生時，我幾乎怕得不敢抱起他們，他們看起來是那麼脆弱。等孩子長大了些，我們對自己也變得較有信心，自認為不會傷害到他們，可是也更擔憂他們可能會受到外來的傷害：我們在所有的電器插座上使用保護性的插頭、藏起洗潔劑及藥品、購買腳踏車安全帽，絞盡腦汁維護他們的安全。然後，我們聽到有關梅耿・肯卡、凱西・漢森、波麗・克拉斯、安柏・哈格曼、蕭恩・摩爾，或其他受害女孩的故事，我們想要隨時把孩子盯在視線之內，或把他們鎖在房間裡，讓他們得以好好活著踏入二十歲之後的人生。

就像其他可能發生在小孩身上的危險一樣，成年歹徒也是家長隨時應該認識及警覺的對象，這其實跟熟悉車禍或兒童疾病一樣，家長應該充分了解它們所代表的危險，然後將這種知識（及恐懼）轉化成實用的保護方法。我們知道歹徒用盡手段影響潛在的受害者，而除非小孩有所準備，否則歹徒就有機會得逞：他個子較大、較有力，而且，大部分父母都會要小孩順從大人的話。狡猾的犯罪者不只利用這些因素，而且還可能藉扮裝來強化他們的權威感。他們可能假扮成警官或神父（父母通常會告訴小孩這些是可以信賴的人）。在一些案例中，他們會玩弄小孩的感情，極力吸引他們的注意，操縱他，之後威脅他，並從感情上切斷他與可以保護和幫助他的大人之間的聯繫。或者，他們也可能埋伏等待，伺機製造一場完全不留痕跡的劫拐。

現在有好消息了，你有方法與武器（就在你自己家裡）可以擊敗這些匪徒，或至少打成平手。在我們發瘋之前，請記得一件重要的事：你的小孩可能不會遭遇到被劫持這種事，只是得防範未然，而這就是你可以防範的關鍵處。你和小孩的親密關係，加上你可以教導他們的一些簡單的安全技巧，就是保護小孩的最佳方法。

在前一章中，我們談過誘拐類型的兒童侵犯者，這種歹徒會先對小孩付出關愛，接著誘導他們。彼得．班克斯與「全國失蹤及被剝削兒童中心」的其他成員一直強調，父母所能給予小孩的最大禮物就是自尊。在家裡得不到足夠關愛的小孩，最可能成為偏好型兒童侵犯者的目標。他們很容易瞧出這些小孩的渴望及脆弱的情感，正如同非洲草原上的獅子很容易就瞧出在水塘邊喝水的羚羊群中最脆弱可欺者。

這些歹徒有時候會將目標描準單親家庭，因為單親家長對於有成年人願意花時間照顧小孩會很感謝。父母必須信任自己的本能，假如情況看起來好像有人正處心積慮要接近你的小孩，務必保持警覺，隨時留意。

所有的家庭都經歷過成員彼此疏離的時刻，小孩與大人也會經歷感情不睦的日子。然而，即使處於這種時期，你也一定要讓你的小孩知道，不管怎麼樣，你都愛著他們，他們需要聽到你說「我愛你」和「你很特別」。當他們犯錯時，我們會給他們很多負面的責難，但我們一定要隨時找機會以正面的讚美來予以平衡。

你必須讓小孩感覺到，一旦有任何不對勁，隨時可來找你。這一點可能有所困難，特別是當小孩違背你訂下的規則時。譬如說，如果一名十三歲的男孩到年紀較大的朋友家看色情錄影帶，並且發生了不好的事，要他把這件事告訴你便很不容易，因為你禁止他看那類東西。

和孩子保持密切溝通非常重要。假如他們有問題（他們會有），要他們來找你。假如你的小孩從你這裡得到的印象是：性是一個絕對的禁忌，他並不會因此而減少好奇，他只會想盡辦法從別人那裡得到這方面的資訊。猥褻兒童的人就是利用這一點，才有機可乘。他們藉著讓小孩子分享資訊，而博得其信任，降低其防備與抗拒心。這意思並不是說，假如你的小孩發現你在談論人類生殖科學或性問題時顯得很困窘，他們的最終結局就是遭到變態者猥褻。我的意思只是，你必須明白，隨著孩子長大，他們好奇心的焦點也會隨之自然改變。當他們準備要得到資訊、準備要問問題時，你得隨時待命，隨時強調你非常關心他們。

萬一發生不幸，也要使孩子可以毫不窘迫地把事情經過告訴你，把遭受猥褻的經過告訴他人，這對他們是非常艱難的事，這點你務必記得。然後，仔細考慮提出控訴對他們的影響。只要有一名受害兒童願意對侵犯他的人提出控訴，就會有一堆人出來反駁他對事件的描述，例如，我們都在報紙上看過有關頗受學生敬愛的老師被控猥褻幼年學生的新聞，報上通常會引述許多愛護並欽佩這名老師的民眾所表示的意見，常常猛烈抨擊這名受害兒童。假如壓力變得太大，想想看小孩放棄控訴的後果：他從此將得不到任何信任。除非他知道你會幫忙處理這狀況，而且一定會讓犯罪者受到處罰，否則向警方報案對小孩而言只會是個敗局，猥褻者很明白這一點：他們最有效的威脅利器之一就是告訴小孩，沒有人會相信他。

兒童的證詞常常也可以像成年人一樣可靠，這當然得依他們的年紀與成熟度而定。有時候，他們甚至更可靠，因為兒童很少別有居心。但在很多時候，他們對發生的事其實心中一片混亂，不知該如何表達。正如在對成年強暴受害者進行偵詢時一樣，在對受害兒童進行問案時，需要有良好的經驗及敏感度，才能從其觀點拼湊出事情發生的經過，而不會讓孩子感受到任何的恐嚇或威逼。

雖然我在這裡一直強調父母花費時間和小孩相處的重要性，然而，事實上我們也不可能每天二十四小時都看住他們。而且，即便受到全世界最好關愛的兒童也可能時運不濟。有時候，不幸如丹妮兒．李茲者，真的是無從防範；但在其他時候，孩子只要靠著自信及你所教導的個人安全技巧，就可以在被歹徒覬覦時，將危險減到最低。

我在底特律調查站負責偵辦一件銀行搶案時，我一直想要讓他們了解這一點：我們或許無從防止惡徒搶劫銀行，但可以設法避免讓銀行成為下手的目標。我們在家中也應該做到這一點，這是常識。假如你家有防盜警鈴，或從外面打不開的門栓，或會叫的狗，或房屋四周有良好的照明設備等等，小偷就比較不敢拿你的房子當目標，因為有太多障礙，他們比較不敢冒險。同樣地，我們要避免讓自己的小孩成為歹徒的覬覦對象，就要製造多一點障礙，讓他們不敢冒險。若是所有民眾都可以做到這一點，兒童受害的機率就會減少許多。

「全國失蹤及被剝削兒童中心」擬定了一些準則給家長參考，讓他們知道怎麼教導小孩避免潛在的危險或被剝削的境遇，也為兒童擬定了各個年齡的「安全策略」。他們強調這些策略是設計來幫助小孩應付不同的情況，並做出正確的決定以保護自身安全（不會害怕，也不會變成寡歡不合群）。他們也強調，在教導小孩時，很重要的一點是要依適合他們年齡層次的方式來灌輸知識。假如給幼小的孩子過度的資訊，一下子灌輸太多的規矩，他們會把一切搞混，然後什麼也記不得；但是，如果給較年長的小孩過度簡化的東西，你也會看到相同的反應。

不管小孩的年齡層為何，「全國失蹤及被剝削兒童中心」都強調應以讓他們的心理更健全而非恐嚇的方式來保護孩子，拿「陌生人」會做的壞事來恐嚇孩子並沒有什麼用。事實上，那樣做不只會嚇到他們，而且還會讓他們誤以為只要不是陌生人就很安全。

「全國失蹤及被剝削兒童中心」的多項安全策略很有助益，因為它們把各種年齡的兒童應該具有的技巧（譬如記住家裡的電話號碼和地址）和應該學習的行為結合在一起。透過亞當．瓦爾盧兒童基金會，「全國失蹤及被剝削兒童中心」組織了一個稱作「兒童及同伴：合作保護安全」（Kids & Company: Together for Safety）的計畫，為幼稚園到六年級的小孩準備了豐富的教育材料，包括運動及遊戲。家長可以在自家裡將這些材料慢慢地教給小孩，如果你想要獲得更多的資訊或是希望讓這些材料變成你孩子學校裡的課程，請直接與「全國失蹤及被剝削兒童中心」聯絡。

可以用非恐嚇的方式表現的技巧之一是「結伴同行系統」（Buddy System），就是教導小孩不要單獨行動。我們都了解單獨行走的小孩較易成為歹徒的目標，所以風險也較大。我們不必告訴孩子，壞人在路上等候著從學校單獨走路回家的小孩，他們只要積極地學會和同伴走在一起就行。而且，要小孩記住隨時和父母、兄弟姊妹、朋友或同班同學走在一起，這並不困難。在「全國失蹤及被剝削兒童中心」的計畫中，他們藉著一首歌來讓兒童學習「結伴同行」。

另一項你可以教導小孩避免成為歹徒的犧牲品的方式是「先報備」，這是「兒童及同伴」計畫的中心準則。這個訊息對小孩而言既簡單又不具威脅感：你要到某處或做某件事之前，記得先向我報備。甚至在年幼時，小孩最好就了解在做某件事之前，必須先問過父母或臨時保姆。假如每次他們向你報備時，你都給他們正面的肯定，他們會覺得很有自尊心。

正如彼得・班克斯所說：「對抗侵犯兒童的歹徒的最佳武器就是小孩的自尊心。」這真是一句至理名言。

隨著年紀漸長，他們也會從你身上學到如何做出正確的決定。侵犯兒童的歹徒常讓小孩處在無法做出正確判斷的狀況，利用小孩的迷惑得逞奸計，譬如，我們知道雜貨店老闆不應該要求年幼的小孩幫忙卸下店裡的貨物，但小孩可能無法立即判別這種要求並不適當。他們渴望能幫忙，結果反而可能受到傷害。然而，若是他們能先和父母討論的話，父母就可以做出正確的選擇，並可藉此樹立何者可為與何者不可為的準則。

你可以教小孩知道觸摸在什麼情況下沒有關係，在什麼情況下則須警覺。就像成年人一樣，小孩內心有一台警報器，當他們陷入一種不舒服的處境時，警報器就會嗚嗚作響，但他們可能需要大人幫助，才能分辨出這些感覺，也才能確定跟著感覺走準沒錯。譬如，他們會知道可以安心快樂地接受祖母的擁抱，至於不對勁的觸摸，他們本能地感覺有異。

你可以和他們談談那些安全舒適的觸摸，藉此來強化他們的正常感情。正如彼得・班克斯指出，如果因害怕小孩遭到猥褻，而阻止所有大人與小孩之間的擁抱、觸摸及適切的關愛表示，這未免太悲慘。小孩子一旦了解到兩者有別，便不難分辨老師、教練等成人的擁抱、拍肩或其他觸摸行為是否適當。

大部分小孩都被教導應尊敬大人，這誠屬合宜，但他們也應該知道在有些情況中可以對大人說「不！」。如果有成年人企圖對他們毛手毛腳，令他們感覺不對勁、困惑、生氣（或「討厭得要命」，視小孩的年紀而定），這時就應該堅決地說：「**不！**」

記得我每個孩子在二、三歲左右都有一段時期似乎只會說「不！」，但是很多小孩會隨著長大一些而變得較膽怯，所以，多練習說「不！」並不是個餿主意。你可以玩角色扮演的遊戲，描述一些狀況（不要太嚇人，但清楚看準回答「不」的時機），讓小孩練習正眼看你，以嚴肅的表情，大聲、自信、清楚地說出「**不！**」或「**不要那樣做！**」。這似乎是小事一樁，但假如一個潛在的侵犯者了解到這個小孩會極力抗拒他（甚至只是言詞上的抗拒），他就可能放棄歹念。這就像是在家裡養一隻迷你獅子狗，這隻狗明顯沒有大到或強壯到能制伏侵入者，但只要牠大聲吠叫，就可能讓一名較不果決的歹徒挑取其他更安靜的目標。

你應該讓孩子了解，他們的身體屬自己所有，沒有人可以用他們不喜歡的方式觸摸他們。一定要讓你的小孩知道，他們的身體中有哪些部位屬於「私處」，他們不必與他人分享那些部位，而且也不應該順應別人的要求去觸摸他人的私處。假如你用真實的、解剖學的術語來指稱私處（譬如說，用

「陰莖」取代「噓噓」），他們就會了解這些是應予以尊重的重要身體部位，而且在談論這些部位時，他們也會感到自在。

有些時候，可能有其他人需要看他們的私處，例如在醫生的診所或保姆幫年幼小孩洗澡時，但仍需謹慎小心。假如你的小孩必須讓醫生診察，你最好就待在一旁。而且為了自我保護及自信，小孩應該趁早學會個人的衛生技巧，然後就應該自己來。最後，小孩必須知道，假如有人想觸摸其私處，那並不是自己的過失。同樣重要的是，假如他們告訴一名大人，而這個人什麼都不幫忙，他們應該繼續找人說，直到找到願意幫忙的人為止。

當然，掌握整個背景脈絡很重要，這可以避免讓小孩受到不必要的精神創傷。事實上，幾乎大部分的小孩都在早期發展時彼此扮演醫生的角色，這種對自我身體的探索行為其實很正常，當我們「逮到」這種行為時，我們的解釋對小孩未來的人格發展和社會適應力有很重要的影響。不過，一旦這種活動另有年紀及經驗都有一段差距的人介入，就必須予以嚴重關切。因為，那就不再是正常的童年發展與探索，而是性的剝削。

對於所有小學年紀的小孩，「全國失蹤及被剝削兒童中心」有一句容易記住的警語，小孩只要覺得不對勁時都可以照此來做：「**不－跑－說**」（NO-GO-TELL），意思是先拒絕，然後跑去告訴父母或另外可以信任的大人。小孩子需要了解，有時候縱使有人要你保守一個祕密，你仍須找人說出來。「兒童及同伴計畫」教導小孩分辨「好玩的」祕密（那是一種好玩的事，而且不會傷害任何人），與「必須報告的」祕密（若是感到不對勁，還是應該找大人說）。縱使他已答應不告訴別人，可是假如小孩心裡藏著受到傷害的祕密，最好還是說給可以信任的大人聽。有時候要小孩子說出害怕或困惑的事情很困難，可是你可以提醒他們，即使不願意馬上說，還是可以隨時說出來。盡早說出，就不會太遲。

你甚至可以和更年幼的小孩一起演練，給他們編些情節，然後問他們故事裡的祕密是屬於「好玩的祕密」還是「必須報告的祕密」。譬如說，假如爸爸告訴你，他為媽媽準備了一份生日禮物，但他希望帶給媽媽驚喜，所以請你不要告訴她，那是「好玩的」祕密；但假如保姆告訴你，她想和你玩一個遊戲，你必須脫衣，而且還要互相觸摸私處，那一定是個「必須報告的祕密」！要求孩子描述一些「好玩」及「必須報告」的祕密，務必確保他們已了解這個概念。

這些都是建立常識的方法，而「全國失蹤及被剝削兒童中心」也已努力將它轉化成兒童容易記住、父母也容易教導及反覆叮嚀的字句。他們最近的計畫是教導小孩應付不同環境的安全策略，像購物中心、新居的鄰近地區，或獨自在家時，這是大部分父母容易忽略的地方。

如果我們太專注於想辦法讓小孩避開陌生人，結果可能會忘了讓他們了解有些人是可以信任的。小時候，我的父母和朋友的父母都教我們不要和陌生人說話，但就實際而言，有時候我們無可避免地需要和陌生人說話。想想看：假如你的五歲小孩在購物中心走失了，而你卻教他絕對不要和陌生人講話，這下他完全不知道該如何是好！我們需要教導小孩在緊急狀況時，如何選擇可以幫助他們的人：穿著制服或佩戴識別證的人或站在櫃台後面的人、推著嬰兒車的孕婦、巴士司機、學校門口警衛、年老的奶奶，這不只提供孩子一個安全的網絡，也可以提高他們的自尊心及信心，因為他們知道發生特別狀況時該怎麼辦。可是，難道就沒有孕婦或巴士司機傷害過小孩嗎？當然有，但這些機會很渺茫，而且我們必須冒這個險。我們必須教導小孩成為剖繪員，剖繪出需要幫助時最可以去找的人。

現實上，所有家長（包括我自己，我必須承認）都有過孩子走失的經驗。我不是指小孩遭到誘拐，但也許你正帶著三個孩子在逛街，其中一個沒有跟緊就不見了。或者，你讓小孩和他的朋友騎腳踏車在附近幾條街兜逛，可是他們卻騎到更遠的另一個朋友家去看電視，看得忘了時間。不管是什麼原因，在你的一生中，你至少會有過一次（至少有幾分鐘的時間），不知道你的小孩的下落，這會讓你嚇得半死，但是假如你預先教導過你的小孩，你至少會覺得他們知道該如何行動，該說什麼話，及需要幫忙時該找誰。

假如你的小孩失蹤了一段時間，你應該隨時將他們的照片帶在身邊，隨時能用簡潔的語言說出其特徵，這對你自己及警方都有好處。所謂特徵是指小孩目前的身高和體重，要能夠描述他的眼睛與髮色、最愛穿的夾克及運動鞋。這些東西，加上一張清晰的照片，有助於迅速找回迷失的小孩。對較年幼的小孩，照片特別重要，因為他們的容貌可能在短短數周之間就會有戲劇性的改變。想想看，一個蹣跚學步的小孩，一旦頭髮長長、髮色變深，然後你不再給她穿嬰兒裝，把她打扮成小女孩模樣，這會讓她在短短時間像是變了個人似的。

對年齡稍長的小孩，你需要備有他們的照片及特徵描寫，而且你需要預先告訴他們如何處理隨時可能面臨的狀況。對必須在住家長期獨處的青少年，你需要告訴他們怎麼應付來訪客人及電話，你應該給他們緊急情況時，可以打電話求援的人名及電話，同時也給他們可以開門讓對方進來的人名（假如某個不在名單上的人似乎真的非進門不可，他們應該先打電話向你或可以信任的鄰居查詢）。在接電話時，縱使是獨自在家，也應該裝成有大人在，也許假裝先去叫父母來，然後告訴來電者大人沒有辦法接聽。

以上的建議應有助於建立各個年齡層兒童的自信心。若能讓他們了解有權保護自己身體的隱私、知道如何對不喜歡的狀況說「不」，及如何打電話回家，也知道怎麼辨識安全的陌生人求助，一旦遇到狀況，他們就會覺得有能力可以應付，成為受害者的可能性就小很多。

你也可以讓小孩幫你選擇保姆。當然，你應該先打聽有哪些人可當臨時保姆，這點你應該自己做調查，而且要密切觀察他們和小孩的互動情形，但你也應該留意小孩的反應。「全國失蹤及被剝削兒童中心」建議你問問小孩是否喜歡和信任這名保姆，從他們開始看顧你的小孩起，每次他們離開之後，就問你的小孩你不在家時他們做些什麼事，你的小孩又有什麼感覺。調查新保姆時，不只要向其先前的僱主探聽，還要求教對方的老師、朋友、鄰居、親戚等，真正問清楚這個人的品格，記下他的名字、住址、電話號碼與駕駛執照號碼。假如你到臨時保姆服務處去找人，先留意他們有沒有對應徵者做過身家調查或其他的篩選過程，這些做法都是一些必要的安全措施。

近來，很多父母將小孩托給日托中心。假如你正為小孩尋找托兒所，好好認真去走幾趟，充分了解那裡的環境。「全國失蹤及被剝削兒童中心」提醒你可能需要和那些會常和你的小孩相處的成人碰面，像是巴士司機及管理員。向警察及社會服務機構詢問這家托兒所有沒有被人抱怨或控告過，確定它有取得合法執照，而且對職員做過身家調查。最後，假如你有時間的話，可以自告奮勇幫他們舉辦參觀旅行之類的活動，藉此好好觀察這些職員和孩童的互動情形。

我或許觀念老舊，但我認為讓小孩免受傷害不只是家長的責任。我的意思不是要減低父母的功能，或讓他們擺脫困境，但假如他們為養育小孩而付出一切，我們其餘的人也應該從旁協助。也許我真的已經古板過時，但在我小時候，假如在外面惹了麻煩，回家時不必告訴媽媽，她已經知道了。老師、街坊鄰居、巡警、關切的大人，不管我是跑步或騎腳踏車，他們的報告永遠走得比我快。

我相信大部分執法人員都會巴望我們能回到那個民眾彼此守望相助的年代（凡是到過犯罪現場，看到和自己小孩一般年紀的受害者的執法人員更是異口同聲，全心贊成）。在遭人殺害後，姬蒂・傑諾維茲已經變成我們的社會是否能發揮功能的象徵，那麼多鄰居聽到她的尖叫聲，卻沒有人跑過來救她，所有人都說這真可怕。可是，即使到現在，社會還是常常發生這種事。

事實上，現今這種狀況甚至更讓人困惑。假如我的父親看見一名迷路的小孩在商店前哭泣，他會毫不猶豫走過去設法幫助，或許甚至會拉起小孩的手來安慰他。今天，我們會害怕若是隨便接近一名不認識的小孩，很可能會被誤認為是劫持或騷擾的歹徒！縱使你自己猶豫不決，小心看住這個小孩，並把他的狀況告訴商店店員或安全警衛，這也不會太困難吧？當你想到這名幼童的處境時，你還有什麼藉口可以不做個好心的陌生人？難道你不願意別人也留意你的小孩的安危？

彼得・班克斯自己先前做過警官與偵探，他的說法最簡明有力：「如果你的介入是出於善意，就不可能是錯誤的。」

現代社會比起以前更充斥著暴力，刀槍已經取代了拳頭，用來解決爭議。假如我們聽到公寓隔壁有小孩大聲尖叫，或者看到這名小孩和她母親身上有可疑的瘀傷，我們會懷疑他們家不對勁。有人會辯說，自掃門前雪是人性本然，是一種自保的行為，若是隔壁那個男人對我去報案懷恨在心，該怎麼辦？但是我要說，彼此互助、互相保護也是人性本能，特別是對無能保護自己的人而言。

彼得・班克斯說了一則他在哥倫比亞區擔任警官時發生的故事。他聽到值班警察正在對報案電話沒好氣地說：「為什麼你要在這時候打電話？你期待我們能做什麼？」

班克斯決定調查這件事。他獲悉報案者是一名女性，來電說前一周鄰居家有可疑的事情發生。

有天晚上夜深時（照理說，一名七歲的小孩早該睡覺了），這名女性卻聽到隔壁小女孩在大聲哭叫呻吟，她很擔心。但這名女孩和她祖母住在一起，這名鄰居不想滋生事端，所以就沒有馬上報警。

幾天之後，這名女性受不了良心的煎熬：如果隔壁的小女孩發生了不幸，而她卻置若罔聞……她不敢再想下去，所以就報了警。警察到公寓去，但並沒有查出任何異樣。班克斯無意中聽到的這通電話，就是這名女性來講同一件事情的。她知道警方還沒察覺任何疑點，但她真的擔憂這名小女孩。

班克斯不敢相信，有民眾那麼熱心來報案，而我們卻沒好氣地回應她？他派遣警官去做更進一步的調查，結果慶幸做了這個決定。事情真相是這名女孩的生母拋棄了她，她哺育期間都在醫院度過，接著由慈善機構收養照顧，然後去和她外婆同住，結果卻遭到外婆虐待。她又回到收養的機構，最後改去和祖母同住，就是那名關心她安危的女人的鄰居。祖母有兩份工作，晝夜都要上班，以維持生計。出事的那個晚上，她半夜下班回家時，看到女孩的老師所寫的一張便條，說她功課沒做。疲憊不堪的她無計可施，就拿出一條跳繩抽打孫女。一名警官檢查小孩全身，發現她背部、屁股及腿部都有紅腫及瘀傷，顯示並非如祖母所言只是單一偶發事件。

為何原先調查這事件的警察什麼都沒發現？原因之一，情況或許看起來並不嚴重。另一個原因是：雖然小女孩也不想挨打，可是她覺得還是維持現狀比較好。小女孩已經在那麼多地方來來回回，她甚至可能無法記得所有養過她的人的名字。在這裡，終於有個家庭願意收容她，所以她不想讓警方發現壞事，他們會把她帶走。

她想要和祖母繼續住在一起，而且祖母也賣力工作來養育這名女孩。她會是壞人嗎？她會以抽打凌虐小孩為樂嗎？當然不。她一天要工作十六個小時，之所以處罰這女孩是出於挫折感，她不知道還有什麼辦法來處理這種狀況。輔導機構給這名女孩安排了家庭教師，學校課業就不再是問題。而且，他們也給祖母一些幫助，設法為她們找一個更好的住處，讓她們建立更健康的關係。在幫助一段時間之後，她們的情況變得很好。如果沒有這位鄰居的關切，並且在事情沒有進一步惡化前再度叮嚀警方，這名小女孩大概就一路悲慘下去，不可能快樂健康地長大成人。正如彼得．班克斯所說，假如這個例子可以讓我們獲得教訓，這教訓就是：別以為沒關係。如果你認為有不對勁的事發生，一定要繼續打電話給警方，或是打給其他人，直到確定有人可以來幫助這個小孩。如果你不確定應該這麼做，那麼請再想想娃勒黎．史梅爾瑟的悲慘遭遇：她遭到自己的母親汪達及其男友一道凌虐，然後被殺害。

或是想想一名境遇非常特殊的小女孩：她生來無家，母親在懷她時一直吸食「快克」（crack，譯註：一種強效古柯鹼），讓她在胎兒狀態時就有了毒癮。她克服了這些不幸，可是依舊躲不過宿命的摧殘。小艾莉沙．依茲奎爾多（Elisa Izquierdo）的故事是件兩極化的悲劇：她雖得到垂死父親的溺愛和保護，卻難逃母親及惡毒繼父殘暴、可怕的凌虐。

艾莉莎於一九八九年二月在紐約市的伍德哈爾（Woodhull）醫院出生，醫院的社工人員向兒童福利局報告了這名嬰兒的藥癮狀況，結果，她的父親喀士達侯．依茲奎爾多（Gustavo Izquierdo），也就是流民收容所（艾莉沙的母親常在這地方出入）的廚子，馬上獲得嬰兒的監護權。雖然在那一刻他未必打算當位父親，但他似乎很樂於扮演這個角色，而且也認真也負起責任來。他到基督教女青年會進修養育課程，艾莉莎一歲大時就帶她去蒙特梭利學前學校，從Y段班學起。他每天幫他女兒梳頭，替她熨衣服，甚至在她受洗時還租了一間宴會廳替她祝賀。但依茲奎爾多罹患癌症，過不久後即無力支付她的學費。艾莉莎是名非常優秀的學生，所以她的老師及校長都出面，介紹她給希臘的麥克王子（Prince Michael）認識，麥克王子是學校的一位贊助者，他被這個聰明、活潑、美麗的小女孩迷住，答應支付艾莉莎到布魯克林教友學校（Brooklyn Friends School）念完高中的所有教育費用。

但除了快樂的一面外，艾莉莎生活中也有黑暗的一面。她的母親再嫁，與現任丈夫維修工人卡洛斯・洛培茲（Carlos Lopez）又生下幾個小孩。她努力爭取探視艾莉莎的權利，結果獲勝。在一九九〇年，社工人員替阿微爾妲・洛培茲（Awilda Lopez）擔保，說她已經改頭換面，戒掉毒品，有了養家的好丈夫，生活終於安定下來。洛培茲夫婦都接受不定時的毒品檢驗。隔年，艾莉莎開始在父親未監護的情況下去母親家過夜。

從那時候開始，關心艾莉莎生活的大人愈來愈覺得擔憂，因為他們看到一些警訊：女孩向學校師長訴說她母親打她，並把她鎖在壁櫥裡；她的父親告訴一名鄰居說，艾莉莎開始做惡夢及尿床，好像沒受過如廁訓練一般；而且她的陰道上有傷口及瘀血，他很擔心她被強暴過。艾莉莎在蒙特梭利的校長告訴《時代》周刊說，她通知「布魯克林社區服務處」並打了一通熱線電話，說出她的疑點。艾莉莎的父親向家庭法院申訴，解除了她母親的探視權。一九九三年時，喀士達侯・依茲奎爾多買好回古巴老家的機票，或許是想盡一切努力把他的女兒帶離那些可能會傷害她的人。可是，在還來不及踏上行程之前，他就被癌症擊垮，在一九九三年五月過世。

依茲奎爾多過世後，艾莉莎的母親爭取到她的監護權。依茲奎爾多的表妹艾爾莎・卡尼札爾茲（Elsa Canizares），連同蒙特梭利的老師及校長，甚至麥克王子，阻止此事而費盡心力，但是艾莉莎的母親還是有強有力的盟友，兒童福利局建議讓她獲得監護權，說這是它對這家人監督了一年多後所得的結論。洛培茲從「法律援助協會」（Legal Aid Society）請來的律師找了社輔人員來作證，說他們已拜訪過這個家庭，認為艾莉莎會很高興和她的母親及弟妹住在一起，而且洛培茲也贏得「計畫機會」（Project Ohance，一個由聯邦政府出資，為幫助貧窮家庭而設的養育課程）官員的支持。雖然她遭受挫折，偶爾會再吸食毒品，洛培茲還是報名參加了養育班，而且似乎很認真。

要不是因為沒有人有時間好好調查一番，就是洛培茲夫婦刻意下了一番工夫，讓專家相信他們正在努力成為一個模範家庭，結果艾莉莎被強迫回到一個問題重重的環境。除了她母親既有的問題外，她的繼父卡洛斯．洛培茲有家庭暴力的前科。一九九二年初，在阿微爾姐．洛培茲生下他們第二個小孩之後一個月，他抽出身上的小刀，刺了他的妻子十七刀，就當著艾莉莎面前，在她周末來看她母親時。艾莉莎的母親在醫院躺了三天，而卡洛斯被判坐監兩個月。

現在，家裡有了五名小孩，資源已瀕臨用盡。誰知道這個孤單的小女孩心裡面在想著什麼？她英雄般的爸爸的死亡讓她覺得一切茫然，失去父親後，又得知必須和她十分恐懼的大人住在一起時，心裡一定害怕極了。想到這種情景，真叫人悲憤。

到了一九九四年九月，艾莉莎最後的庇護所也被奪走了：她母親讓她轉學去公立學校註冊。不久，學校人員向曼哈坦的兒童福利局副主任報告，艾莉莎來上學時常常身上有瘀傷，而且似乎不良於行。據說，那位副主任告訴他們，由於證據不足，所以他沒有辦法處理這些問題。最後，甚至洛培茲在「計畫機會」的盟友也極為害怕。根據《時代》周刊的報導，主持「計畫機會」的巴特．奧康納（Bart O'Connor）聯絡到負責輔導艾莉莎的兒童福利局社工人員，而對方卻說「太忙了」，沒有時間去調查這件事。隨著時間過去，奧康納也和這個家庭失去聯絡。只要有人想把艾莉莎帶走，洛培茲夫婦就會刻意迴避他。

一九九五年十一月二十二日，感恩節前夕，洛培茲對小女孩施予最後的致命一擊。《紐約時報》引述了艾莉莎的阿姨的話：當夜洛培茲打電話給她，說了一些可怕的話。洛培茲告訴她的姊姊說，這女孩現在不吃不喝，還沒洗澡，而且「蜷縮在床上」。隔天，洛培茲請鄰居來幫忙，結果鄰居發現小孩已死。甚至在那時候，她母親的舉止飄忽不定：起初她拒絕報警，然後跑到公寓屋頂，威脅要跳樓。

紐約市警局一名副隊長說，艾莉莎的死亡是他所見過最殘酷的凌虐兒童案。她的母親承認把這名小女孩關進一片水泥牆中，強迫她吃自己的大便，抓住她的頭往地板上拖曳。警方調查人員報告說，艾莉莎身體幾乎無處不遭毒打，瘀傷或傷口遍身都是，她的下體多次遭人用髮梳及牙刷施暴。多名鄰居說他們曾設法和兒童保護機構取得聯繫，他們證實艾莉莎的母親又開始吸毒，一度想賣掉一輛三輪車，拿錢去買更多的「快克」。他們說曾聽到小女孩向她母親求饒，但她母親相信艾莉莎的父親對這女孩施過符咒，她必須打她，才能將符咒驅除。

紐約市兒童福利局的檔案屬於機密，所以沒有辦法知道民眾到底曾設法拯救過艾莉莎多少次，也無法知道整個制度的毛病到底出在哪裡。當然，從許多方面說，官僚機構都最容易成為民眾指責的箭靶，調查凌虐兒童案是一件吃力不討好、令人沮喪與危險的工作。根據可靠的數字顯示，從一九八八到一九九三年為期五年間，凌虐兒童的案件升高了百分之二十五，可是預算的削減卻讓負責看顧兒童的社工人員人數持續下降。

現在的兒童比起以前更加需要我們的保護。假如你懷疑周遭有小孩正遭受凌虐、父母未善盡照顧之責，或處於危險的狀況時，趕緊打電話叫人來。要不斷地打，直到找著人來幫忙。萬一有事情發生在你的小孩身上，而你又沒有在那裡，你也會希望有人打電話。如果你害怕曝光會對自己不利，就打電話給那些可以迅速處理這類案子的機構，只要提供線索，不用報上姓名。

不管用什麼方法，我們必須反擊。

麥克王子在一篇發表在《遊行》（*Parade*）雜誌上的文章痛切指陳，在小艾莉莎的案子中，雖然他們極擔心她的母親，他和其他人都還相信法律可以保護這名女孩。在許多時候，法律確實可以發揮作用，只要有人願意趕緊報警處理。

網際網路上有很多關於保護兒童的資訊，告訴你如何預防小孩被劫持及保護小孩免於受害。這些資料都可從「全國失蹤及被剝削兒童中心」取得，多數也可在網際網路上取得，要不然也可以利用免費電話與他們聯絡。

「全國失蹤及被剝削兒童中心」的善心人士把失蹤兒童的照片貼在牆壁上，並不斷把經過電腦處理的照片利用郵件、網路及所有可予利用的方法公布到各地，也藉此來提醒所有小孩，萬一他們走失了，有人會尋找他們。他們要讓天真無辜的小朋友知道，不管耗費多少時間和精力，只要能找到他們，保護他們的安全，他們將不斷地尋找。

你應該讓你的孩子了解他們的安全與幸福對你有多重要，聽起來似乎很容易，「我愛你」和「我為你感到驕傲」這些話可以幫助你的小孩遠離許多惡徒，從兒童侵犯者到可能供給他們毒品或酒精的同伴。孩子的信心及自尊心，加上我們的關切和承諾，就足以對邪惡反擊到底。

承蒙「全國失蹤及被剝削兒童中心」及「亞當・瓦爾虛兒童基金會」的允許，我們把主要的幾種兒童安全指南轉載於此，感謝這些致力於設計準則來保護我們孩子的熱心人士。

我的八點安全守則

一、在我外出時，一定先向父母或負責照顧的人報備。我告訴他們準備要去的地方、怎麼去、和誰一起去，及何時會回來。

二、我在搭乘別人的車或和別人外出時，一定先向父母報備，取得許可，即使對方是我認識的人。若是在父母未知的情況下接受了金錢、禮物或藥品，一定馬上向他們報告。

三、出門到別處或到外面玩耍時，和別人一起去會比較安全。我會使用**「結伴同行系統」**。

四、假如有人想要觸摸我，而我覺得害怕、不舒服或迷惑，就大聲說**「不！」**，然後我會**「跑去」**跟一個我信任的大人**「說」**。

五、我了解，假如有人用不**「適當」**的方式碰觸我，那**「不是我的錯」**。我不必為這些碰觸保密。

六、我信任自己的感覺，如果覺得問題太大，自己沒有辦法處理，就告訴大人。有許多人關心我，願意聽我說出問題，並且信任我。我不孤單。

七、請求幫助從來不嫌遲。我可以不斷請求，直到獲得我需要的幫助。

八、我是一個**「特別的人」**，我有感覺安全的權利。我的規則如下：

・先報備。
・利用「結伴同行」。
・說不，然後跑去跟別人說。
・傾聽自己的感覺，找我信任的大人談我的問題與煩惱。

防止兒童遭劫持及剝削之道

隨時掌握你的小孩的行蹤。熟知他們的朋友與日常活動。

對小孩的行為變化要有敏銳的覺察能力，它們代表某種訊息，你應該坐下來，和你的小孩討論這些變化的原因。

若有別的青少年或成年人對你的小孩顯得額外關注，或送給你的小孩不相稱或昂貴的禮物，這時應予以警覺。

教導你的小孩信任他們的感覺，並確實讓他們了解，他們有權利對感覺不對勁的事情說「不！」。

仔細聆聽你的小孩心中的恐懼，和他們談論時不時給予鼓勵。

教導你的小孩，沒有人可以任意接近或碰觸他們，讓他們感覺不舒服。假如有人這樣做，他們應該立刻告訴你。

對臨時保姆及其他看顧你的小孩的人應予以留意。

查出性剝削

性剝削不應該與表達真實感情的身體接觸混淆。假如大人尊重小孩，並對他們的身體互動加上合理的限制，就可以讓他們培養出溫馨、健康的人際關係。

侵犯兒童是一種重複犯罪，很多小孩有多次受害的經驗。性剝削的現實狀況是：要受害兒童把這種遭遇告訴父母、老師或任何人常常會讓他們覺得困惑、不舒服與不情願。但是，倘若你已經在家中建立起一種信任及支持的氣氛，讓你的小孩覺得可以放心說出來，而不用害怕受到責備，那麼一有問題，他們就會立刻告訴你。

父母應對性虐待的跡象有所警覺：

- 行為改變，心情起伏太大，退縮或害怕，或哭得太過度。
- 尿床、做惡夢、不敢上床睡覺，或其他的睡眠困擾。
- 做出不適當的性行為，或對與性有關的東西表現出異常的興趣。
- 情緒性、攻擊性或叛逆性的行為突然發作。
- 退化成嬰兒的行為。
- 害怕某個地方、某些人或某些活動，特別是和某些人獨處。假如小孩不想要的話，不應該強迫他們對某個成人或青少年表達感情。如果他們刻意避免，則表示可能有問題。
- 私處有疼痛、發癢、流血、流膿等現象。

兒童基本安全守期

一旦你的小孩可以清楚地說話，就可以開始教導他們保護自己，避免被誘惑及剝削。你應該教導你的小孩：

假如你在一處公共場所，不小心和爸媽分開了，不要到處去找他們。去找一處付款櫃台、警衛室，或失物招領處，立刻告訴值班人員你和爸媽分開了，請他們幫你尋找。

除非爸媽允許，否則不要隨便乘坐別人的車或和別人出去。

假如有人步行或開車跟蹤你，躲開對方。你沒有必要走到車子旁去和裡面的人說話。

需要幫忙的成年人及年齡稍大的人都不應該要求小孩幫助，他們應該向其他的成年人求助。

如果有人向你問路，或要求你幫忙尋找丟失的小狗，或告訴你說媽媽或爸爸遇上了麻煩，然後要你跟他一起走，絕對不要答應。

假如有人想帶你到別處，迅速躲開他，並大聲尖叫：「這個人要把我帶走！」，或者「這個人不是我爸爸！」。

你應該設法利用「結伴同行系統」，絕對不要單獨行動。

年齡—技巧圖表

技巧＼年級	幼稚園	一年級	二年級
電話	知道電話號碼	溫習家裡的電話號碼	知道危機發生時該如何求助（父母上班處、警察局、消防隊、鄰居的電話號碼）
地址	知道姓名、家鄉、縣市名	複習家裡地址	複習家裡地址
結伴同行	知道如何及何時使用「結伴同行系統」	知道如何及何時使用「結伴同行系統」	知道如何及何時使用「結伴同行系統」
先報備	知道何時報備	知道何時報備	知道何時報備
觸碰的類型	認識身體「私處」區分「可以」及「不可以」的觸碰	認識身體「私處」區分「可以」及「不可以」的觸碰區分「好玩的」祕密與「必須報告的」祕密	認識身體「私處」區分「可以」及「不可以」的觸碰區分「好玩的」祕密與「必須報告的」祕密
不—跑—說	知道如何及何時使用「不—跑—說」	知道如何及何時使用「不—跑—說」	認識常見的詭計知道如何回應年齡較長的人的注視
各種環境的安全策略	危機發生時，知道如何選擇可以幫助的人	在商店的安全策略危機發生時，知道如何選擇可以幫助的人	在不熟悉的鄰近地區的安全策略危機發生時，知道如何選擇可以幫助的人

年級	三年級	四年級	五、六年級
技巧			所有前面年級所教導的策略和技巧在五、六年級時都應安排各種課程予以複習，加強記憶。
電話	知道電話號碼、知道如何撥長途電話	知道如何使用付費電話來打當地、長途和緊急事故電話	
地址	在地圖上指認所住之城市及周圍縣市	製作身分證	
結伴同行	在各種狀況中應用「結伴同行系統」	在各種狀況中應用「結伴同行系統」	
先報備	在各種狀況中應用「先報備」	在各種狀況中應用「先報備」	
觸碰的類型	認識身體「私處」 區分「可以」及「不可以」的觸碰 區分「好玩的」祕密與「必須報告的」祕密	重新認識身體「私處」 重新認識觸碰的類型 區分「好玩的」祕密與「必須報告的」祕密	
不—跑—說	認識常見的詭計 知道如何回應年齡較長的人的注視 在各種狀況中應用「不—跑—說」	認識常見的詭計 在各種狀況中應用「不—跑—說」	
各種環境的安全策略	單獨在家或看家時的安全策略 危機發生時，知道如何選擇可以幫助的人	單獨在家或看家時的安全策略 危機發生時，知道如何選擇可以幫助的人	

Chapter 07
藍蘇

約翰・亞伯特・柯林斯（John Albert Collins）第一眼看到葛楚娣・馬蒂納斯（Gertrude Martinus）就知道她是他夢寐以求的理想伴侶。一九六五年五月，被好友暱稱為楚娣的葛楚娣到長島東羅卡威（East Rockaway）的一家酒吧參加青年共和黨舞會。那天傑克（柯林斯的暱稱）和好友朗・懷特（Ron White）也在這間酒吧慶祝他們從海軍退役，兩人暢飲著冰涼的海尼根啤酒，楚娣正巧從兩人眼前經過，往化妝室走去。朗・懷特認出楚娣，便向她打招呼，並介紹她給傑克認識。

「和她眼神交會的剎那，」傑克說：「我感覺和她心靈相通，那時我就情不自禁地深深愛上她。」

楚娣對傑克倒沒這麼傾心，至少不是一開始就如此。當晚她還有男伴，人家可不喜歡其他男人對她死盯著不放。

傑克沒有打退堂鼓，他向朗・懷特要到楚娣的電話，一周後打電話約她見面。兩人第一次約會，傑克就向楚娣求婚。

傑克追求楚娣的超前進展，引起她父母的警覺。這也怪不得他們。那時傑克利用暑假打零工，替工務局做清潔、倒垃圾等雜務。過完暑假，傑克就要到哥倫比亞大學就讀英國文學研究所。

不過，楚娣在銀行擔任審查員的父親湯瑪士（Thomas Martinus）對熱烈追求女兒的傑克也不好反對什麼，他自己認識楚娣的母親馬蜜（Mamie Johanna Hotze）三天後就向她求婚。跟湯瑪士比起來，傑克還算慢呢！湯瑪士於一九九四年六月過世，與楚娣的母親結縭六十八年。

情投意合的傑克和楚娣在當年八月訂婚，十二月即步入禮堂。說來好笑，楚娣的父母從她小時候就經常警告她：「要好好努力用功，要不然你長大就會嫁個清潔工人。」

傑克念了一學期的研究所，後來他考慮到就算拿了個英文博士學位，他也不能讓楚娣早日享受舒適的生活。楚娣當時在加德（Caltex）石油公司當祕書，待遇不錯。在五〇年代，讓太太養家那可是大損男性尊嚴的事。所以傑克決定休學，到一家國際知名的凱洛格工程公司（M. W. Kellogg）採購部門工作，一年後晉升為採購員，同時他還利用晚上到紐約大學研讀法律課程。

湯瑪士一直很擔心虔誠的天主教徒女婿會讓女兒不斷懷孕，一輩子就忙著生養一窩孩子，可是婚後七年，傑克和楚娣仍沒有小孩。這時傑克已經從紐約大學法學院畢業，但他決定棄法商轉往外交界發展，通過以艱難著稱的外交人員特考。一九六二年一月二日，傑克在楚娣的陪伴下宣誓成為外交官，正式任職於國務院外交接待室。

傑克和楚娣搬到華盛頓特區的近郊，生活安頓後，他們與北維吉尼亞州天主教會育幼院聯繫，希望透過教會領養一名孩子。傑克是天主教徒，但楚娣信奉主教派（Episcopalian），兩個教會都說他們這種「混合教徒的家庭」不適合領養孩子，駁回了他們的申請，但傑克和楚娣對此並不死心。

一九六三年，傑克被調到敘利亞的阿勒頗（Aleppo）美國領事館服務，擔任副領事官，負責領事事務和商務工作。他們打聽到黎巴嫩首都貝魯特有家孤兒院可以收養小孩。

傑克工作繁忙，於是楚娣獨自走訪了貝魯特這家由法國姊妹仁愛修會（Sisters of Charity）主持的孤兒院。她在院方人員的陪伴下，進到擺了將近三十張嬰兒床的房間參觀，嬰兒們年紀從剛出生到六個月大不等。那幾天敘利亞正爆發流產政變，邊境遭到封鎖，電話通訊全斷線。楚娣等局勢稍穩後馬上聯絡傑克，迫不及待地告訴他：「我找到我們要的孩子了。」

楚娣故意不告訴傑克她中意的小孩是什麼模樣。敘利亞邊境一開放，傑克馬上出發，開了四百八十公里的路，先往南到霍姆斯（Homs），往西沿著地中海岸開，再轉往南部的貝魯特。他和楚娣會合後立即前往孤兒院，進入同一間房間，他走過一張張小床，觀察每個嬰兒，然後傑克告訴楚娣他決定好了。

「我想是他那雙眼睛吸引了我。」傑克是這樣說的。

結果，傑克和楚娣不約而同選上一個有著美麗黑髮、一雙烏黑眼睛的六個月大男嬰。孤兒院院長告訴他們領養手續只要幾天的工夫就可以完成，八月二十五日，傑克和楚娣終於擁有他們期盼已久的孩子。修女給這小男孩取名為羅伯特・拉哈・拉貝（Robert Raja Rabeh），傑克夫婦將他的名字改為史蒂芬・湯瑪士・柯林斯（Stephen Thomas Collins）。

史蒂芬一歲半大時，隨他的養父母回到美國。一九六四年十一月九日，小史蒂芬和一群來自世界各地的移民，在曼哈頓下城的聯邦法院宣誓成為美國公民，楚娣舉著他的小手宣誓。一個月後，小史蒂芬拿著剛出爐的美國護照，跟隨父母到瑞典的斯德哥爾摩。

傑克在瑞典斯德哥爾摩美國大使館擔任科技助理專員，他和楚娣這時想要再收養一個小女孩。他們再度和貝魯特孤兒聯絡，但當時沒有年齡合適的院童，於是，他們和該孤兒保持聯繫，等待機會。

一九六六年，傑克舉家遷回美國維吉尼亞州，他們還沒有收養到第二個孩子。一九六七年三月間的某個周日，傑克到教堂做彌撒，看到教會公布的領養新政策：今後只要夫妻當中有一人是天主教徒，就有資格申請領養小孩。傑克很興奮地回家告訴楚娣這個好消息，隔天他們就向教會提出領養申請。隨後教會向兩人進行一連串的訪談、家庭拜訪，柯林斯夫婦發現教會經辦人員嚴苛地考核他們教養史蒂芬的方式。

到了夏天，他們終於接到教會的電話通知，有名小女孩可能很適合他們。

這名一歲大的小女孩叫做蕾吉娜・席勒斯（Regina Celeste），蕾吉娜是天后的意思，不過大家都叫她吉娜。傑克和楚娣看到吉娜的第一眼印象，套用楚娣自己的話：「她是如此甜美。」但他們也承認那天實在不是吉娜最可愛的時候，她得了重感冒，鼻水直流，又哭個不停。吉娜出生時因為右腳內彎，睡覺時都要在腳踝上套上像中世紀腳鐐的東西，以便將她的雙腳分開。儘管如此，她仍是個可愛的女孩，有一頭美麗的金髮和光滑細嫩的肌膚。再過六至八個月，吉娜就可以拿掉右腳的矯正器，但她要穿著矯正鞋到五歲。腳的毛病顯然帶給吉娜很大的影響，她在成長的過程中，不斷在運動項目努力突破自我，特別是跑步項目。

吉娜雖漂亮可愛，背後卻有著令人鼻酸的坎坷身世，才一歲大的吉娜已經換了至少三個領養家庭。年輕未婚的生母生下她，後即拋下孩子去追尋自己的幸福。吉娜先是被一個軍人家庭收養，後來該名軍人移防時不克帶她前往，接著吉娜被另一個家庭領養，但教會懷疑她受到虐待，便把她接回來。傑克和楚娣見到吉娜時，她剛從第三個收養家庭離開。他們決定將她改名為蘇珊妮・瑪莉（Suzanne Marie），瑪莉是特別依楚娣的母親瑪蜜（Mamie）所取的。為了不讓史蒂芬有被冷落的感覺，夫妻倆不斷告訴他，他們領養他是因為他是個很特別的孩子，現在他多了個小妹妹，因為這個小妹妹跟他一樣是特別的孩子。

傑克和楚娣帶著史蒂芬去迎接蘇珊妮回家，傑克回憶起當天的情景：「我們就要看到我們的小女孩了，我忍不住想像待會兒她看到我們，一定會飛奔到我或楚娣的懷中，結果卻跟我們所想的完全不同。她一看到我們就直往後退，哭了起來。我們向前走一步，她後退一步，哭得更兇。這時史蒂芬走了過去，蘇珊妮搖搖晃晃走向史蒂芬，張開雙臂抱住他。從那一刻起，他們兄妹的感情就緊緊連結在一起。」

楚娣補充：「想想蘇珊妮的經歷，我想她對大人們抱持莫名的恐懼感，她一定很高興看到有人個子跟她差不多大。」

他們帶著蘇珊妮準備上車回家時，她還抽抽搭搭地哭著，史蒂芬走過來抱著她，說：「不要緊，不要哭，你是我們的家人，我們也是你的家人。」說完，蘇珊妮就不哭了。一路上蘇珊妮雖然哭了好幾次，但只要史蒂芬對她輕聲說話，哭聲就停。他們始終不知道史蒂芬跟她說些什麼，那時楚娣還對傑克說：「你看，現在史蒂芬是老大了。」

回到家後，史蒂芬帶著新妹妹參觀每個房間，並教導她熟悉環境。蘇珊妮把史蒂芬當成領導者，那時候起她就開始崇拜他。

蘇珊妮來到新家一個月了，她異常乖巧，從來不吵不鬧，起初楚娣還覺得很可愛，沒多久她就開始擔憂：「剛開始我想這孩子可能有問題，好像不太正常，因為她實在太聽話了。然後我想起她的過去，她可能不確定自己這能住多久。史蒂分跟她說很多話，等她確信這次是她真正的家後，『ＯＫ，這次是永遠的了』，她才恢復正常。」

蘇珊妮一天天長大，當初楚娣在她身上所看到的特質一點都沒變：她是名漂亮的金髮女孩，雙眸又藍又綠，閃耀著魅力四射的光芒。「她是名符其實的雙子座。」楚娣這麼形容。

蘇珊妮在很多面向展現出與生俱有的勇氣和適應能力。她從小就愛吸奶嘴，傑克猜想這習慣是在以前的收養家庭養成的。蘇珊妮兩歲多時，傑克開車載著全家到德拉瓦州的海邊度假。蘇珊妮搖下車窗，突然他們聽到史蒂芬大叫：「媽咪！爹地！蘇珊妮的奶嘴掉了。」

楚娣說必須回頭去撿奶嘴，但傑克無法停車。

但蘇珊妮答說沒有奶嘴也沒關係。她的話讓楚娣覺得很不簡單，她告訴女兒：「蘇珊妮，你長大了，現在是個大孩子，你不用再吸奶嘴。」

傑克接著說：「真的，從那天起，她就不吸奶嘴了。」

蘇珊妮是個好奇寶寶，勇於嘗試。凡是她感到有趣的事，威脅利誘都阻止不了她。從小，她就只做她愛做的事，這種個性一直都沒改變過。

另一個永遠不變的是她對哥哥史蒂芬深摯的愛。史蒂芬四歲後就不喜歡和妹妹一起分享父母的愛，有時還不肯把玩具借給她，也不跟她玩，但是蘇珊妮始終崇拜史蒂芬。

史蒂芬和蘇珊妮是完全不同典型的小孩：哥哥拘謹，膚色較黑，他是個英俊的小男孩，一雙眼睛似乎能看透人；金髮碧眼的妹妹則像個洋娃娃般惹人憐愛。史蒂芬超級好動，性子急躁，喜歡掌控，自我意志強；蘇珊妮溫和甜美，親和力強，樂觀，喜歡穩定、平和的環境，她的自我也很強，但是她懂得迂迴進取，不會硬碰硬闖。就像史蒂芬的分析，基本上他的個性比較像母親：熱烈、急躁；而蘇珊妮比較像父親：冷靜、溫和。

傑克完全為女兒所著迷。他發現蘇珊妮特別喜歡藍色，就給小丫頭取了個外號叫做「藍鈴噹」（Blue Bell），在光線下，她眼睛的顏色就像湛藍的天空，有時候他乾脆叫她「噹噹」。楚娣則喜歡叫女兒「藍蘇」（Sue Blue）。蘇珊妮喜歡這些不同的外號，只有一板一眼的史蒂芬堅持叫她蘇珊妮。

蘇珊妮很小就展露她好奇又獨立的個性。小時候她就懂得搖晃她的小床，慢慢移動到父親放置法律書籍的書架邊，還不只一次爬到書桌上。她三歲大時，有一次全家去芝加哥玩，她看到遠處有鞦韆，竟獨自一個人搖搖晃晃跑去玩。嚇壞的楚娣找到她時，她正和幾個小朋友玩得興高采烈。

「她從來不往後看，」楚娣說：「她天生就是天不怕地不怕的個性。史蒂芬不見得比她乖，但他比較知道該害怕，不會給自己惹上麻煩。」

在史蒂芬念小學、蘇珊妮五歲時，傑克再度被派往希臘北部的撒羅尼卡（Salonika）服務。對兩個小孩而言，搬到國外住可是件大冒險。史蒂芬對瑞典還依稀有些印象，對蘇珊妮，這可是全然新鮮刺激的事。

傑克到撒羅尼卡就任政治組工作前，先在雅典美國大使館待了一周做訓練。經過九小時的飛行，他們一家人住進了雅致的皇宮飯店（King's Palace Hotel）。稍事休息後，楚娣叫兩個小孩去刷牙洗臉。

蘇珊妮在浴室待了好一會兒都沒出來，楚娣喊：「蘇珊妮，你洗好了嗎？」

「洗好了，媽咪。」

「我還聽到水聲，你還在洗嗎？」

「是的，媽咪，我快刷好牙了。」

「那你開門，好嗎？」

原來蘇珊妮發現美國牙膏的蓋子大小正好可塞住希臘洗臉槽的流水孔，她打開水龍頭，水就像瀑布般流洩到地板，真是可觀。

他們到飯店頂樓餐廳用餐，從餐廳可看到泛光照耀著衛城（Acropolis）的美麗景色。傑克替兩個小孩翻譯菜單，他們不敢置信地大叫：「什麼！他們沒有漢堡？」

突然，餐廳所有的燈全熄了，大廳一片漆黑，端著盤子的服務生乒乒乓乓撞成一團。楚娣心頭有不好的預感：「蘇珊妮，你手上是不是拿著什麼東西？」

「是的，媽咪。」

「那你拿給我好嗎？」不出所料，蘇珊妮手上拿著插頭。楚娣解釋：「她只是好奇這個東西是做什麼用的。」

很不幸，在餐廳為他們服務的正巧是到浴室將洗臉槽塞子拔掉的服務生，因為浴室地板已經淹滿了水。

傑克他們的房間在四樓。第二天，他們聽見史蒂芬大叫：「媽咪，她又來了。」楚娣急忙跑出去看，原來蘇珊妮正在爬陽台的欄杆。她真的什麼都不怕。

待了四天後，傑克一家準備退房，離開前全家在飯店吃午餐。「這次我們選在樓下的餐廳，」楚娣說：「這樣安全點。我們剛剛吃完飯，我發現蘇珊妮咬著玻璃杯，我猜她沒看過這種酒杯，所以我問她：『蘇珊妮，你是在喝水還是在玩杯子？你如果不喝的話，就把杯子放下來。』」

「她放下杯子，我發現杯子少了一大塊。我告訴蘇珊妮，不要說話，如果你嘴巴裡不是食物，你點點頭。她點了一下頭。我緊接著說，好，現在慢慢把嘴張開，把東西吐出來。老天！她咬了一大塊玻璃下來，幸好沒流血。我問她為什麼要這麼做。」

「她回答說我們家裡沒有這樣的酒杯，想嚐嚐看那是什麼味道。我們連忙悄悄地離開這家飯店，再也不敢回去。」

史蒂芬記得蘇珊妮是個快樂的孩子：「她有著陽光般的個性。因為父親工作的關係，我們家經常要招待客人，蘇珊妮自然是這些表演場合的女主角，她喜歡成為注目的焦點，沒有人不喜愛她的。」

傑克和楚娣替兩個孩子拍的照片裝了厚厚的十二大本，在每一張照片中，蘇珊妮都笑得一臉燦爛。

蘇珊妮很容易交到朋友。楚娣讓她參加幼女童軍，她愛死了童軍制服，天天要穿著它，她不懂為什麼制服要在聚會時才能穿。

蘇珊妮只做吸引她的事，其他像拔牙、功課之類的事，她就興趣缺缺。他們全家由撒羅尼卡搬到雅典後，她和史蒂芬在烏爾蘇拉（Ursuline）學校就讀。隔年的九月或十月，學校修女說蘇珊妮不會背九九乘法表，當晚傑克下班後和蘇珊妮談。他說：「你是個聰明的孩子，為什麼你不會乘法呢？」

她回答：「我想我的腦袋瓜在暑假時燒壞了。」

傑克問：「你說什麼？」蘇珊妮又解釋了一次。傑克告訴她：「沒關係，現在我們來玩個遊戲，乘法其實是很好玩的。」

「所以我開始考她，不斷給她練習。每次我看到她就考她，八乘以十是多少？九乘以六是多少？楚娣都快被我們惹火，但是蘇珊妮終於學會了乘法，她覺得這點子很有趣。你必須經常給她挑戰。」

蘇珊妮對課業興趣不大，但她和史蒂芬都很有語言天分。史蒂芬的母語是英文，他小時候住過敘利亞和黎巴嫩，所以也懂阿拉伯文和法文，他在大學又修了法文課，法文說得很流利。他們兩人在學校都修希臘文，老師說蘇珊妮發音與聲調都很標準，說得比史蒂芬還好。

他們離開希臘時，史蒂芬已經十三歲，蘇珊妮也十歲了。傑克很高興他們終於可以調回美國，他們在希臘的最後兩年，希臘政情不穩，與塞普勒斯爆發危機，好幾名美國人被殺。傑克很擔心他的家人會遭到意外，而他無法保護他們。

一九七六年，柯林斯一家人搬到威斯康辛州的麥迪遜（Madison），國務院為了訓練外交人員多了解地方運作，特別安排他們到州政府服務。傑克先被調到州長辦公室，繼而出任衛生暨社會服務部主任特別助理。觀念傳統的傑克和楚娣，起初還擔心自由的大學城會對他們心愛的孩子有不良的影響。

麥迪遜景色宜人，柯林斯夫婦和小孩很快就結交到許多好朋友。蘇珊妮到過當地麥當勞用餐後，認定在美國生活是不錯的，金髮碧眼的她很自然地融入這個由瑞典、德國後裔聚居的地方，她看起來就像當地農場的小孩。

但來自中東的史蒂芬就不一樣了，他的同學以為他是墨西哥人，百般欺負他。他到高中後才向父母透露這段不快的過去，傑克和楚娣對當時沒有適時幫忙而自責不已。不過也正因為飽受同學排擠，史蒂芬特別用功以證明自己的能力，自此他在學業上一直保持名列前茅的優異成績。史蒂芬身材矮壯結實，但他卻選擇加入橄欖球隊，隊上高頭大馬的白人隊友經常惡意推撞他，不過可能因為小時候在孤兒院待過，史蒂芬認為人生的一切要靠自己去努力爭取。

在史蒂芬十五歲、蘇珊妮十二歲那年，傑克被調回國務院總部服務，一家人就住在離華盛頓特區不遠的維吉尼亞州春田市（Springfield），這裡讓他們第一次真正有家的感覺，所以他們決定在此定居下來。

傑夫・傅利曼（Jeff Freeman）和史蒂芬是在升上十年級的暑假認識的，兩人很快結為好友。傑夫和蘇珊妮也熟，在他印象中，當年蘇珊妮像個漂亮的小男孩，老愛當哥哥的小跟班。他記得史蒂芬跟其他孩子一樣，有時候也會覺得這個跟屁蟲很煩，但他總是技巧性地讓蘇珊妮自在地跟大家玩在一起。

史蒂芬在羅伯・李高中（Robert E. Lee High School）就讀時，成績名列前矛；但在法蘭西斯・史考特中學（Francis Scott Key Intermediate）念書的蘇珊妮卻一塌糊塗。學校老師和輔導員一致認為傑克和楚娣對小孩管教過嚴，並建議他們應該對兩個孩子（特別是蘇珊妮）放鬆一點，但柯林斯夫婦認為蘇珊妮不認真念書，再不嚴格管教只會害了她。他們內心充滿疑惑，覺得無所適從，怎麼傳統紀律和價值觀在他們出國的這幾年間全消失了？

舉例來說，蘇珊妮認為其他同學都做的事，她也要做，像化妝、獨自逛街、在外面逗留到很晚等。但楚娣認為這根本不成理由，因此母女之間衝突不斷。楚娣堅持做她認為對孩子最好的事，不管孩子喜歡與否；蘇珊妮則不惜被處罰也要做她想做的事。

有次蘇珊妮堅持要去同學家過夜，該同學母親的男友也住在她家，這是傑克絕對不允許的。

雖然當時女學生到學校上課都濃妝豔抹，但楚娣就是不准女兒這樣做。現在自己經營建設裝潢公司的傑夫，在一九九四年傑克賣掉春田的房子前，還經常幫他們整修房子。有次他在地下室修理暖氣口時，發現角落有包東西，打開一看是粉盒、口紅、眼線筆等化妝品。傑夫把東西收好放回原處，然後打電話給史蒂芬。

史蒂芬打賭那是蘇珊妮藏的。觀念保守的楚娣不允許蘇珊妮穿牛仔褲去上學，但她會偷偷帶著牛仔褲出門，等上校車再換穿。

「事實上，」史蒂芬回憶起當年的那一段歲月：「蘇珊妮比我乖好幾倍，我一周有三、四個晚上跑出去喝酒。她只是沒有我懂得應付，我功課好，比較容易掩飾這些行為；她成績差，所以老被放在顯微鏡下觀察，爸媽擔心她所做的任何決定。我樣樣好，她則連最基本的規定都無法遵守，所以她會做出很愚蠢的事。」

傑克倒不像楚娣那麼擔憂蘇珊妮，他承認他經常不在家，所以管教孩子的責任全落在楚娣身上。和史蒂芬一樣，傑克也希望蘇珊妮如果想偷偷摸摸做些不規矩的事，至少也要懂得掩飾，不要讓他發現就好。

「其實也沒有什麼大不了的事，」傑克說：「可是為人父母者總希望一切盡善盡美，如果他們覺得有些事沒做好，就會努力去改善，這有點像是對意志的考驗。蘇珊妮經常抗議：『我長大了，可以獨立自主了。』這種對立衝突一再上演，她堅持這樣做，我們堅持不讓她做。」

蘇珊妮時常說：「我要成為命運的主宰者。我要做什麼我自己決定。」

楚娣則回答：「有些事情不是你能作主的。你還未成年，你要聽我們的話。」

蘇珊妮頂嘴說：「可是我知道什麼事對我好。」

「這個我們可以再討論，可是現在還是我們在當家作主。」

傑夫還記得蘇珊妮曾抱怨：「為什麼史蒂芬可以晚點回家，我卻不可以。」

楚娣說：「我們規定她必須幾點前回家，但她常常晚歸，也不打電話回來說一聲。等她回家來我們免不了又會吵一頓，我們就規定『下一次你必須早一小時回家』。她毫不在乎，還是我行我素，照樣出去，照樣晚歸。」

史蒂芬和傑夫記得蘇珊妮經常被爸媽禁足處罰。史蒂芬記得：「蘇珊妮總是被盯得死死的。他們規定她幾點前必須做完功課，還監督著她做。他們深愛她，所以希望一切的事都很完美。基本上我還是認為她的個性比我健康，我凡事要求百分之百完美，她對每件事就比較不在乎。」

不管有意或無意，蘇珊妮總是有辦法觸動父母的神經，好壞都有。楚娣喜歡買衣服給蘇珊妮穿，她對自己的品味很引以為傲，但偏偏蘇珊妮喜歡向朋友借衣服或跟朋友交換衣服穿，這讓楚娣很生氣。「我常常在洗衣服時問她：『這衣服哪來的？』她會回答這是某某人的。『我們不是討論過你不可以穿別人的衣服，也不可以把衣服借給別人的嗎？』我的話她全當耳邊風。『大家都這麼做嘛！』你知道我有多厭煩說這些話嗎？可是說破嘴都沒用，她還是我行我素。」

蘇珊妮很懂得發揮自己的魅力和親和力，她喜歡張開雙臂擁抱別人。「她會抱抱我，說：『媽咪，對不起。』『別來這套，如果你不聽話，抱抱老媽也沒用。』『真的沒用嗎？』當然，這一來我只得投降。」

蘇珊妮和父母之間最大的衝突是她的成績。依傑夫之見：「我們期望兩個孩子都能充分發揮他們的潛能。史蒂芬的成績都是 A，蘇珊妮卻老是拿 C。」

除了科學課，蘇珊妮對其他學科都沒有興趣，但是功課之外，蘇珊妮對學校活動倒是積極投入。她每年都當選學生代表，每一場舞會都有她的身影，她還在教會擔任義工，照顧智能障礙的孩童和年輕人。

楚娣還記得蘇珊妮曾經協助教會為智能障礙者舉辦一個活動：「有幾名智能障礙的年輕人大概

二十六歲左右，但醫生說他們的心智能力只有七歲。蘇珊妮告訴我：『我教他們跳舞，他們好快樂，效果很棒。不知道為什麼大家都怕他們，其實只要大家對他們和善一點點就好了。』

我對她說：『你很了不起。要是我，我恐怕就不敢這樣做。萬一他們會錯意怎麼辦？』

她告訴我：『媽媽，你儘管放心，這跟性沒有任何關係，完全不是那回事，他們只是需要有人去關心他們，對他們好一些。我很喜歡做這些事。』」

蘇珊妮也喜歡和老人家相處，她和外公、外婆之間有份特殊的情感。她喜歡給親朋好友提供意見，表達對他們的情感，好友也喜歡對她傾訴心事，課堂上她常被老師逮到和同學在傳紙條。老師將這些沒收的紙條交給她的父母，在紙條上加註：「這就是你們女兒在學校做的事。」

有位老師給蘇珊妮的評語是，如果學校只有課外活動，她一定每科都拿 A。

蘇珊妮的房間充分展現出她興趣廣泛的個性。在她那全家最大的房間裡，擺滿了洋娃娃和填充玩具玩偶。架子上放不下，她就堆到窗台上。傑克到世界各地去都會帶禮物回來給她。根據楚娣的觀察：「她好久不曾替她的玩偶找個適當的地方掛著或放著，她往往朝櫃子某角落一塞，門一關，誰也看不見它們了。」

漸漸地，蘇珊妮褪去小男孩般的淘氣模樣，出落成標致的美少女。她的哥哥驕傲地說：「她非常、非常美麗，是世界級的水準。」其他人都同意史蒂芬的看法。傑夫說：「她高一時，像花朵般盛開，這給她新的自信心。我覺得她可愛極了。」

她偶爾當模特兒，展現很好的時尚品味。這加強史蒂芬要保護妹妹的決心：「我必須知道她每次約會的傢伙，每次男孩來家接她時，我一定半開玩笑地打聽這傢伙的底細。很多男生對她有興趣，我得防著這些人，好好保護她。」史蒂芬對妹妹的保護確實讓那些男生有點顧忌，史蒂芬雖然不高但體格壯碩，他的雙頭肌練得像樹幹一樣結實。

跟史蒂芬一樣，蘇珊妮也有運動員的體型。她發育得很快，比實際年齡看起來成熟，不再是當年愛跟在老哥後頭的黃毛丫頭。在她還是國中生時，就已經發育得像高中生了。現在反而是史蒂芬的朋友催促他：「怎麼不帶你老妹來？」她變成深受歡迎的人物。雖然在很多方面蘇珊妮還讓父母親操心，但他們相信她對男孩的判斷力，她從來沒有做出讓他們擔憂的事，他們也知道史蒂芬會隨時保護她。

史蒂芬過完十六歲生日沒多久就考到駕照，並買了一輛二手的「龐蒂亞克」（Pontiac）。傑克夫婦希望這事能激勵蘇珊妮用功一點。

楚娣說：「每次蘇珊妮拿成績單回來時，我總會趁機說：『你得多多加油才能得到你想要的東西，你是不是應該好好想一想？』」

除了舉辦活動，蘇珊妮在學校最喜歡的是體育。她高中時是學校田徑隊跳欄選手，同時也是女子壘球隊外野手。她體格修長，是天生的運動好手。對一個一歲半之前睡覺還要戴腿型矯正器的孩子來說，能有這樣的運動成績誠屬難得。

貌美如蘇珊妮，當然是學校啦啦隊的最佳人選，可是蘇珊妮對啦啦隊一點興趣都沒有。

傑夫的看法是，蘇珊妮喜歡實際參與，不願只當個旁觀者。

他補充說明：「她很小就有自己的個性，比大多數小孩子有主張。她每件事都要親自嘗試。」有一次她和同學蹺課，不曉得到哪裡弄來一瓶甜酒，兩個小女生當下就把這瓶酒解決掉，而且還跑去壘球隊練習。

楚娣接到學校老師的電話，說蘇珊妮有點狀況，叫她趕緊到校接她回家。楚娣火速趕到學校，震驚地發現女兒居然喝得醉茫茫。

回到家後，蘇珊妮怯怯地問：「媽媽，你很生氣嗎？」

「我很失望。」楚娣很嚴肅地回答。

「你要處罰我嗎？」

「不會的，明天早上老天爺就會處罰你了！」

「什麼意思？」

「你會知道的。」

「隔天早上蘇珊妮難過極了，吐得天旋地轉，她整整宿醉了兩天。當我替她冰敷時，她說：『媽媽，你為什麼對我這麼好？』我聽了真心疼。等她好了後，她告訴我她一點都不喜歡喝醉的感覺。我很高興聽到她這麼說。」

柯林斯夫婦在春田的家是史蒂芬和蘇珊妮朋友圈的聚會所在。蘇珊妮善於籌辦活動，柯林斯夫婦也很歡和他們的同學相處，把他們當成熟的大人看待。經常同時有十幾位同學在他們家裡玩，甚至留在他們家過夜。到現在，史蒂芬和蘇珊妮的同學、朋友還常會拜訪柯林斯夫婦，有需要的話，也會在他們家裡過夜。

高中時，蘇珊妮告訴母親她很喜歡一名叫吉娜的同學，她很喜歡吉娜這個名字。楚娣告訴她這很巧，因為她原先的名字就叫吉娜。

蘇珊妮問：「你覺得我有可能找到我的親生母親嗎？」

楚娣回答：「根據現在的法律，應該可以查出你的生母的身分，如果你認為這很重要，我們會幫助你。」

「好的，我考慮一下。」她這麼回答。但她再也沒提起這件事。

他們也問過史蒂芬要不要尋找他的親生父母，史蒂芬的回答是：「有需要嗎？我跟著你們很快樂。」

蘇珊妮高二時，史蒂芬高中畢業，他離開家到夏洛茲維爾（Charlottesville）的維吉尼亞大學念美術系，成績優異。一年後他轉到里奇蒙（Richmond）的大學念商業藝術系。

傑克並不贊同史蒂芬的選擇，因為維吉尼亞大學是很好的學校，可是他還是尊重兒子的決定。史蒂芬在聖誕節假期去德州找朋友玩，假期結束後他居然不準備回學校念書，打算留下來找份石油業的工作。

傑克告訴史蒂芬：「你的決定是不對的，今後你要自食其力了，我們不會再負擔你的生活。」

蘇珊妮對父母棄摯愛的哥哥不顧而傷心不已。

「不是的，蘇珊妮，」傑克說：「我們不是不要他，假如他繼續念大學，我們會資助他，但是他現在的決定是錯誤的，我們不能再給他生活費或鼓勵他。」他們不知道蘇珊妮是否同意史蒂芬的舉動，儘管她自己和父母也時有不和，她還是無法接受哥哥與家庭逐漸疏遠的事實。

當時石油業的景氣正跌落谷底，在德州工作並不好找。史蒂芬已經感受到他朋友家給他的壓力，他們很擔心他要賴在這裡永遠不走。這段期間他交了個女朋友，便搬去跟她住在一起。他在超級市場找了份工作過活，並寫信給妹妹說他的金髮女友跟她一樣美麗。

有趣的是，史蒂芬住在德州朋友家，他的朋友卻到華盛頓特區念書，有段時間還住在史蒂芬家。史蒂芬終於決定回家拜訪，還帶著女友一起回去，蘇珊妮發現他女友長得跟她一點都不像。

而後史蒂芬又回去德州，找到一份蓋房子的工作，傑克夫婦還是對他袖手旁觀。「他終於打電話回來求救，」傑克敘述整個經過：「他出了車禍，跟女朋友分手，有人偷了他的皮夾跟駕照，他從工地上摔下來、眼鏡摔破，身上已經沒錢，差不多到了走投無路的地步。」

傑克工作走不開，楚娣一個人到德州去。「我從來沒有想過魔鬼什麼的，可是我一抵達德州，遍目所及，我不禁想著魔鬼就住在德州阿靈頓。看看這些離家出走的孩子們，他們只是活著而已。那些逃家的少女（對她們而言我就像母親）告訴我她們悲慘的故事：她們怎麼跟有婦之夫私奔，這些男人信誓旦旦要跟他們的老婆離婚。這些女孩居然相信這些謊言，真是悲哀。」

史蒂芬在一九八三年的聖誕節回到家，傑克告訴他不能馬上復學，必須先工作一年，以證明他真的有能力為自己的決定負責。他返回維吉尼亞大學後，功課依然出色，並在一九八七年以優秀的成績從經濟系畢業。

就傑夫的觀察：「那段時間蘇珊妮始終支持史蒂芬。當他跟父母關係跌至冰點時，他們兄妹感情愈加緊密。隨著年歲增長，史蒂芬愈來愈聽從蘇珊妮的意見，很難想像史蒂芬是多麼深愛著蘇珊妮。」

蘇珊妮不像哥哥可在學業上多做選擇，她雖然聰明伶俐，無奈高中成績差，別提知名的維吉尼亞大學，稍具學術水準的學院她都進不了。她早就擺明不念社區大學，也不願「隨隨便便」找事做，她希望能離開家。

最後蘇珊妮的決定嚇壞了每個人：她要加入海軍陸戰隊。各軍種都曾到蘇珊妮的高中進行招募，不過在蘇珊妮高三那年的三月，有天她放學回家告訴父母她想加入陸戰隊。在這之前，傑克實在不記得女兒提過要從軍這件事。

傑克想弄清楚這到底怎麼一回事，所以他問：「嗯，藍鈴噹！我實在很好奇，你知道老爸很自豪當過海軍，也聽了不少我在軍艦上的故事，我真的想不出你為什麼不想進海軍，卻選擇陸戰隊？」

蘇珊妮定定地直視父親，回答說：「爹地，因為陸戰隊是最好的。」

「我還能再說什麼呢？」傑克回憶：「所以我告訴她，你也是最好的，你的決定不錯。」

和雙親一樣，史蒂芬對妹妹的決定大吃一驚：「我希望她能上大學，從來沒想過她不繼續念書。但是我沒有質問過她的決定。我記得當時我非常、非常地以她的選擇為榮。」

傑夫則說：「我嚇了一大跳，女性加入陸戰隊是很要有膽識的。她說她要接受挑戰，我毫不懷疑她一定可以做得很出色。」

其實，傑克內心深處經歷一番天人交戰：「我問楚娣讓她去好嗎？我們是不是應該說服她打消這個念頭？然後我告訴自己應該對這件事的利弊做深入分析：以她的成績進不了好的大學，如果不讓她加入陸戰隊，她肯定也不願繼續住在家裡，早晚會搬出去跟朋友一起租房子，到時我們鐵定會一天到晚擔心她的行蹤，像車停哪裡，會不會很暗，是不是落單？至少她在陸戰隊會很安全，他們會隨時幫我盯著她、看著她。」

蘇珊妮加入陸戰隊是成定局了，但傑克還是跟全天下的父親一樣為女兒操心。蘇珊妮有天展示了她畢業舞會要穿的禮服，那是件火紅色的緊身迷你小禮服，將她玲瓏有致的身材展露無遺。傑克看看女兒，不禁問：「你確定你沒有少穿什麼嗎？」

「我是絕不會買這樣的衣服給她的。每次我提出類似的意見，她總是會頂嘴：『爹地，你打算不要鬍子了嗎？』然後我們就相視大笑不止。」

蘇珊妮於一九八四年六月四日從高中畢業，六月二十七日進入海軍陸戰隊，到南卡羅萊納州派理斯島（Parris Island）的新兵訓練營接受基本訓練。

在空軍或其他軍種待過的人，都知道陸戰隊的訓練是最嚴格的。陸戰隊會把每名新兵徹底揉碎，再塑造成他們想要的理想模型。蘇珊妮通過基本訓練，在心智及體能水準都達到要求。她削短了金髮，整天穿著軍服出操。在家討厭任何規定的她，如今甘之如飴地接受軍隊的訓練。新兵輔導員似乎特別愛跟蘇珊妮過不去，大概嫉妒她人漂亮，又來自有教養的中上階級家庭，蘇珊妮把長官的找碴當成挑戰的一部分。八周的基本訓練，不少女兵都撐不過去，幾乎精神崩潰，但蘇珊妮知道她需要這樣的訓練，也愛上軍隊生活帶給她的方向感。

她在家書中詳細描述新兵中心魔鬼訓練時的種種磨練，語氣中沒有絲毫懷疑或保留。傑克和楚娣到派理斯島參加蘇珊妮的新兵結訓典禮，對女兒的表現感到無比驕傲。她帶父親參觀攀繩垂降的訓練，說：「爹地，我上去了！酷不酷？我做到了！」蘇珊妮以前在家時，房間老是亂得一塌糊塗，現在她驕傲地向母親展現折疊得像豆腐干的棉被，緊密紮實得連想塞進硬幣都會彈出去。

開訓時，中心發給每名新兵制服和帽子，結訓時再發給他們象徵陸戰隊精神的徽章，讓他們別在帽子上。蘇珊妮拍了張從老跟她過不去的輔導員手中接過徽章的照片，照片中她笑得燦爛無比，似乎在說：「你說我做不到，我偏偏做到了。」這大概是她一生中最驕傲的一刻。

結訓後，蘇珊妮被分發到北卡的切里基地（Cherry Point），報到前，她先休假回家一趟。她的雙親察覺她簡直脫胎換骨變了個人似的，史蒂芬也注意到她的確不同於往昔，她現在自信十足。他說：「她回來後，展現的態度是：『嘿，這是我的人生，我現在獨立自主了。你可以給我意見，但是決定權在我手上。』」

她考上駕照，然後給自己買了一輛二手的龐蒂亞克火鳥（Pontiac Firebird），雖然這車看起來隨時要解體似的，但她現在可以隨時去她要去的地方。

史蒂芬開車送她到新基地報到，一路上他們聊了很多。報到後，她被派到第二航空組做為期五周的在職訓練，之後接受航空技士訓練。這時她很認真地考慮再進修，她的目標是成為陸戰隊第一批女性飛行官。航空技士訓練正是實現她目標的第一步。她希望申請到海軍學院（Naval Academy），並著手向師長徵詢意見及推薦信。她深信軍中優秀的表現可以彌補她差勁的高中成績，她要用實力證明她已經成熟並且有充分的領導能力，可以達到海軍陸戰隊的要求。

一九八四年十月二十日，上等兵蘇珊妮・瑪莉・柯林斯在田納西州米靈頓的孟菲斯基地展開航空訓練。蘇珊妮在新兵訓練時的體能和堅強毅力令她雙親驕傲，她在新基地也同樣沒有讓他們失望，在纜線圖、電路學和飛行理論等學科表現優異。傑克說：「如果她在高中念這些學科，她鐵定被當掉。」

在米靈頓很難不注意到蘇珊妮這位身材高挑、體格健美的金髮美女。有位陸戰隊員詹姆斯・布魯納（James Brunner）寫下這些文字：「她的舉止總是那麼優雅美麗。我記得有一次她到購物中心，大家都紛紛轉頭看她，太太推推身邊的先生指著她看，男人目不轉睛地注視她。我第一次看到她時，還不小心撞到柱子。」

一九八五年三月，蘇珊妮認識了後來她最要好的朋友：蘇珊・韓德（Susan Hand），後者是在三月十一日到基地報到的。這一對好友有諸多相似點：她們名字很接近，不約而同開同款的車子，都是高挑的金髮美女，有些兩人的合照，連楚娣都分辨不出她們。

她們雖沒有一起在新兵中心受訓，但兩人的家庭背景類似，使她們的氣質與其他隊員顯得非常不同。「大部分的陸戰隊員不是來自南方清貧的家庭，就是來自軍人家庭。」蘇珊解釋：「我們兩人在加入陸戰隊之前對軍隊生活其實沒有什麼認識，所以大家都認定我們是神經質的大小姐，自傲驕縱，其實我們不是這樣的人。」

蘇珊比蘇珊妮大一歲又一個月，她來自伊利諾州，是家中五個小孩的老大。她在北伊利諾大學念了兩年，後來她的父母無法繼續負擔她的學費，所以她轉到公費的陸戰隊。「對我們兩人來說，加入陸戰隊是讓我們離開家，學習獨立自主的最好選擇。」

和蘇珊妮的想法一樣，蘇珊也認定陸戰隊是最好的地方，她在米靈頓念的是航空控制，她的寢室就在蘇珊妮營房的樓下。

米靈頓的生活只比斯巴達式的新兵基地訓練營稍稍好過些。每個寢室有兩到四人，睡的是鋼架床，地板每天都要上蠟擦亮。蘇珊妮在她的寢室貼滿了脫衣舞男的海報。

沒多久，蘇珊妮和蘇珊就成為基地無人不知、無人不曉的人物。「大家都認識我們，」蘇珊說：「我們總是別人注目的焦點。我們穿著比基尼到游泳池游泳時，每個人都盯著我們瞧，可是我們一點都不在意。」兩個女孩身高都是一百七十公分，體重是五十三點五公斤，體型同樣修長。蘇珊妮眼睛藍中帶綠，蘇珊的眼睛則是咖啡中帶綠；蘇珊妮的髮色比蘇珊淡一些。兩人經常交換衣服穿，蘇珊妮對此特別開心。

「蘇珊妮的心胸開放，和氣友善，而且幽默有趣。我猜其他的女兵一定很嫉妒我們。」根據蘇珊的觀察：「我們兩人都是金髮，身材也高挑，無論在智力、口才、外型上，我們都比軍隊女兵，特別是米靈頓其他女性來得出色。男孩喜歡我們，我們的長官也一樣，我知道這給蘇珊妮帶來一些麻煩。」

有位士官長，還有位准尉特別看蘇珊妮不順眼，她們可能嫉妒她的美貌、她對男性的吸引力以及能輕易得長官的關愛。

「她們兩人對我們壞透了，經常叫我們到辦公室訓話。蘇珊妮的獨立和愛好自由的個性常惹她們生氣，有時候沒有在規定時間內回營，她們就一天到晚盯著她。蘇珊妮著實考驗著她們的耐心，我比較懂得在制度框框內取巧，例如她任規定我們不能做某件事，我會向隊長報告，想辦法讓他改變這規定，這一來她們更火大。」

蘇珊妮到米靈頓沒多久就和當地軍校學生約會，這也為她惹來麻煩。蘇珊說，當時和她們約會的都是軍校學生（她後來嫁給一位陸軍步兵中尉）。在所有軍方單位中，陸戰隊最討厭他們的人員和軍官約會。「我想其他女孩對我們既羨慕又嫉妒，這情況讓我想起了高中生活。」

「我們經常跟人約會，但我們很純潔。蘇珊妮是個純真又活潑外向的女孩。」

這段期間，蘇珊妮從上等兵晉升為代理下士。

經由蘇珊妮的朋友蘇．德瑞克（Sue Drake）的介紹，蘇珊和蘇珊妮分別認識了她們的男友：克利斯．克拉森（Chris Clarkson）和葛瑞格．「龔索」．龔索斯基（Greg "Gonzo" Gonzowski）。他們兩人都是陸戰隊航空管制人員，以前在密西根一起打過曲棍球隊，現在又一起擔任足球隊隊長。這兩對情侶感情發展迅速，做什麼事都在一起。基地男孩公認只有蘇珊妮和蘇珊有資格跟他們一起踢足球。

蘇珊說：「我從來沒有看過蘇珊妮心情不好，她是真正的好朋友，關心別人，個性風趣，膽子又很大；而我相較之下顯得安靜、拘謹得多。我真希望我能像她那麼大膽、率性，不過真正的大膽王是蘇珊妮的室友佩蒂・庫恩（Patti Coon），蘇珊妮的高中生活被管得死死的，所以她很想學學佩蒂。」除了蘇珊，佩蒂大概是蘇珊妮最要好的朋友。她不執勤的時間，不是跟蘇珊就是跟佩蒂膩在一起。

「她喜歡出去跳舞，」蘇珊繼續說：「她喜歡熱鬧的音樂，她舞跳得很好。我們常去孟菲斯的俱樂部跳舞，或到郊區的德國城，嘗試許多以前沒吃過的食物。」

詹姆斯・布魯納和蘇珊妮同在米靈頓基地，他記得：「她是名優秀的陸戰隊員，當她穿上便服不執勤時，她是那樣迷人，讓人忍不住喜歡上她。她很風趣可愛，我心情不好時，跟她談個十分鐘的話，就會開懷大笑。她可以很淑女，又像哥兒們，即使喝了威士忌，照樣優雅地跟我跳舞，直到我投降。」

高挑的蘇珊妮和蘇珊都很注重自己的身材。「我們不喜歡在基地用餐，因為大家盯著我倆，所以我們常跟男友出去吃飯。最喜歡去的地方是溫蒂漢堡店的沙拉吧，我們故意餓上一整天，然後去那裡大吃特吃。」

她們控制體重和維持身材最主要的方法就是運動，她們常常一起去慢跑，蘇珊習慣一次跑十一、十二公里，蘇珊妮會再多跑上三、五公里。她們的基地被公路切為兩半，蘇珊妮喜歡沿著基地北邊的高爾夫球場慢跑，想要跑長距離時就會找男隊員一起去。蘇珊妮對跑步的興趣愈來愈高，她每天都要找時間出去運動一下。她也喜歡到健身房運動，享受男隊員的注目禮，展示她運動的天賦。

蘇珊妮在米靈頓的成就之一是獲選優等生。根據一位軍官的說法：「只有企圖心最旺盛的學生才有資格當選優等生，還要經過隊上長官的推薦，學科成績要超過百分之八十五的頂標。優等生可以佩戴彩帶，參與孟菲斯的慈善活動以及其他工作。」

上面這段簡介漏掉了一件最重要的事，在蘇珊妮獲選前，所有優等生都是男隊員。

蘇珊妮不相信女性不能當選優等生，她有一股強烈的慾望想證明女人也做得到。她深入研究陸戰隊的法令，特別是有關戰鬥和射擊的「人力」（manpower）要素。她說服有關當局此處的「人力」是個一般性的名詞，並非特別指「男人之力」。既然女性可以加入陸戰隊，即便總數只占百分之五，她們也跟男性一樣，都是陸戰隊的一部分。

就像傑奇・羅賓遜（Jackie Robinson）加入道奇隊是一回事，讓隊友接受他又是另外一回事。蘇珊妮當選優等生後的最初幾周，男隊友全不給她好臉色看，他們認定她是靠美色當上優等生。蘇珊妮努力地證明她是靠實力贏得這項殊榮，她的努力最終獲得男隊友的肯定。

米靈頓榮譽隊隊員理查・泰里（Richard Tirrell）指出：「我必須坦承蘇珊妮進入榮譽隊之後，我很納悶她為什麼願意忍受其他人對她無情的奚落和騷擾。等我深入認識她後，我了解她心中自有一套堅定的原則和道德標準，讓她克服種種外在橫逆，朝著目標勇往直前。坦白說，她激發了我的潛力。她充沛的精力、對生命的熱愛，以及幽默的個性使她同時散發出天真又世故這兩種相互矛盾的魅力，這種矛盾的混合激勵出更有效率、更奮發的工作態度。」

蘇珊妮的表現令隊友大為讚賞，他們主動把她的名字加入體能訓練時喊的口令，這些口令大半歌頌的是榮譽獎牌得主或是表現特優的陸戰隊員。

蘇珊妮一位隊友這樣寫著：「陸戰隊體能訓練時喊的口令包括丹・戴利（Dan Daley）和其他優等生，現在他們增加了幾句有關柯林斯下士的詞語。我們榮譽隊每天都要做體能訓練，所以我每天都要聽好幾次這口令，每一次它都讓我覺得加入美國海軍陸戰隊是件很榮耀的事。如果她以前名氣還不夠大，現在可不同了。」

蘇珊妮為榮譽隊奮鬥之際，好友蘇珊也為自己贏得了榮耀，她以基地歷史上拉鋸最大的票數當選「海軍賑濟皇后」（Navy Relief Queen）。這是海軍為現役軍官及其眷屬舉辦的年度慈善盛會，每個人投一票並以該候選人的名字捐出一元。當時是一九八五年，陸戰隊已經有二十六年沒有拿到此項頭銜了，諾威（Nowag）上尉決心一雪前恥，所以派出蘇珊角逐。

在二十萬選票中，蘇珊拿了十二萬五千票。她獲得的獎品包括一個高達一點二公尺的獎盃、一條金鍊和價值兩百美元的服裝。蘇珊妮對蘇珊的封后興奮無比，並準備在畢業典禮前兩天去參加蘇珊的頒獎典禮。

隨著畢業典禮的日子一天天來臨，地平線上唯一的烏雲是蘇珊妮已經被分發回切里基地服勤，而蘇珊則被派到加州基地擔任航空管制員。蘇珊妮的男友葛瑞格・龔索斯基也被調派到加州，他深愛著蘇珊妮，希望能跟她早日結婚。蘇珊妮也愛葛瑞格，但蘇珊說蘇珊妮不打算這麼早就定下來。

這對好友知道她們會保持親密的關係，並憧憬著有一天可以一起撫養子女成人。她們希望至少短期內可以再在一起，最理想的方式就是讓蘇珊妮請調加州。她們準備到新職報到後就盡快提出申請。畢業後，蘇珊認為她可以請調到海軍成為飛行員，蘇珊妮也深信海軍陸戰隊到時一定會允許女隊員當飛行官。

七月十日，蘇珊的母親和四歲大的妹妹從伊利諾州趕來參加她的畢業典禮。隔天晚上，蘇珊妮和蘇珊一家人約好要去蘇珊母親友人位於孟菲斯德國城的家中吃飯，但在出發前，蘇珊妮突然接到值班的命令。蘇珊妮告訴蘇珊不必等她了，兩人約好明天在草坪附近會面，一起去參加畢業典禮。蘇珊對蘇珊妮臨時被叫去值班很不高興，她認為這是向來嫉妒她的士官長故意整她。

執勤時，蘇珊妮要坐在營區前一張類似學校書桌的桌子前，檢查進出的人。每個整點她得在營區四處巡邏，執勤的工作實在單調乏味，蘇珊妮覺得可能因為自己表現得太傑出才得到這種處罰。蘇珊說蘇珊妮常被叫去執勤，這樣她就無法參加優等生的活動。

蘇珊妮傍晚在基地沒有什麼事可做，唯一能做的就是出去跑步，她已經忙了一天打包行李，準備隔天的畢業典禮，此時她感到心浮氣躁，腳底開始癢了，她需要好好運動一下。十點過後，她到房間，遇見室友佩蒂和維多莉亞，她還和維多莉亞為輪到誰打掃房間起了小爭執，結果蘇珊妮答應明天畢業典禮前會打掃房間。她脫下制服，換了件陸戰隊的紅色T恤，紅色運動短褲，白色運動襪，穿上耐吉跑鞋，額頭上綁了條白色手帕，腰上繫上運動護腰帶，先做了暖身運動。她告訴值班的珍妮·庫柏（Janet Cooper），她可能要跑上半個小時。蘇珊妮一面做熱身操，一面跟珍妮聊了十分鐘左右，珍妮覺得她的心情很愉快。

當蘇珊妮在晚上獨自出發去跑步時，我們能看見這名女孩擁有許多值得快樂的事。她青春貌美、健康，才十九歲就已通過美國軍方對女性最嚴苛的考驗。她正準備申請到海軍學院深造，希望成為第一批陸戰隊的女飛行員。父母以她為榮，兄長崇拜她，她有位關心她的摯友，有位論及婚嫁的男友，她認真地工作，盡興地遊玩，面前有無限的未來正等著她。

Chapter 08

一名海軍陸戰隊員之死

一九八五年七月十二日周五早上，蘇珊來到基地的公園，準備和蘇珊妮會合後，一起去參加畢業典禮，但蘇珊妮卻未依約而來。蘇珊很擔憂好友是不是病了，所以典禮一結束她便火速趕到蘇珊妮的營房去找她。

「有好幾個人看到我時表情怪怪的，但沒有人跟我說什麼。」

沒多久，諾瓦上校的助理通知蘇珊到上校辦公室。那時是豔陽高照的午後，蘇珊還穿著軍禮服，她納悶著為什麼諾瓦上校要見她，她想不出自己哪裡做錯事。不過諾瓦上校一向喜歡她，他們關係不錯，也許他只是想親自跟她道別。

她神情愉快地來到上校辦公室：「嗨！有什麼事嗎？」

「你最好坐下來。」上校開口。蘇珊遵命坐下後，上校問她：「你常常和蘇珊妮．柯林斯在一起吧。」

「是呀！」

上校走到她身旁，雙手放在她肩膀上：「我不曉得該怎麼開口告訴你這件事，你的好友蘇珊妮被人發現在米靈頓遇害。」

「不！」蘇珊輕聲地哽咽著。「不可能的，」這次她語氣強了些：「你確定是她嗎？」

諾瓦上校很沉重地點頭。

蘇珊從來沒有經歷過親人死亡。她祖母去世了，但她和祖母一年只見上兩次面。「蘇珊妮怎麼可能出事？」蘇珊這時已經淚流滿面：「她才剛滿十九歲呀！」

諾瓦上校拉了把椅子坐在她旁邊，雙手攬著她。

七月十二日周五下午，一輛軍車在柯林斯家門口停下，史蒂芬當時一個人在家。已經從外交界退休的傑克那天在紐約幫忙妹夫艾德．威克（Ed Wicks）處理專利申請事宜，而楚娣帶著當時和他們住在一起的雙親去拜訪老友。史蒂芬的腳在國慶日受了點傷，因此待在家休養。

他剛沖完澡出來就看到軍車停在家門口，他直覺反應是妹妹蘇珊妮回來了。她預定今天或明天到家的，他想以他妹妹的神通廣大和魅力一定找得到人送她回來。

這時門鈴響了，史蒂芬打開門，來的是兩名軍人，其中一人是軍中牧師。

其中一人開口說：「柯林斯先生，我們有個壞消息要告訴你，蘇珊妮不幸遇害了。」

史蒂芬一下子腦筋轉不過來，不知道該如何應付這晴天霹靂。他們的鄰居，退休的陸戰隊上校保羅．紐頓（Paul Newton）記得當時史蒂芬拿著他的拐杖對著樹叢一陣猛打，大聲叫著：「不！不！」保羅很以蘇珊妮為傲，他答應她等她正式受階，就要把他的軍刀送給她。

史芬蒂回過神來第一個念頭是：「糟糕，母親就快回來了。」

說著說著，他就看到楚娣開車載著兩位老人家進車道了。楚娣看到軍車時也以為是蘇珊妮回來了。史蒂芬立即跑到車道迎接母親：「媽媽，我有話跟您說。」

「在這裡嗎？」她很不解。

「不是，先讓外公、外婆待在車裡，我們進屋裡說。」

「要我把車停在坡道上？」楚娣問：「外公、外婆留在車上？」

「是的，我要您現在進屋來，請您進來。」

她進門後，史蒂芬介紹兩位軍官給她。一位軍官說：「柯林斯太太，請您坐下來。」等她坐下後，他才說：「您的女兒被人殺死了。」

楚娣先到車道旁，將她的父母帶進屋裡，但沒有告訴他們這項噩耗。接著她把兩位軍官帶到後院，不讓她的父母聽到他們的談話。

到了後院，她的反應一如蘇珊，她問兩位軍官：「你們弄錯了吧！」

「很抱歉，恐怕這是事實，我們會告訴您詳情，目前我們所知道的是您的女兒昨晚出去慢跑時，有人從背後捉住她，硬把她帶出基地，攻擊她然後加以殺害。」

楚娣那時告訴自己：「如果我不把這些話寫下來，我會記不得他們說些什麼。」

他們四個人談了一會兒。楚娣記得那位軍官非常善解人意，一再問：「我能幫您做什麼事嗎？需要由我來告訴您的父母這個不幸的消息嗎？」

楚娣說由她跟老人家說會比較好。

軍官回答：「我可以陪您一起進去嗎？我可以陪著您和您的家人嗎？」

楚娣說：「你能陪著我進去也許比較好。」

「爸、媽就坐在那裡愣住了，他們似乎無法理解我說的話。」楚娣回憶：「然後我們想到要馬上聯絡在紐約的傑克。」

他們找到了傑克，把他從會議中叫出來。楚娣在電話裡告訴他：「發生一件很壞、很可怕的事，蘇珊妮被人殺害了。」

傑克頹然坐下：「你說什麼？這怎麼可能？我聽不懂你的意思。」傑克當時心裡只惦記著要趕快回家。

傑克告訴開會的人這個壞消息，其中有兩位老友是猶太人。傑克說：「在基督教堂裡，我們會為死者的靈魂禱告，我不清楚你們的宗教，但如果你們能為蘇珊妮以及我的家人祈禱，我會非常感激。」傑克說大家聽到這個不幸消息都震驚無比。

傑克的妹夫陪著他趕回華盛頓特區。大約六點半，楚娣和史蒂芬在機場接他，三個人緊緊地擁抱在一起。

回到家後，傑克刻不容緩地打電話到田納西州了解詳情。警方已經拘禁了一名嫌犯，他的太太就在海軍基地工作。蘇珊妮是在基地外米靈頓的公園遇害的，所以這件事的管轄牽涉到海軍調查處、米靈頓警方和謝爾比郡警長辦公室。傑克連蘇珊妮的遺體現在在哪個單位都不知道。

史蒂芬聽到蘇珊妮遇害的情形，他的反應是：「兇手絕對不只一個人。她的力道不小，我跟她玩角力時，幾乎輸給她。」

傑克說：「到底詳情如何，我們明天就會知道了。」

這個時候，蘇珊妮冰冷的遺體正躺在謝爾比郡法醫的辦公室。詹姆士・史賓賽・貝爾（James Spencer Bell）法醫完成的解剖報告指出：死因是鈍物重擊頭顱造成的多處傷口，壓迫頸部，約七十八公分長、直徑三點八公分的尖銳樹枝插進她的下體達五十二公分深，穿過會陰部直刺左胸，致使腹腔和胸腔臟器大量出血。

清晨六點左右，謝爾比郡警方發現蘇珊妮未著寸縷，頭部朝右地俯臥在草地上，已經氣絕身亡。她陳屍的地點是海軍基地東方，位於米靈頓的愛德蒙．歐吉爾公園，離馬路四十五公尺的地方。她的兩腿之間被兇手塞進樹枝，身體還有多處傷口，臉已經被打得面目全非，難以辨識。她的運動T恤、短褲、襪子、內衣和運動腰帶零落地散落在屍體四周，形成一幅紅、白、藍的景象。

大約一個小時前，蘇珊妮的室友佩蒂．庫恩發現她的床鋪沒有人睡過，她很擔心，立即通知警衛。早晨點名時還是沒看到蘇珊妮的人影，她失蹤的消息立即被通報上基地安全室、米靈頓警方和郡警。

整起事件的始末很快就一點一滴拼湊了出來：

大約晚上十一點左右，陸戰隊一等兵麥克．霍華德（Michael Howard）和馬克．蕭特韋爾（Mark Shotwell）一起出去跑步，他們沿著基地附近的阿圖路（Attu Road）朝北慢跑，經過水牛圍欄，他們看到一個很像描述中的女子迎面跑過來，就快碰到他們時，該女子穿越馬路到另一邊繼續跑，沒多久她就超越他們。他們注意到前面路邊停了一輛車燈亮著的車子，霍華德記得那很像是一輛七〇年代的深色福特廂型車，木板鑲邊，消音器聲音很大。突然這輛車開動，掉轉過車頭到路的另一邊，朝南駛去，和很像蘇珊妮的女子跑的方向相同。

車子開過去沒多久，霍華德和他的同伴聽到一聲慘叫，聲音來自他們後方約兩百七十五公尺。他們兩人立即回頭往聲音的方向跑去，他們跑了大約九十公尺左右，叫聲停止了，福特廂型車又回到阿圖路往海軍基地的方向行駛。就在這時候對方車道有車輛過來，由於車燈的照射，霍華德兩人沒看到究竟發生了什麼事。

他們繼續追著福特廂型車，但很快就追丟了，他們跑到基地北邊二號門，向守衛大衛・達文波特（David Davenport）報案，後者隨即向基地安全門報告這起疑似綁架的案件，並補充說明他看到這部福特車從大門開出去。駕駛是位男性，他載了位女性，他的手就放在該女性的肩膀上。他看不清楚車牌號碼，但看到了車子掛著肯塔基州的車牌。基地安全部門派人過去查看，第二分隊的安全主管理察・羅傑（Richard Rogers）通報米靈頓警方和謝爾比郡警長辦公室，隨後他親自開車出去搜尋該部可疑的車子。

羅傑開車在路上搜尋時，接到電話報案說在基地附近的學校傳來打鬥聲。接近半夜，羅傑看到一部符合達文波特形容的車子朝南方開過去。

羅傑將該車攔截下來進行盤查，該車駕駛是塞德利・艾萊，年紀二十九歲，白人，身高一百九十三公分，體重約一百公斤。他是一家空調公司的工人，他和在海軍擔任職員的太太就住在海軍基地。羅傑將塞德利・艾萊帶回基地訊問，他的太太琳・艾萊也被找來。由於琳・艾萊滿符合疑似被綁架女子的描述，所以海軍以為這是件家庭糾紛，便讓艾萊夫婦回去了。

當時，報案的霍華德和蕭特韋爾正在另一房間做筆錄，當塞德利・艾萊開車離去時，兩人一聽見該車消音器的聲音，馬上認出這就是他們所見到的車子。

五點左右，海軍安全室接到下士金伯利・楊格（Kimberly Young）的電話，報告佩蒂報案說蘇珊妮出去慢跑卻徹夜未歸。楊格描述蘇珊妮的外型，並帶來她的照片。這時偵查行動加緊進行，沒多久蘇珊妮的屍體就被發現了。

七點左右，理察・羅傑派兩名士兵去逮捕塞德利・艾萊，同時通知海軍基地指揮官施波佛（Barry Spofford）上校和蘇珊妮的長官克拉博（Robert Clapp）上校。蘇珊妮小隊的桃樂絲・卡明斯（Dorothy Cummings）被找來指認屍體，她確認是蘇珊妮無誤。

由於蘇珊妮遭綁架案發生在聯邦轄區，所以海軍通知聯邦調查局孟菲斯調查站，特別探員傑克・山普森（Jack Sampson）和安娜・諾斯卡特（Anna Northcutt）奉命到現場協助調查。

在犯罪現場，警方發現蘇珊妮的頭部倒臥在血泊中，她的兩邊肩胛骨有大片瘀傷，從肩膀到腰部傷痕累累。要經過解剖才能知道又粗又硬的樹枝到底插進她的身體有多深，從現場看，露在體外的大約有二十公分左右。警方將屍體轉過來發現她的左眼瘀傷、浮腫並緊閉著；她的左胸有遭到毆打、咬傷的痕跡。驗屍報告整整有二十一頁之多。

在離陳屍地點不到半公里的地方，警方找到一把螺絲起子，符合塞德利・艾萊的那一把，他平日都用螺絲起子來啟動他那部已經無法用鑰匙開動的車子。海軍調查部檢查他的車子後，發現裡外都有血跡。

在海軍安全室辦公室裡，塞德利・艾萊起初否認涉案，並要求見律師。而後他改變主意，表示願意和盤托出。他的說詞是這樣的：他當晚出去喝酒，看到一位漂亮的金髮女隊員，就過去搭訕，結果不小心開車撞倒了她，於是他把她帶到車上，準備載她到醫院就醫，但是她在路上醒了過來，開始反抗他。車子開到愛德蒙・歐吉爾公園時，他一時驚慌便動手打她，要她安靜下來。他不曉得自己手上握著螺絲起子，他猜想大概是這樣打死她的，這一切完全是意外。這時候他更加驚慌，所以故意將現場布置成強暴案件，脫下她的衣服，把樹枝折斷塞進她下體。

法醫檢驗蘇珊妮屍體，卻找不到被螺絲起子打傷或車子撞傷的痕跡。有三名年輕人作證說他們當晚雖然沒有看見蘇珊妮或塞德利．艾萊，但他們聽見了疑似「死亡的慘叫聲」。證人所說的時間與蘇珊妮可能的死亡時間相符。

警方也訊問了琳．艾萊。她當晚和女友出去，回家時並沒有看見她先生，後來她就被帶到海軍安全室辦公室。隔天早上，她在車子內發現了青草，她還以為是家裡兩隻狗跑到車裡玩耍留下的。她透露她先生的前妻在五年前被發現意外溺死在肯塔基州自家的浴缸裡。

之後警方的調查顯示塞德利．艾萊的前妻死因可疑，事情發生在一九八〇年二月二十八日，而三天前他的前妻黛博拉（Debra）才訴請離婚，理由是塞德利．艾萊性慾倒錯。二十一歲的黛博拉全身赤裸被發現溺死在浴缸，身上有多處挫傷，脖子有勒痕。根據塞德利．艾萊的說法，他的前妻當晚和男人出去喝酒，回家時已經醉了，她想進去洗澡，結果溺死了。她死亡數個小時後才被警方及救護車人員發現，法醫勘驗屍體後指出她是被自己的嘔吐物窒息而死，在她喉嚨還發現卡著炸薯條。塞德利．艾萊對前後兩任妻子都有暴力相向的前科。他和前妻所生的四歲女兒曾目睹父親多次毆打母親。

還有其他細節使塞德利．艾萊涉案的嫌疑重大。周五晚上有位軍官住家的冷氣維修工具被偷，塞德利．艾萊被攔下盤查時，警察在他車上搜出這些被偷的東西。

塞德利．艾萊被控一級謀殺海軍陸戰隊上等兵蘇珊妮．瑪莉．柯林斯。當晚警方、聯邦調查局探員和美國助理檢察官勞倫斯．勞倫吉（Lawrence Laurenzi）會商，勞倫斯向他們保證，如果根據田納西州的法律無法判塞德利．艾萊有罪，他將引用聯邦綁架罪起訴兇手。他們其實根本不必擔心這個問題，當他陳述案情並呈上證據時，謝爾比郡地方助理檢察官亨利．漢克．威廉就決定要求死刑，他拒絕了兇嫌的認罪減刑協議。

當天下午在孟菲斯海軍基地，航空支援九〇二中隊的畢業典禮現場空蕩蕩，基地降下半旗，大家期盼已久的畢業典禮已經失去原先預期的歡笑。

史蒂芬打電話告訴在北卡大學的傑夫．傅利曼這個噩耗，傑夫無法置信。不幸的巧合，他室友最好朋友的哥哥剛在車禍中喪生，他先趕過去幫忙，然後再趕到史蒂芬家幫忙準備蘇珊妮的喪禮。

傑克和楚娣在難以承受的哀慟和急欲了解慘劇真相的心情下，替蘇珊妮籌辦喪禮以及下葬事宜。警方告訴他們暫時還不能把蘇珊妮的遺體還給他們。

傑克是虔誠的天主教徒，他們原先希望將蘇珊妮安葬在教會的墓園，陸戰隊和海軍也提供了幾個安葬蘇珊妮的地方。由於蘇珊妮是在執勤中喪生，依規定她可以安葬在阿靈頓軍人國家公墓。史蒂芬堅持讓妹妹安葬在阿靈頓公墓，作為軍人這是最光榮的安息之地。

「我選擇阿靈頓公墓因為這是蘇珊妮所應得的最後榮耀，因為她是最好的。」史蒂芬解釋。

同時，蘇珊載她的母親和妹妹回到伊利諾州。

「開車回去的路上我忍不住一直哭泣，」蘇珊說：「我母親安慰我，但是沒有用。不知不覺我的車速達到了一百三十公里，被開了張罰單。我當時根本不知道自己在做什麼，蘇珊妮的身影一直出現在我的腦海。」

蘇珊妮的男友葛瑞格也悲不可抑，「他真的很愛她。」蘇珊說。她一回到家就打電話給他，商量好兩人請假一起去參加蘇珊妮的喪禮。蘇珊希望能被指派護送蘇珊妮的遺體到華盛頓特區，結果是老愛找她們麻煩的那位士官長指派自己擔任這個任務。直到今天，蘇珊還因未能在好友人生的最後旅程親自陪伴她而耿耿於懷。

七月十七日周三，孟菲斯海軍航空基地為蘇珊妮舉行了追思禮拜。陸戰隊航空訓練支援組指揮官克拉博上校在致詞時說：「蘇珊妮是名精力充沛、奮發向上、才華洋溢的年輕女性，她擁有高度榮譽感、豐富的學識和強烈的責任感，她身為陸戰隊員為國服務……她是個實踐家，力定志向，她是個勝利者。她不是坐而言者，而是個起而行者。

「我們大家都非常遺憾蘇珊妮無法充分展現她的才華和企圖心，她是陸戰隊不可多得的人才。如果這樣想能稍稍慰解自己的哀痛，那就是她是我們的一部分，我們永遠不會忘記她，她不會離我們而去，除非我們遺忘了她。她的精神將長存海軍陸戰隊，繼續流傳下去，透過我們，持續為老鷹、地球和錨象徵的精神服務。雖然無法用言語表達，了解這種精神的我們確實稍感寬慰。她永遠都是海軍陸戰隊員，如同有人寫下這段文字：

她不會和我們一樣年華老去；
歲月不會侵蝕她。
但無論在日落、晨曦，
我們永遠記得她。」

這時軍樂隊奏起陸戰隊讚美詩歌，接著號手吹出熄燈號音，再堅如磐石的軍人也都忍不住落下淚來。

由於蘇珊妮的臉被塞德利・艾萊打得嚴重扭曲變形，所以她家人決定在守靈和喪禮中都不打開她的棺木，但是棺木被送回華盛頓特區後，傑克、楚娣和史蒂芬都堅持要見她最後一眼。

傑克說：「我們必須知道發生在她身上的每一件事。」

棺木打開的那一剎那，他們沒有料想會看到這麼令人震驚的景象。蘇珊妮的遺體穿上軍服，手上戴著白色手套。

「我的心在流淚，我的靈魂在滴血。」傑克說：「我在心裡頭嘶喊著。我是說，我實在無法相信竟然有人會對別人做出這麼殘暴野蠻的行為。我們看到的完全不像蘇珊妮本人，她的臉被打得面目全非，所以她的遺容必須加以整修，但那仍不是我們所認識的蘇珊妮。」

守靈時，蘇珊妮的棺木上放著她的照片和美國國旗。

一九八五年七月十八日陽光普照的下午，蘇珊妮・柯林斯的喪禮在阿靈頓國家公墓附近的梅爾堡小禮拜堂（Fort Myer Chapel）舉行。來參加喪禮的人實在太多，禮拜堂容納不下，很多人坐到外面去。

蘇珊先到馬里蘭州安德魯（Andrews）空軍基地，葛瑞格在那裡接她。蘇珊沒有來過阿靈頓國家公墓，她說那個地方讓她感到不寒而慄。

「喪禮從頭到尾我一直忍住不要哭。我和葛瑞格坐在最後面，我們穿著軍服，天氣很熱，但我們一點都不在意。」蘇珊說。

禮兵抬著蘇珊妮的白色棺木進來時，蘇珊忍不住想著蘇珊妮年輕、純潔、無辜的生命就這樣永遠離開了他們。

這也是史蒂芬第二次哭。他在初次聽到噩耗時也哭了，之後他就不曾再掉過眼淚。即使蘇珊妮遺體被運回來那天，他也為父母親著想，表現得很堅強，但在喪禮中他再也無法克制自己的悲傷。

在追悼簿中，史蒂芬寫著：「蘇珊妮，願你永遠永遠安息——史蒂芬留。」

楚娣寫下：「親愛的藍蘇，我們永遠愛你——爸爸和媽媽留。」

蘇珊妮・柯林斯，美國陸戰隊上等兵，榮耀地安喪在阿靈頓國家公墓西邊五十區的一二七號墓地。依軍方的儀式，禮兵將覆蓋在蘇珊妮棺木上的國旗仔細地折疊成三角形後交給楚娣。之後他們又拿出一面國旗將它覆蓋在她的棺木上，再經過同樣的步驟，而後交給史蒂芬。他今生今世都會珍藏著這面國旗。

隔天，傑克和一位好友比爾・薛佛德（Bill Shepherd）開車送蘇珊到機場，她再搭軍機返回芝加哥。在回家的路上，傑克告訴比爾：「你知道嗎？我現在對死亡有不同的看法了。」

比爾說：「怎麼說呢？」

「我不再像以前那麼害怕死亡了，不可能有比發生在蘇珊妮身上更可怕的事。現在的我反而期盼死亡，等我死亡後就可以再看到蘇珊妮了。」

喪禮結束的幾周後，柯林斯夫婦才知道更多有關蘇珊妮生前與死後的事。我說「生前」是因為他們開始聽到認識蘇珊妮的數百人口中的她，他們所知道的蘇珊妮的特質，一點一滴影響了許多人。摯愛蘇珊妮的朋友寫的追思信件、送來的紀念品整整裝了好幾箱，這說明了她是個多麼特殊的人。許多傑克和楚娣不認識的蘇珊妮的朋友直到今天仍與他們保持聯繫，不時拜訪他們，似乎每個熟識蘇珊妮的朋友都覺得有必要鮮明地記住她的身影。

八月二十日，傑克和楚娣來到孟菲斯和米靈頓，拜訪參與偵辦蘇珊妮案子的幾名重要人士。他們堅持要到命案現場，也要求看解剖報告，他們要知道蘇珊妮的遭遇以及她所遭受的折磨。他們研讀解剖報告以及蘇珊妮肢離破碎的遺體的特寫照片，法醫實在不願意讓他們承受這些痛苦的細節，他告訴他們這是他見過最悽慘的案子。

他們堅持要到她死亡的地點。「我們要親自站在我們女兒嚥下最後一口氣的地方，我們要站在她被凌虐、流血至死的地方。」傑克說。

他們到謝爾比郡警長辦公室時，警長戈頓・格伯斯（Gordon Neighbours）迎向前自我介紹，他情不自禁地擁抱一下楚娣。他說：「那狗娘養的混蛋，我真應該當場宰了他。」

周五晚上史蒂芬和父母坐在床邊談話時，他就如此咒罵過，他們整晚沒睡，談到天亮。

「我能了解你的感受，」傑克說：「我也希望能夠親手殺了兇手。可是他現在被關著，我們不可能接近他。就算我們能接近他，難道我們也要學他做個畜牲和野蠻人嗎？」

他們希望司法審判能替他們討回公道。而他們再找不到比漢克・威廉更克盡職責的檢察官。

當時我並不認識漢克・威廉，其實我們的背景很像，不同的是他有法律學位。漢克・威廉在一九六九年，比我早一年加入聯邦調查局擔任特別探員。他先被分發到鹽湖城（Salt Lake City）調查站，再調到舊金山參與組織犯罪小組工作，他的第一個小孩就在舊金山出生。漢克考慮到聯邦調查局的工作調動頻繁，又希望以後能開業當律師，所以他辭掉調查局的工作，搬到田納西州當檢察官。

漢克・威廉那時才四十歲出頭，他不像很多出庭律師裝模作樣、虛張聲勢，他擁有堅定的信念和強烈的使命感。他回憶：「一個為了保衛國家而加入美國軍隊的女孩，居然在有安全防護的自家基地慘遭不測，我實在覺得有如錐心般傷痛。當我釐清兇殺案情時，我告訴自己兇手絕對要判死刑，我不會跟辯方達成協議認罪。我跟柯林斯夫婦談過之後，我更確信這樣做才對。」

漢克・威廉不僅在法律上幫助柯林斯一家人，他也扮演他們的心理輔導者。當柯林斯一家亟需在刑事司法制度中尋求同情心時，漢克・威廉義不容辭伸出援手，傾聽他們的恐懼、焦慮跟挫折，並支撐、陪伴他們度過漫長的預審過程的煎熬。

「他們第一次來孟菲斯就要求看案發現場照片，」漢克・威廉說：「我當時非常擔心，我覺得他們可能需要心理上的協助。這對他們來說太沉重了。但他們說一定要知道發生在蘇珊妮身上所有的事，這樣他們才能感受她的痛苦，最後我只好同意他們的要求。這種照片只要看過一眼，一輩子也忘不了。」

替塞德利・艾萊辯護的是孟菲斯非常優秀的兩位律師羅伯特・瓊斯（Robert Jones）和艾德・湯普森（Ed Thompson），漢克十分敬重他們，雖然他認為案情很清楚，但也這知道這兩位對手不好應付。

其實這兩位律師的當事人也很不好應付。他不是閉口不談，就是講些無關緊要的小事，對他的辯護毫無幫助。兇殺案發生已經整整一年了，漢克和助手鮑比・卡特（Bobby Carter）一直努力讓此案盡早開庭審判。

辯方找來一位名叫亞倫・巴特（Allen Battle）的心理醫師檢查塞德利・艾萊的精神狀態。巴特得到的反應和兩位辯護律師一樣，對於重要的關鍵問題，艾萊全推說他記不得了。

一個死刑案件的被告在案發後幾個小時坦承犯罪詳情，幾個月後卻宣稱他不記得發生的事，對這種行為有好幾種不同解釋，但依我之見，這如果不是兇嫌的脫罪之詞，就是代表我們整個司法制度需要盡快改革。比較寬大的一種解釋是兇嫌得了失憶症，因為年輕被害人的悽慘死狀造成他精神上的重大創傷。

這是怎麼發生的呢？巴特苦思箇中原因。七月十二日，兇嫌明明親口告訴警方他如殺害了死者。啊，可能**只有一個人格記得這件事**？其他的人格不記得，**因為他們本來就沒有參與殺人**！

這就是巴特得到的結論，他為塞德利・艾萊催眠後，更深信自己的診斷沒錯。

坦白說，當時並沒有其他證據指向這種可能性。塞德利・艾萊無法否認犯罪，因為他早已向警方俯首認罪，法醫對死亡原因也很確定。如果你是辯方律師，你也可能會從這個角度來替客戶辯護，至少也可以減少一些兇嫌的責任。

離一九八六年三月十七日預定開庭日前十天，瓊斯和湯普森兩位律師正式提出被告多重人格障礙的可能性，而要求多一點時間評估塞德利・艾萊的心智狀況。審判於是延期舉行。

艾萊被送到田納西州一所精神機構MTMHI做進一步診斷。在六個月內，共有六位專長不同的臨床醫學家檢查過他，但沒有獲得任何定論。生理檢查結果顯示塞德利・艾萊並沒有不正常的地方。辯方找來的精神病學家威利斯・馬歇爾（Willis Marshall）醫師用藥物催眠塞德利・艾萊，希望能治療他的「失憶」。這種種努力終於讓艾萊記起一九八五年七月十一日發生的事。

塞德利・艾萊在催眠之下透露他在案發當晚分裂成三個人格：除了正常的塞德利外，還有一個身分是名為「比莉」的女人，她就坐在他的身旁。另外一個身分是「死神」，他身披黑斗篷，頭戴兜帽，騎著一匹白馬，跟著他的車子跑。

辯方找來的巴特醫師提出了被告多重人格障礙理論，另一方面，代表檢方的布魯克（Brogan Brooks）醫師卻反駁這種說法，根據他的診斷，塞德利・艾萊是典型的「邊緣人格」（borderline personality）。

根據《精神失常的診斷及統計手冊》（*Diagnostic and Statistical Manual of Mental Disorders*，簡稱 DSM III），所謂的「邊緣人格障礙」是指「在許多方面呈現不穩定的狀態，包括人與人之間的行為、情緒以及自我印象」。它也用來形容緊張和不穩定的關係、強烈的憤怒、衝動，以及情緒無常造成難以預測的行為舉動。另外四位臨床醫學家說他們無法診斷出原因，需要更多時間做評估。

接著我們再來談談以催眠作為檢驗證物的工具有何問題。我們都看過或聽過夜總會的催眠表演，催眠者選幾位觀眾上台，將他們催眠後叫他們學小雞咕咕叫，或讓他們相信自己的手臂舉不起來，或讓他們回到埃及克麗奧佩特拉（Cleopatra）女王的宮廷。一般人似乎認為，催眠一方面是某種絕無謬誤的、讓人吐露真情的手段，另一方面又含有強烈的暗示性。這兩種看法是互相矛盾的。

事實上催眠並不是對每個人都有效（我覺得它對大多數人都無效），催眠是一種技巧，可以幫助受催眠者集中注意力在特定的時間、地點和事情上。所以有時候警方可以借助催眠讓目擊證人回憶起一些細節，像嫌犯面貌特徵或車牌號碼等。事實上它的準確性並不比測謊高多少，在一些實例當中，被催眠者可能有意識或半有意識地接受催眠者的暗示，故意說出催眠者喜歡聽的話。而在注意力高度集中的狀態下，被催眠者甚至會虛構出他自己喜歡的情節。我見過嚴謹的研究，受試驗者在催眠的情況下詳細地描繪根本沒有發生過的事。我並不是說催眠沒有效或是沒用，我的意思是催眠並不是那麼準確，但有時候醫生、律師、法官和陪審團並不了解這一點。

至於多重人格障礙，就我個人的經驗，多重人格障礙通常都是兇嫌被逮捕後才診斷出來。事實上，這是非常罕見的現象，如果有臨床醫學家稱他在這方面擁有豐富的經驗，你應該抱持懷疑的態度。在極少數的案例中，這種症狀比較常發生在女性身上，大部分都是源自兒童時期遭受性侵害。多重人格障礙的症狀通常在很早就會顯現出來。

多重人格障礙似乎是個人對凌虐或暴力的一種心理反應（受虐者退縮到另一個人格中，藉以減輕創傷或幻想對施虐者的報復），但並沒有證據顯示出多重人格障礙會使非暴力的人變成暴力的人。換句話說，就我所知，或其他我曾請教過的專家所知，並沒有任何案例顯示有其中一個人格主導做某件事，而另一個人格不知道或無法控制。

簡而言之，如果你想以多重人格障礙作為辯護的理由（特別針對暴力案件），你最好做好調查功課，要能追溯到兒童時期，而不能僅以案發前後的行為作為證據。如果你要提出被告心神喪失，你最好能夠證明（我不認為你做得到），其中一個人格該為犯罪負責，而其他的人格卻無力去阻止「他」。以塞德利・艾萊的案子為例，他的哪一個人格殺了蘇珊妮呢？是死神嗎？如果是的話，那他可能只在盡他的責任而已；或許下手的是「比莉」，也許是出於對其他女人的嫉妒；或者殺人的根本就是正常的塞德利，如果這就是事實，我們就該忘了另外兩個人格，以此將他定罪。可以確定的是：有一個人格向警方詳細描述如何殺害了蘇珊妮，我看過筆錄，當中並沒有提到「比莉」或「死神」或是其他女性身分。

一九七〇年末發生在洛杉磯惡名昭彰的「山間勒人者」案件，兇手肯尼斯・白安契和他的表弟安哲羅・布歐諾姦殺了十名年輕女性。白安契聲稱他有多重人格，而且讓好幾個心理專家相信了他，還診斷出他有多達十重的人格，包括八男兩女，後來賓州大學的馬丁・歐尼（Martin Orne）醫生揭露白安契根本是假裝的。最終白安契撤回心神喪失的辯護理由，跟檢方合作才得以免去死刑的判決，被判了五個無期徒刑，現在還在監獄服刑當中。

但是巴特和馬歇爾兩位醫師堅持塞德利．艾萊有多重人格。馬歇爾作證指出：塞德利．艾萊小時候曾遭受父親在精神上的虐待，造成他日後人格失調。巴特的說法則是：塞德利．艾萊小時候因為泌尿的問題動過手術，為了減低這方面的痛苦，他發展出女性人格；至於「死神」這個人格，他總括這是隱藏的精神病跡象。

目前，開庭日期一延再延。

一九八六年六月八日，蘇珊妮二十歲生日，楚娣寫下：

奪走蘇珊妮生命的惡魔的審判日期已經延後兩次，我們擔心這一次還是無法如期開庭。只有想到蘇珊妮現在上帝的照顧下不再有危險，才能稍減我們的痛苦。

我們非常需要把這件事訴諸司法審判，還給我們正義，我們的傷口才有癒合的希望。由於司法制度的不健全，致使為正義伸張的審判一延再延，這實在是非常不人道的事。好似在這場比賽中犯罪者手上握有很多牌，受害人卻一無所有。

當傑克和楚娣把狗關進籠子後，正準備出門前往田納西州時，電話響了，通知他們審判再度延期。電話鈴聲只要再晚個一分鐘，傑克和楚娣就出遠門，白跑一趟了。漢克一再安慰他們，雖然審判一延再延令人痛苦，但法官的做法是對的，讓辯方有足夠的時間準備。

不過他也承認：「挫折感之大難以形容。」

經過四次延期後，塞德利．艾萊被控謀殺蘇珊妮一案終於在一九八七年三月初，於田納西州謝爾比郡第十三法院開庭審理，由法官佛瑞德．艾胥黎（Fred Axley）主持。

審判之前，漢克．威廉和鮑比．卡特詢問了巴特醫師，他還是堅持他對塞德利．艾萊的診斷結果。漢克．威廉進一步逼問他，他才坦承他無法確定是哪一個人格該為這個命案負責。

應檢方之請，我飛到孟菲斯，住進傑克一家下榻的旅館。傑克出庭作證，向陪審團描述蘇珊妮的為人。

漢克．威廉透過孟菲斯地區聯邦調查局的哈洛．海耶斯探員跟我聯繫，他很擔心如何替這一件陪審團眼中毫無道理的謀殺，提出具有說服力的動機。他最大的恐懼是，由於缺乏合理的動機，陪審團可能會接受巴特或馬歇爾醫師有關被告人格失調的說法。

我到孟菲斯有兩個目的：第一個目的，漢克．威廉和鮑比．卡特希望能把塞德利．艾萊弄上證人席接受訊問，他們要我指導如何盤問他，讓他在陪審團面前顯露出本性。我曾經在亞特蘭大殺童案中協助地方檢察官傑克．馬拉得（Jack Mallard）審問兇嫌韋恩．威廉（和漢克．威廉沒有關係）。在該案審判當中，韋恩．威廉裝成一名連蒼蠅都不敢傷害的無辜者，但我們知道他其實是個自大狂，他會堅持坐上證人席。果然一如我們所料，他出席接受檢方質問，我教檢察官幾個策略，侵犯他身體和心理的空間，讓他情緒失控，露出兇殘的本來面目。而後審判直轉而下，韋恩．威廉終因謀殺罪被判刑。

我到孟菲斯的第二個目的是協助檢方向陪審團說明殺人動機。漢克．威廉在電話上向我說明整起案情經過，我又研讀了所有相關資料，我認為塞德利．艾萊的說詞顯然並不合理。根據他的供詞，蘇珊妮的死亡純屬意外，他無意傷害她。這簡直是一派胡言。

首先，這大致是一個有組織的犯罪行為模式，和韋恩．威廉的案子很像。從犯罪形態來看，現場混合了有組織以及無組織犯罪模式的要素，這顯示出蘇珊妮雖然在體型上遠不如兇手，但她曾有過一番激烈的掙扎。這是椿冷酷無清、膽大妄為的綁架，特別是發生在海軍基地。雖然塞德利．艾萊很強壯，但要在蘇珊妮所處的情況下制伏她，一定得趁其不備地突襲。

所以，當漢克．威廉告訴我塞德利．艾萊涉嫌他前妻的謀殺案，和發生在加州兩件類似蘇珊妮的兇殺案，我一點都不驚訝，雖然塞德利．艾萊並沒有因這些案件而遭到起訴。

第二，這起案件完全符合特別探員洛伊．哈茲伍德和我在一九八〇年四月份在《聯邦調查局執法學報》發表的一篇題為〈色慾殺手〉的文章。一般來說，色慾殺手在本質上都是異性戀者，他們殺害的都是跟他們同一膚色的女性。這類型罪犯之所以如此定義是因為牽涉到對女性私處的多重傷害或凌虐。塞德利．艾萊綁架蘇珊妮雖然是臨時起意，但在她一息尚存之際，兇嫌仍將尖銳樹枝插進她下體，這絕對是不折不扣的一種預謀、精神變態的強暴行為。

如我們在該篇文章所指出：我們將色慾殺手分為兩種類型：有組織能力的非社會者（organized nonsocial）以及無組織能力的無社會者（disorganized asocial）。雖然我們現在已經不再使用這些專有名詞，蘇珊妮命案基本上是屬於第一種類型，理由很多，包括死者身上的傷是在她死前而非死後造成的。

所謂「色慾殺手」一詞造成不少困惑，因為它並不一定牽涉到一般人所認為的色慾。塞德利．艾萊對蘇珊妮並沒有慾望，就我們所知，他在這之前根本沒有見過她。但是，沒有實際的性行為，或沒將生殖器放進死者陰道，這都不代表這不是性攻擊的案件。從犯罪來看，性有許多不同的形式。大衛．伯考維茲槍殺他的受害者，但並沒有侵犯她們。不過他坦承事後他會再回去現場，一面回想案發過程一面手淫。在大衛．伯考維茲和塞德利．艾萊身上，我看到的是兩名兇手藉由性侵犯來展示他們在正常情況所沒有的權力。塞德利．艾萊內褲上的血跡顯示他殺死蘇珊妮後曾對她加以猥褻，其理至明。

塞德利．艾萊略具有虐待狂，但基本上他並不是我們所謂的性虐待狂。他和多倫多的保羅．伯納多不一樣，被害人的痛苦並不會引起他的性慾。塞德利．艾萊把蘇珊妮打得遍體鱗傷，但他沒有用火燒她或鞭打她，讓她哀號。他咬掉她的乳頭，但這是一般敵意的表現。他並沒有像勞倫斯．白特克一樣用鉗子或其他器具對蘇珊妮百般凌虐，塞德利．艾萊另有不同的動機。

塞德利．艾萊殺死蘇珊妮前正遭遇生活上的危機。他會對一個全然的陌生人施以殘酷的暴行，拳打腳踢，把她剝得精光，又用樹枝做出筆墨難以形容的血腥行徑，在在說明他把滿腔瀕臨爆炸的憤恨怨懟，胡亂發洩到他人身上。這一類型的罪犯人格都有某種欠缺，平常無法成熟、自信地與女性正常交往，便以暴力行為來取代自己的無能。海軍調查人員搜查塞德利．艾萊的房子時，在他的工具箱中發現了郵購的陰莖擴大器。

我們對色慾殺手有如下的描述：「他酷愛惹事生非，喜歡操縱他人，只關心自己。他做出反社會行為，與家庭、朋友、權威型人物作對。這是一種對社會的報復。」

連續殺人雙煞「歐登和羅森」中的詹姆士．克萊頓．羅森在接受訪談時直率地說：「我分解她的身體，要讓她不再像個人；我殺了她，她就不再存在了。」假如他毀了被害人，實際上，他就擁有了她。

通常碰上這類型的犯罪行為，在犯罪現場通常可以發現兇手故意把兇器擺得很顯眼。在蘇珊妮遇害現場，兇器就擺成再明顯不過的樣子。

有人說塞德利．艾萊將樹枝塞進蘇珊妮下體是故意要布局成強暴的樣子，這是很可笑的說法。除了證人指陳聽到蘇珊妮淒厲的慘叫外，樹枝造成死者內臟受傷之嚴重性，顯示兇手用力地將樹枝塞進蘇珊妮身內達三、四次之多，這絕不是故意布局。如果兇手要故布疑陣，他會將樹枝擺進去就拿出來。

我要讓檢方明白的是，他們所面對的是一名充滿憤怒、挫折的男子，他對生活、特別是對女人充滿強烈憤恨，他藉由毒品和酒精麻痺他的怨懟，而在那個晚上他決定不再忍受任何挫折。當這名美麗、年輕的慢跑者不接受他時（這只是他自己的想像，事實上蘇珊妮根本沒有時間和機會拒絕他），他突然失控。他無法處理自己的怒氣，所以一股腦兒宣洩到蘇珊妮身上。

如果塞德利．艾萊沒有很快落網，我們勾勒出的罪犯剖繪也會非常符合真正元兇。我們所描繪的是白人，藍領階級，年紀在二十多接近三十歲或三十出頭，沒有親密的好友和固定的工作，經濟上依賴其他人，有經濟上的問題和家庭暴力傾向。我們也能描述他在犯罪前後的行為，犯罪後他會對親近的人表現出敵意，體重減輕，怠工，沉溺在這案子上。他不會因傷害一條無辜的生命有罪惡感或悔意，他只擔心被警察捉到，可能會找藉口到外地去。我們知道他對當地非常熟悉，所以他應該是本地人，也許就住在基地內。我推斷他沒有軍旅生活經驗，要不就是從軍隊中不名譽退役。他可能是海軍基地的軍眷屬。我相信很快就會逮到他。

雖然塞德利．艾萊不是典型的連續殺人犯，但是他毫無悔意，我相信如果他又面臨相同的壓力來源，他會再度殺人。這是力量、憤怒導致的犯罪，我不知道該如何治療他們。

假設兇手是名不明行兇者，如果我們搜查他的房間，我預期會找到毒品和色情刊物。事實上，海軍調查處搜查艾萊的房間時的確搜出吸毒裝置，以及他的太太與其他男人在一起的色情照片。在樓梯下的儲藏間，有一根長達五十公分的棍子外層裹著膠布，上面布滿難以辨認的污點。

在那個年代，我們還無法以犯罪行為分析來作證，法庭還無法接受這種論點。所以開庭時我就坐在檢察官的後面做筆記，每天和他們討論案情。

萬一陪審團還是覺得殺人動機曖昧不明，漢克・威廉和鮑比・卡特會舉證，那天有位軍官家冷氣出問題，塞德利・艾萊和同事下午前往修理冷氣壓縮機，幾小時後，該軍官家的冷氣機工具卻在塞德利・艾萊車上被搜出，可見他殺害蘇珊妮時是非常理性的。可能蘇珊妮看到塞德利・艾萊在偷東西，才被他殺死。柯林斯夫婦一度非常相信這個說法，至少這個理由可以解釋為什麼他們的愛女會無緣無故慘遭不測。事實上我不認為這是合理的原因，這無法解釋這個犯罪行為的特點，這也不是漢克・威廉主要的論點。假如塞德利・艾萊犯罪是因為偷竊被發現，他不至於如此懲罰被害人。

在開庭的第二天，目擊證人維吉妮亞・泰勒（Virginia Taylor）陳述她和幾位朋友在一九五八年七月十一日，在公園聽到死亡般的慘叫，聲音是從附近傳出，稍早她曾看到一輛老舊的廂型車開往那個地方。

檢方在庭上播放塞德利・艾萊被捕當天下午的自白錄音帶，當時他堅稱蘇珊妮的死亡完全是個意外。他在錄音帶中一再強調「我沒有跟她性交，我現在就要澄清這點。」陪審團很清楚在這卷自白錄音帶中，被告根本沒有提到或暗示「比莉」或「死神」的存在。

無論是塞德利・艾萊的自白錄音帶或他的口供筆錄，讓我覺得不可思議的是，他把所有的罪過都歸咎於「碰巧」。當晚他喝得酩酊大醉開著車外出，「碰巧」撞見慢跑的女子。後來他為了制伏該女子在慌亂中「碰巧」揮動手臂，他既不知道手中有螺絲起子，又「碰巧」打到對方的頭，穿過她的頭顱，致人於死地（我們不要忘了，法醫在蘇珊妮遺體上並沒有發現任何可能是螺子起子打傷或車子撞傷的傷痕）。他說她斷氣後，他又「碰巧」摸到樹枝，所以他靈機一動把現場故意布置成強暴案件，他折斷樹枝，再硬塞進死者的下體。如此一來維吉妮亞・泰勒聽到的「死亡般慘叫」八成是風聲或動物的叫聲，因為根據塞德利・艾萊的說法，蘇珊妮那個時候早已魂歸西天了。總之，一切的不幸都是神奇的「碰巧」，塞德利・艾萊完全沒有主動參與。蘇珊妮好像是顆棋子，在不好的事情發生時出現在同一個地方。

當然這不是兇嫌唯一的托詞，而後他又以心神喪失作為脫罪的藉口，還得到巴特和馬歇爾兩位醫師的證實。當你提出心神喪失作為辯護的理由時，無異為檢方開了反駁的管道。漢克・威廉在庭上宣讀被告寫給親友的信，他在信中非常理性地分析他要辯稱一時心神喪失，這樣子對他的審判會比較有利。

漢克・威廉私底下將檢查塞德利・艾萊精神狀態的精神及心理專家們分為「夢想家」跟「現實主義者」。「現實主義者」派的專家無疑以黛博拉・理察森（Deborah Richardson）為首，她是名心理社工，也是 MTMHI 醫院精神部門的主任。她觀察塞德利・艾萊好幾個月，她指出他所宣稱的幻覺和多重人格和真正此類病患的病症並不一致。更重要的是，塞德利・艾萊在接受醫師和專家檢查時表現出來的行為和他平常完全不一樣。黛博拉・理察森作證說「比莉」的身分一下是男，一下是女。她指出塞德利・艾萊著迷於暴力的性行為，他在醫院經常觀察精神病患，模仿他們的異常舉止。她還說塞德利・艾萊曾告訴醫院人員他錄口供時故意說謊，這樣子他的律師才可以證明他的故事不一致，如此一來才有機會脫罪。

漢克・威廉傳喚基努・阿塔爾（Zillur Athar）醫師出庭作證，這位英語不甚流利的亞裔精神病學家在這方面具有相當的智慧與真知灼見。他說幾位專家評估塞德利・艾萊的精神狀態好一陣子，卻找不出結論，專家們開始感到挫折，因而在問塞德利・艾萊問題時開始引導他。塞德利・艾萊非常聰明，他很快就知道什麼事重要，什麼是「正確」的答案。現在變成塞德利・艾萊告訴專家他們要聽的東西。基努・阿塔爾為了證實自己的觀察，就故意引他上鉤。他會故意問塞德利・艾萊會不會在半夜差不多三點左右夢到可怕的謀殺慘狀而驚醒。下一個專家問他話時，塞德利・艾萊就說他會在半夜二點半左右夢到可怕的景象而嚇醒。

MTMHI 醫院另一位醫師山繆・克拉達克（Samuel Craddock）原本診斷塞德利・艾萊是多重人格障礙，但是他在法庭上作證時卻說：「他在我面前從來沒有顯示他對死者有任何同情。」該醫師認為這說不通，因為塞德利・艾萊宣稱殺人的是「死神」，他本人則是好的那一個人格。

檢方在庭上繼續逼問巴特醫師，到底塞德利・艾萊哪一個身分該為謀殺負責。巴特的診斷是被告聲稱心神喪失最重要的證人，但他的證詞很快就站不住腳。即使塞德利・艾萊真有多重人格（我要再一次強調並沒有任何證據證明此事），我們也沒有證據證明殺人以及應訊的除了他本人之外，還有其他的人格存在。是他殺了人，他錄的口供，他在法庭上受審。這點毋庸置疑。

塞德利・艾萊的母親珍（Jane）出庭為兒子的精神狀態作證，她聲淚俱下地告訴陪審團：「塞德利老是不對勁！」艾萊的前妻死後，珍和她的先生取得兩名孫子的監護權。琳在審判前就離開艾萊，也沒有出庭作證。

沒有一個證人可以證明塞德利・艾萊在命案之前有多重人格失調的行為。漢克回憶說：「沒有人可以堅定指陳他在兒童時期即有多重人格障礙現象。事實上只有他反社會人格的證據。」

最後塞德利・艾萊決定不上證人席接受盤問。如果他膽敢出庭應訊，毫無疑問我們會一步一步把他撕裂，讓他露出狐狸尾巴。他是一個卑鄙的虐待狂，只因為自己遭受挫折就輕易奪走別人的生命。

審判期間，塞德利・艾萊減了肥，把自己外表整理得乾乾淨淨。我發現被告都會如此做。我常開玩笑說審判期間，你往辯方長桌看過去，很難分辨誰是殺人嫌犯，誰是辯護律師。肢體語言對辯方是很重要的。「你看，現在他看起來一點都不像邪惡的殺人兇手，不是嗎？」

在審判過程中，塞德利・艾萊沒有對陪審團說過一句話，他將手放在椅子把手上，專心聆聽，時而傳紙條給他的律師。他看起來一點都不自大，也沒自信，但也不可憐或悲哀。他只是一個生命將被審判的不快樂的傢伙。

結辯時，鮑比・卡特對著陪審團說：「你們已經觀察他兩周了，他現在終於學會克制自己的行為了。現在應該是叫他不要再找藉口，讓他為自己的行為付出代價的時候了。」

被告律師瓊斯則設法讓陪審團相信這是一個「精神失常者的行為」，「只有完全瘋了的人才會做出這麼可怕的事」。

我承認塞德利・艾萊符合非法定的「神經病」的定義，但他有能力制伏身強體壯的女性陸戰隊員，他將她載到隱密的地點，百般凌虐，再處心積慮將現場布置成殘暴、自我的精神變態者所為，因此他絕對不是個瘋子。基地駐衛兵作證指出，塞德利・艾萊弄昏蘇珊妮，把她放在乘客座位，還把她的頭靠在他的肩上，裝成兩人是情侶的模樣。

在整個審判過程，我深深地同情傑克和楚娣，他們看起來消沉、精疲力盡、迷惘、空虛。我知道他們看了犯罪現場照片，我實在無法想像為人父母者如何忍受這種悲慟。我聽了傑克的證詞，那真是令人肅然起敬。

顯然塞德利·艾萊無意出庭應訊，我決定打道回府。隔天早上，我請柯林斯夫婦吃早餐，我們談了很久。他們看了證詞，也曾和漢克·威廉及鮑比·卡特長談，但他們還是無法理解兇手的動機，為什麼他會對他們的女兒下此毒手。一如我告訴漢克，我也設法解釋讓他們理解。

我離開匡提科之前去見吉姆·霍恩（Jim Horn），他是調查支援組的元老，他和吉姆·瑞斯（Jim Reese）是聯邦調查局兩位壓力處理專家。我向他請教，如果有機會的話，我該如何幫助受害者家屬。吉姆·霍恩是一個敏感、富有同情心的人，他告訴我最重要的是傾聽他們的心聲，同時要同情他們，這方面漢克·威廉做得很好。吉姆·霍恩建議我鼓勵他們和「遇害兒童家長協會」（Parents of Murdered Children organization）以及其他社會團體聯繫，我將這些訊息告知柯林斯夫婦。我喜歡柯林斯夫婦，那時我沒料想到他們日後會成為爭取受害者權利的重要鬥士。他們已成為我精神上的摯友，這也是我之所以繼續從事這份工作的理由。

陪審團進去討論時，珍·艾萊看到楚娣便走過來跟她說：「對你女兒所發生的事，我很難過。」她並不承認她兒子犯下了罪行，但對她而言這樣說也不容易了。

「坦白跟你說，」楚娣告訴她：「同樣都是做母親的，我為我們兩人感到難過，你的兒子害得兩個母親傷心欲絕。」

由八位女性、兩位男性組成的陪審團經過六小時的討論後，終於做出判決：塞德利·艾萊一級謀殺罪、綁架以及強暴等三項罪名都成立。陪審團建議處以電椅極刑，法官裁定九月十一日行刑。

傑克和楚娣認為漢克・威廉是司法體系中真正的英雄，漢克對他們夫婦也是百般推崇。

「他們是我在兇殺案中所看到最積極參與的人。即使審判結束之後，他們的熱誠並沒有因此結束，他們成為推動受害者權利運動的領導者。」

他們當時並不知道陪審團的判決並不是結束，而是痛苦的開始。

Chapter 09 傑克和楚娣的熱忱奉獻

一九八八年十月間，傑克因牙齒疼痛到醫院求診，牙醫替他檢查後告訴他必須做牙根治療。

「沒問題，現在做啊！」

治療結束後，醫生告訴傑克：「待會麻藥退了之後你會有點疼痛，我開些止痛藥給你。」

過了幾個小時麻醉藥效退後，傑克果然疼痛不堪。「那時可真疼得要命。」傑克至今記憶猶新。

楚娣看他人很不舒服，提醒他服用止痛藥。

「我不想吃，」他告訴楚娣：「我要為蘇珊妮承受這份疼痛。」

「你在說什麼啊？」楚娣滿臉不解。

傑克解釋了他的理由：「不管現在有多疼都無所謂，我倒希望痛苦程度再加倍。我要請求上帝將這些痛苦全部累積起來，回到蘇珊妮飽受凌虐折磨的那一晚，將我受的痛苦等量地從她身上扣除，這可以使她少受點罪。」

「傑克，你不能讓時光倒流的。」

「喔，我們可以的，上帝是無所不在、無所不能的。」

楚娣對此不像傑克這麼確定，但這種行為漸漸成為傑克身體力行的習慣。「自從蘇珊妮慘遭不測，我所經歷的痛苦、緊張、挫折、焦慮、失落等種種苦楚都是為了她。我祈求上帝將我所承受的這些痛苦，能從蘇珊妮臨死前的驚慌、恐懼中扣除掉，讓她能少受一些折磨。」

我曾經問過傑克，愛女慘死塞德利．艾萊的毒手是否有任何目的？

傑克說：「這個悲劇本身沒有達成任何目的。」淚水在他的眼眶打轉。十一年過去了，談起這件慘案還是很不容易。「一名無辜的少女含冤九泉之下，只因為有隻禽獸發洩怒氣，她只是很不幸地在錯誤的時間出現在錯誤的地點。但從另外一個角度來看，經歷喪女之慟後，我們成為更好的人，更加關懷別人，內心更為慈悲；也因為女兒的不幸，激發我們在民間和政治上為被害人和家屬尋求正義而奮鬥，我們懂得伸出雙手去幫助以前我們從來沒想過需要幫助的人。」

我告訴他們，他們本來就是很好的人。

「我們努力在做，但所有的事都可以做得更好。現在只要我們知道可以幫助某個人或某件事，我們就會全力以赴。史蒂芬問過我：『上帝怎麼可以讓蘇珊妮發生這麼悲慘的事？』楚娣告訴他：『雖然很多人否認世上有魔鬼，但魔鬼在世上橫行卻是不爭的事實。我們要把握所有的機會打擊魔鬼。』」

楚娣接著說：「對此我有強烈的感受。如果我們姑息魔鬼，魔鬼就會得寸進尺。沒多久邪惡就會淹到我們鼻前、眼前，在人們不自覺中世界已經淪落魔鬼之手。」

史蒂芬告訴我：「你再也找不到比我父母親感情更親密的夫妻。」他們矢志維繫家園的完整。

楚娣說：「如果我們的家垮了，不就讓那個塞德利．艾萊得逞了嗎？我們絕不會讓那惡魔稱心如意。我不知道這場戰爭最後誰贏、誰輸，但這場仗我們會繼續打下去。」

傑克和楚娣和大多數痛失摯愛的人們一樣，他們經歷過不同的階段，才從痛失愛女的哀傷中慢慢走出來。

楚娣詳述了她的心路歷程：「事發之後我第一個反應是：『上帝！我祈求保佑她平安，為什麼您讓我們失望？』但慢慢地我告訴自己要接受這個事實，不可以賴給上帝。

「人們總是告訴你：『嗯，這件事實在太可怕了，這一定有什麼理由的。』我告訴他們：『不！沒什麼好解釋的。這是個喪盡天良的惡魔。』」

後來有好一陣子，楚娣生活在極度恐懼中，她無時無刻不感到焦慮、緊張。她將當時的心情偷偷寫在速記本上：

> 萬一史蒂芬受傷離開我們，萬一傑克生病了，萬一我得了重病，那怎麼辦？為什麼這種事情會發生在我們身上？是我們付出太少了？我們做得不夠好嗎？還是我們被選上和耶穌基督一起釘上十字架，永遠受苦？噢，我不應該懷疑上帝的，這件事發生前，上帝一直是很偉大的，不是嗎？
>
> 是嗎？我們受的罪夠了嗎？也許還不夠。為什麼我們沒有早一步想到？將來我們怎麼辦？退休了要怎麼辦？可以什麼事都不做嗎？可以忍受嗎？以前我們曾經想過這種恐怖的事嗎？現在我們會變成什麼樣子？還會發生比失去女兒更悲慘的事嗎？失去我們的兒子？上帝啊！假如您不讓我們擁有他們，當初又為什麼要把他們交給我們？

她時時刻刻擔心周遭親朋好友的安危。蘇珊妮的一位好友現在還住在命案發生的地區，她習慣在晚上出去慢跑。當她去拜訪柯林斯夫婦時，楚娣嚴肅地告訴她：「答應我千萬不要晚上出去慢跑，不值得這樣做。要跑步盡量利用白天吧，或者找朋友一起去。」

最後，楚娣說，你一定要走到最後一個階段，那就是接受事實。她和傑克心裡都明白終有一天他們會和蘇珊妮「永遠並肩同行」，但是在那之前，楚娣說：「我們還有心願未了。」

他們的心願就是要親眼看到害死他們愛女的兇手付出該付的代價，這也是田納西州民眾的心願。

傑克和楚娣是虔誠的教徒，不是復仇者，他們甚至說他們不恨塞德利．艾萊，因為他低人一等。我個人覺得在法律範圍之下的報復具有某種道德提昇力，但柯林斯夫婦決定將復仇的工作交給比人世間更高的裁判去處理。他們的心願很單純、很簡單，那就是為愛女伸張正義。

柯林斯夫婦和眾多（即便不是大多數）曾親身遭遇或目睹暴力罪行的人們一樣支持死刑。不過，如果能規定判處無期徒刑的囚犯終身不得假釋出獄，那也不賴。如果能有這樣的刑罰，社會大眾會比較安心，如此一來，像塞德利．艾萊這種罪犯就永遠不會再傷害社會上的其他人。

「最好不讓他們假釋。絕對沒有希望出獄，」楚娣說：「但是我們知道在這個國家，這是不可能的事。」

「所謂終身不得假釋的無期徒刑隨時都可能改變，」傑克說：「只要一批新政客掌控議會，他們就可以經由法庭新判決或透過立法程序改變原先的判決，州長也有權力給囚犯特赦或減刑。即使今天他被判死刑，如果他不斷上訴，我們還是擔心最後法官會推翻原先死刑的判決。像這種罪大惡極的罪犯應該得到比不得假釋的無期徒刑更重的懲罰。」

從審判一開始，傑克和楚娣就為兩件事奮鬥不懈：第一是維護他們的家的完整性，保持對蘇珊妮鮮活的記憶，感受她的存在；第二是為被害人和家屬爭取正義。他們不是孤軍奮鬥，很多人聲援他們，加入他們行動的人數愈來愈多。他們代表善良人民的心聲。這些人開始發聲，以傑克的話來說：「如果我們的社會不能嚴肅、有效地面對暴力犯罪，社會大眾要如何自處？如果我們不迅速、確實地懲罰罪犯，我們怎麼要求人與人之間遵守道德規範？」

傑克和楚娣開始和其他被害者家屬聯繫，並成為積極的一員。他們傳遞給其他家庭的訊息很簡單，那就是你的生活再也不一樣，你的生命再也不完整，但你可以走出來，你的生命還是有真正的價值，你還是可以快樂地保存對失去的親人的回憶。

「基本上，我們和其他家庭分享我們的經驗，」傑克接著說：「我們說，我們做得到，我們並不特別，而你們也一樣做得到。」

「重點不在你說了什麼，世上沒有神奇的話。只要你表現出同情，他們就會了解。張開雙臂摟摟他們，說聲：『我真的很遺憾。』給他們一個擁抱，看著他們的眼睛。不要因為自己掉下淚來而覺得窘迫。自從我們遭此不測，我們對自己有更深一層的認識，也懂得了悲傷。」

另外他們還提醒其他家庭要彼此相扶持，突然痛失子女的夫婦可能感情會更緊密，但也可能因此走上離異之路，這一點一定要注意。

這種哀痛沉重得讓人難以承受。「有時候我覺得自己要垮了，撐不下去了，」楚娣憶起當時的情形：「是傑克給我力量站起來。當傑克沮喪到極點時，就換成我幫助他。」

傑克接下去說：「如果不是楚娣，我和斷手斷腳的廢人沒有兩樣。光靠一個人的信心是撐不下去的，兩人若不同心協力絕對辦不到。」

傑克和楚娣住在春田市時，會定期參加兇殺案被害人家屬的聚會。他們期待兩周一次的聚會，在那裡他們可以和有同樣遭遇的傷心人交換心得和經驗，學習療傷止痛。這個團體的聯絡人卡羅・艾利斯（Carroll Ellis）和桑德拉・維特（Sandra Witt）成為大家的好朋友，在傑克和楚娣心中他們兩人是大英雄。

這個團體每月一次最重要的活動是「關心和分享時間」，一群傷心人在此盡情地歡笑，共同宣洩淚水，分享彼此的信任和了解。除此之外，他們陪伴彼此出席罪犯的公聽會和審判，以實際行動表達支持。他們利用不同的機會和司法官員、法官、檢察官、辯護律師、社工人員、假釋官員和聯邦調查局人員見面談話，讓他們充分了解被害人家屬的心聲及需求。他們學習利用媒體的力量，盡量參加立法委員會舉辦的聽證會，電視台也開始報導他們的聚會和活動。

目前全美各地有許多類似這樣的被害人後援會的組織。以他們的經驗加上過去到各地所見，傑克和楚娣認為元老的費爾費斯郡（Fairfax）的團體堪稱是全國此類團體最好的一個，值得新成立的團體或有意調整輔導內容和方向的團體學習。

柯林斯夫婦成為被害人家屬的代言者，他們聯袂上電視台和廣播電台的節目，講給願意聆聽的人聽。「大家意識到我們快要失去我們的國家了嗎？了解到我們失去像蘇珊妮這麼優秀的人才嗎？未來誰來救我們？身為社會一份子的我們真的在乎嗎？」

「你們看看社會變成什麼樣子了！」傑克憂心忡忡：「我們所能想像最嚴重的犯罪就是摯愛的親人遭到暴力、殘酷、惡毒的謀殺，但這種暴行在我們的社會層出不窮，而我們處理這些犯罪的方式又是什麼？由於刑事司法審判制度的漏洞，傳達出的訊息卻是這些罪大惡極的殺人兇手是可以被原諒的，要不就是根本不值得多花時間精神去管這種事。就是因為這種態度，在芝加哥，我們看到小孩若無其事地將另一名小孩丟到窗外；在紐約，我們看到有人只為了一件夾克就可以任意殺人。什麼時候我們才能對罪犯有正確的認識？」

傑克花了很長的時間苦思這個問題，他的話讓許多執法人員都心有戚戚焉：

「人們現在只關心『社會性』的議題，像對環境的威脅、種族問題、政治不正確、對窮人和無家可歸者照顧不夠。這些都是一般性的、屬於團體的過錯，但沒有人關心『個人』的犯罪。現代社會沒有人會說：『我應該為我個人的行為負責，我要為其他人負責。』現代人已不講什麼個人責任感，也沒有個人義務的概念。如今我們看到的狀況是：罪犯和他們的辯護律師振振有辭地說什麼：『在這樣的社會你還能期待什麼？你能期望孩子如何做呢？』

「但是，社會是什麼？社會就是人們所組成的，每個人都要為自己負責。」

自從塞德利・艾萊被起訴的那天起，傑克和楚娣所要求的只是事情能有個「終結」（closure），這個字你會在兇殺案被害人家屬口中一再聽到。但只要司法審判過程持續下去、被告不斷上訴、庭訊一再延期、被害人家屬在每一次聽證會或出庭或假釋委員會的評估中，被迫一再回憶當時的驚懼，他們的傷口一次又一次被重新撕裂，事情就永遠不會「終結」。

在整個刑事司法審判過程中，他們發現被告罪犯的權利得到充分的考慮，但是被害人家屬的權利（應該說是**被害人才對**，每一個罪行都產生好幾個受害者），卻完全被漠視。

一如楚娣所寫的：

如果你知道兇手無緣無故用最冷酷無情的手段，奪走一名正值青春年華的女孩的生命，你還會同情兇手嗎？我們的社會還能原諒並且忍受這種行為嗎？大家務必了解這種行為是容忍不得的！

在田納西州，像塞德利・艾萊這樣的死刑囚犯可以越過中間的上訴法庭，直接向州的最高法院提出上訴。經過一年多，時序進入一九八八年十月，田納西州最高法院才準備好塞德利・艾萊上訴案的審理文件，排定雙方辯論的日期。這時替塞德利・艾萊辯護的律師已經換成亞特・昆恩（Art Quinn）和提姆・霍頓（Tim Holton）。一九八九年八月，距離初審已二年半，蘇珊妮遇害已四年了，田納西州最高法院終於做出判決：無異議地維持初審法官的判決。

亞特・昆恩和提姆・霍頓兩位律師援例再向美國聯邦最高法院申請上訴。一九九〇年一月，美國聯邦最高法院以該案沒有證據顯示初審過程有缺失為由，駁回他們的上訴案。兩位長久以來反對死刑的聯邦大法官威廉・布雷曼（William Brennan）和瑟古德・馬歇爾（Thurgood Marshall）表示反對意見，但是從各方面來看，漫長的法律程序應該是告一段落了。法院判定塞德利・艾萊於一九九〇年五月二日執行死刑。

柯林斯夫婦覺得他們多年來承受的嚴酷煎熬終於要落幕了，他們今後探視蘇珊妮的墓園時，可以告慰她正義獲得伸張了。

但事情還沒有結束。早在兩年前傑克就有預感事情不會如此輕易落幕，那時他讀到一篇聯邦大法官威廉・雷吉斯（William H. Rehnquist）的演講稿，該文痛陳「人身保護令」（habeas corpus appeals）遭到濫用，造成死刑案子的拖延。傑克了解這篇文章的內容後，就有預感他們也會遭遇到這個問題。

所謂「人身保護令」是英、美法律和正義的重要精神，起源自西元十四世紀。原拉丁文字義是：「你擁有你的身體」，其用意在強制拘押犯人的當局在特定時間和地點給與公正的司法調查。這個令狀是用來保護人身自由，糾正君王沒有正當理由或法庭未經審判所造成的非法羈押和冤獄。實際上，人身保護令可以讓每個被羈押的人要求對羈押的合法性進行聽證。

一九六九年最高法院在哈理斯對尼爾森（Harris V. Nelson）一案的判決中，大法官亞伯·佛特斯（Abe Fortas）寫著：「人身保護令是捍衛個人自由，防止國家強制性與非拘提的基本手段。憲法條文保證人身保護令的重要性：『人身保護令不得被終止。』該法令適用的範圍和它的彈性（它可以適用於各種形式的非法羈押），以及它突破形式和迷宮般訴訟過程的能力，一再為法庭和律師強調並捍衛著。人身保護令的精神在於要求非法拘提獲得糾正。」

沒有人否認人身保護令是正確、恰當、應該的，但要援引該法令保護人身自由必須符合它的精神。

人身保護令深植於英、美系國家，並受到美國憲法所保障，該法令主要是用來防止總統、州長、檢察官或法院未經合法審判即對個人非法監禁，但是它絕不是用來保護由法院審判定罪的囚犯。

一九六七年的重建時期（Reconstruction），國會修法，允許聯邦人身保護令可以適用於經州級法院判刑的囚犯。根據該修正法，囚犯只要聲稱他的監禁是違反憲法或聯邦法律或相關規定，就可以援引此法提請上訴並要求重審。這項條文的原意是要聯邦法院對地方法院的調查過程進行**附帶審理**（collateral review），不是用來重新審查地方法院的判決和事實真相。聯邦法院的調查重點應該放在地方法院審查過程中是否有不當之處、在法律下是否欠缺同等的保護、法官是否有偏見，諸如此類的事。

由於一八六七年的修正法一再遭到濫用，雷吉斯大法官為此感到憂慮，特別是牽涉到死刑案。雷吉斯和其他許多觀察家認為，聯邦上訴過程拖得太久，而且允許太多重複和沒有價值的訴願，致使整個聯邦上訴制度失去公信力，法官的判決失去「結果」(finality）的意義。

更棘手的是，在州級法院一樣有類似聯邦人身保護令的設計，一般人通稱的「州級人身保護法」，正確的說法是「判刑定罪後尋求救濟的訴願」(a petition for post-conviction relief)。以塞德利・艾萊的案子為例，州級最高法院駁回他的上訴，他可以以審判過程有瑕疵為由要求此審法官撤銷他的定罪和刑期，如果該法官拒絕，他可以向州級最高法院提起上訴，只要他援引附帶訴訟，這個過程可以無止盡地重複下去。

一九八八年雷吉斯大法官就聯邦人身保護令對死刑案造成的問題，成立一個特別委員會，由最高法院法官路易斯・鮑威爾二世（Lewis F. Powell）主持。該委員會在一九八九年八月完成一份報告，建議透過臨時法令來解決人身保護令的漏洞。鮑威爾的委員會指出，自從一九七六年所執行的一百一十六件案子中，平均上訴時間是八年二個月，有些案子拖得更久。案子之所以拖這麼久不是因為審判或是正常的上訴程序，大多時間都浪費在申請聯邦法院簽發人身保護令。

一九五三年之前，犯罪審判還不會拖這麼久。該年最高法院在審理布朗對艾倫（Brown v. Allen）一案時，首次判決聯邦法院有權從頭開始**重新審理**州級法院經過完整司法訴訟程序所判決的案子。同時很多聯邦法院對被告採取寬容的態度，被告提出的訴願照單全收，無論是否必要、重複、離題；而法院對申請程序過程以及法官審理時間又不設限，結果造成刑事司法審判無止盡地拖延。

支持被告和反對死刑的人，會說人身保護令保障被告上訴的權利，是必要之惡，這樣才能確保每位被告得到公正的審判機會，可防止疏忽或誤判。不過批評者則指出憲法保障每位公民的是公正、但並非完美的受審判權利，只要過程的瑕疵沒有實際影響到陪審團的判斷和判決就行，否則人身保護令將會淪為殺人兇手保命的工具，被害人家屬及朋友卻要因此長久飽受痛苦煎熬，他們的哀慟永遠沒有終結的一天。

塞德利・艾萊預定伏法的前一個月，他的新任律師以前任律師的辯護沒有效力為由，提起附帶訴訟上訴。檢察官漢克・威廉不以為然，他認為前兩位律師完全勝任這份工作，他們為塞德利・艾萊提出所有的可能和疑點。「瓊斯和湯普森是謝爾比郡接辦死刑案件最好的兩位辯護律師，兩人都聰明絕頂、組織能力強，他們豐富的經驗在該郡無人能及。」陪審團之所以不採信他們的說法，跟他們辯護的效力完全無關。

等法官佛瑞德・艾胥黎駁回塞德利・艾萊的上訴已經是一年半後的一九九一年九月了。漢克・威廉並不責怪艾胥黎法官，相反地對他推崇備至，因為他給塞德利・艾萊所有可能的機會，所以就技術層面來講，塞德利・艾萊就無法再提上訴。

傑克很清楚只要援引州和聯邦的人身保護令這個方便的工具，塞德利・艾萊的律師就能不斷地拖延死刑的執行。塞德利・艾萊很有可能最終壽終正寢，而非死在電椅上。

漢克・威廉說：「蘇珊妮・柯林斯的案子是司法制度沒有正義公理的最典型案例。透過陪審團制度，幾個人在幾個鐘頭內就可做出決定，但我們卻已經花了整整十年的時間來辦理這個案子。這已經變成一場很可笑的遊戲，坦白告訴你，這簡直是噩夢一場。」

傑克愈深入了解情況以及塞德利・艾萊的上訴過程，他愈能體會整個問題的核心在於人身保護令需要迫切的改革。

在替女兒追討正義時，他必須面對一個實際的基本哲學問題：被害人家屬在刑事司法審判制度上是否擁有一席之地？整個制度結構主要（在我們這樣的社會是應該必須這樣做）保護被告的權利。問題是，犯罪的被害人難道沒有權利在這個同樣的制度中得到慰藉？還是說，被告和被害人的權利基本上是對立的，所以無法同時得到照顧？

從法學院畢業數十年之後，傑克首次勤跑圖書館，他深入研究人身保護令的內容及其演變過程。他到國會山莊的國會圖書館，查閱所有他能找到的定罪後司法程序的紀錄。

「我要知道誰作證，證詞如何。也許我不是一個優秀很好的研究者，但是眾議院或參議院舉行的所有人身保護令改革的聽證會上，據我所知沒有任何一名被害人代表應邀作證。作證的不是法官，就是律師或法學專家、學者、檢調執法人員等，但就是沒有被害人。我認為在這個議題上，被害人的聲音很重要。」

一九九〇年春天，眾議院舉辦一連串的相關聽證會，傑克積極爭取作證的機會，其他人無法了解以他身為被害人家屬的身分，能有什麼意見呢？但傑克毫不氣餒，他不停打電話，拜訪參議員、眾議員，並不時充實自己的相關知識。

傑克的舉動引起了司法部關係服務辦公室（Office for Liaison Services）副主任雪利・諾倫（Cheri Nolan）的注意。當著名的「人民的法律和秩序」（簡稱 CLO, Citizens for Law and Order，加州奧克蘭的一個非營利性組織）會長菲利斯・卡洛斯（Phyllis Callos）和司法部討論如何讓社會大眾了解改革人身保護令的急迫性時，諾倫建議他和柯林斯夫婦聯繫。就這樣，傑克逐漸成為美國爭取被害人權利最傑出、最堅持以及最有力的人物之一。傑克和楚娣很快就成為ＣＬＯ東部地方分會的主任。他們成功地聯合全美二十多個被害人權利促進團體，會員涵蓋了五萬多人，這個運動逐漸得到重視和影響力。

法蘭克・蓋利頓（Frank Carrington）可說是美國被害人權利運動之父。這位陸戰隊出身的律師寫過數本相關的書，他曾組織或參與美國所有爭取被害人權利的委員會或小組。他創辦「全國被害人後援會」（National Organization for Victim Assistance），並擔任「美國律師公會被害人委員會」（American Bar Association's Victims Committee）主席，他也是一九八二年劃時代的「犯罪被害人總統特別小組」（President's Task Force on the Victims of Crime）的成員。蓋利頓本身並不是受害者，也不是受害者家屬。他是因為目睹受害者的痛苦，以及刑事司法制度遭到嚴重濫用，才主動跳出來。他有系統地研究人身保護令的成效，並探訪在這種不平等的體系下，這種法令的真正受益者是誰。並得到以下的結論：

「雖然人身保護令讓蒙受不白之冤的人重獲自由，但我們就該容忍它所產生的弊病嗎？只要頭腦清楚的人都不會贊成。基本上，我們現在看到的情形是這樣的：經歷恐怖、暴力、狠毒犯罪行為的受害者或倖存者，必須一直『等候』著正義公道的伸張。」

蓋利頓在傑克和楚娣加入ＣＬＯ後很快就與他們熟識，夫婦倆的用心感動了他。他敦促傑克寫出蘇珊妮的故事，並從受害者的角度探討司法制度，同時建請司法部出版並發行這本書。

在蓋利頓的關心和鼓舞之下，傑克和司法改革基金會副執行主任李・錢塞勒（Lee Chancellor）合作寫了一本小書。書的第一頁是一張蘇珊妮身著陸戰隊制服的漂亮的彩色照片，底下有她的簡短介紹，以及田納西州最高法院駁回塞德利・艾萊上訴後的發展。書中對人身保護令提出了嚴苛的評論，並附上專家學者的意見。

這本小書廣為傳閱，全美讀過此書的民眾無以計數。傑克和楚娣到匡提科向調查局和國家學院演講時，也帶來這本書。我常在桌上擺上好多本，送給訪客。

差不多在此書出版時，也就是一九九一年，檢察總長理察・桑柏格（Richard Thornburgh）在華盛頓特區召開為期三天的「犯罪高峰會」。與會人士涵蓋全美的專家學者以及相關單位代表，以及十多位受害者代表及其家屬，傑克和楚娣也應邀出席。布希總統親臨會場並發表了談話。最高法院大法官桑德拉・黛・歐康納（Sandra Day O'Connor）在她的演說中指出，現行的人身保護令讓被告得以在正常的上訴程序之後，仍不斷地提請上訴。

演講結束之後，由桑柏格主持座談會，各組可派代表陳述他們的理念。傑克代表受害者發言，他一再強調，對受害者家屬最痛苦的事除了罪案本身外，就是看到被告的定罪一拖再拖，沒完沒了。「除非看到傷害我們或我們親人的元兇得到應有的懲罰，否則我們無法再過正常的日子。」

兩個月後，即一九九一年五月七日，傑克首次在一場由參議院司法委員會舉辦的人身保護令的聽證會上作證，該聽證會由參議員約瑟夫・拜登（Joseph Biden）主持。「我希望能得到大家的重視，所以我沒有直截了當地批評：『你們的法令提案太爛了！』我在現場娓娓訴說這個法律漏洞對受害者家屬所造成的痛苦。我告訴他們蘇珊妮臨死前遭受非人的折磨，而殺人的惡魔卻躲在人身保護令的大傘下，雖然陪審團和法官已經判他死刑，他卻能繼續活這麼多年。我用了強烈的字眼陳述兇手如何凌虐我女兒，又如何糟蹋她。」

出席該次聽證的包括史蒂芬、楚娣、美國律師協會會長、加州檢察總長、田納西州前檢察長等。作證前，參議員史特隆・瑟蒙德（Strom Thurmond）和歐林・哈奇（Orrin Hatch）都過來和傑克握手致意，這對傑克意義重大，他認為這是國會議員首度對他們表達關心。

傑克作證的重點在於被告定罪後的司法程序，他特別強調人身保護法也應該照顧到受害者的權利。

他以感性的口吻說：「我是國務院退休的外交人員，當我在海外服務時，我和家人不遺餘力地宣揚美國的民主制度和生活，包括我們的司法制度。主席、各位委員，今後我再也不會這樣做了。我們回到了祖國，卻讓我的女兒慘遭殺害，而司法體系又是怎麼對待我們的？是的，正義——只有殺人者得到多得不得了的正義：審判延期、拖延、重新審查、膠著、聽證會、檢查證據、重新聽證、上訴、訴願。而我們受害者的命運卻是：無人理會、不確定、等待、挫折、更多的等待、不公平以及一再的失望。」

聽證會之後，傑克終於感覺到遊戲規則慢慢改變了。這是有史以來，受害者第一次對人身保護令表達看法，他使這個問題變得人性化、個人化，引起了一般社會大眾的注意，關心這個議題的不再只有學術單位。

「我們讓公眾注意到受害者不再保持緘默。」

他們繼續聯合全美受害者團體，和全國中小型相關團體聯繫，接觸團體的負責人。他們請受害者到國會作證，說出他們個人和司法制度打交道的經驗。參議員、眾議員開始看到不同層級的人出來對以前只有學者、專家討論的議題作證。

當大多數退休人士輕鬆安享餘年之際，傑克成為一位戰士。他和楚娣兩人經常上電視，有時也帶著其他受害者接受訪問。他們陪同另一對來自肯薩斯州的受害夫婦上節目，該夫婦的女兒遭到姦殺。

節目製作人建議他們邀請精神病醫師或心理學家來分析兇手的強暴動機。

傑克想到了理想的人選。他是華盛頓地區著名的心理學家史坦敦・山門諾（Stanton Samenow）醫生，他出版過一本充滿洞察力的著作《窺視犯罪心理》（*Inside the Criminal Mind*）。他和心理醫師山繆爾・岳卻森（Samuel Yochelson）醫師合作，在華盛頓聖伊莉莎白醫院進行罪行為的先驅研究。一如預期，沒有做過類似研究的精神病醫師和心理專家，並不太欣賞他們對犯罪行為的觀點和態度。

在電視節目中，柯林斯夫婦和其他受害者家屬代表述說了他們的故事。會做出那些冷血無情行為的人一定是病態、瘋狂、失常的人吧？答案是否定的。山門諾醫生解釋，如果你高興，你當然可以罵他們病態，但他們並沒有失常，因為他們很理性地忠於自己的理念和價值觀。這些罪犯在個性和思考都異於常人。我們很難想像為什麼有人會做出這樣的事，但是事實就是如此。

傑克以受害者代表的身分在全國犯罪高峰會上表現傑出，因此，繼任理察・桑柏格的檢察總長威廉・巴爾（William Barr）邀請他擔任司法部受害者辦公室主任的特別助理。傑克在一九九一年十二月就任，任期兩年。他的任務就是代表官方為受害者及其家屬辯護。他受理受害者和相關團體的請求，協助立法部門的提案，宣傳該部門的服務內容，提供諮詢，更重要的是他讓官僚體系和制度增加了人性面。

傑克經常到全國各地出差，宣導犯罪受害者基金（Crime Victim's Fund），該基金是根據一九八四年通過的「犯罪受害者法案」（Victims of Crime Act）而成立的。該法案規定犯罪罰款必須成立專門基金，以作為受害者的賠償金，以及相關團體服務的補貼款。這些服務項目包括治療、諮詢、婦女庇護所、強暴危機處理中心、出席法院聽證會的交通費、因聽證會而需要僱請保母的費用，以及其他幫助受害者的項目。

在塞德利．艾萊提出附帶訴訟期間，傑克繼續參加國會的聽證會。漢克．威廉說：「傑克全心全意地督促國會關心這個議題的進展。」

是什麼樣的力量在支持傑克和楚娣？他們為什麼能和整個司法體系周旋，不畏任何艱難？他們說他們要看到正義公理獲得伸張，除非他們能替蘇珊妮爭取到最後的正義，否則就無法得到他們所真正需要的「終結」。

史蒂芬說：「爸媽認為他們所做的每一件事蘇珊妮都看得到，他們要讓她知道，即使她已離我們而去，她在我們的心目中還是非常重要。他們替她和其他受害者做的戰鬥愈多，他們愈能讓她知道他們的愛。蘇珊妮在成長為一個真正的女人之前就離開這個世界，爸媽沒有機會享受長大成人的蘇珊妮陪伴左右。他們藉由戰鬥，彌補這未竟的心願。」

塞德利．艾萊又提出上訴申請，這次的理由是法院駁回他的定罪後救濟，該上訴案於一九九二年十月，在田納西州傑克森市（Jackson）由刑事法庭的三名法官組成的合議庭審理。傑克和楚娣一如過去每一次重要的審判，他們出席了辯論。

合議庭的首席法官是善於言詞、年近四十的潘妮．懷特（Penny White），她的資歷頗為顯赫，但從一開始傑克就有預感這位女法官會讓他們備嘗苦果。

「從懷特法官的肢體語言、態度、說話的語氣來看，她顯然偏袒被告。她對待被告和檢方的態度完全不一樣。她對待辯方和顏悅色，可是輪到檢方陳述時，她就轉頭和其他法官說悄悄話，有時還露出得意的笑容。她不讓檢方多說，卻容許辯方大發議論。」

從一九九二年的十月拖到一九九四年的四月，刑事法庭才做出裁決：命令另一位新法官再辦一次聽證。該聽證在一九九五年八月舉行。這次被告指稱上任律師無效辯護，理由還包括當時沒有找到足夠的醫生和專家檢查塞德利・艾萊的精神狀況。這完全不是事實，早在直接上訴時，田納西州最高法院就針對這項議題裁定沒有缺失。事實上，為了讓塞德利・艾萊接受醫師的評估，審判還延期三到四次。

「最後，」漢克・威廉說：「他們居然還請求找更多的醫生來挖掘羅伯特・瓊斯律師可能忽略的地方。換句話說，瓊斯當年找來一大群醫師，仰賴他們在醫學的專業素養，竟然還被辯方指責為效率不足。」

自從審判以來，我和漢克・威廉都再也沒有聽到辯方提到「比莉」和「死神」的事。我們也沒看到塞德利・艾萊顯露某種程度的懊悔和抱歉。被告仍然死攀著最後一線生機。

此時傑克感覺自己已經心力交瘁，他不想放棄到全國各地繼續奮戰，但他也清楚如果他不放慢腳步，讓別人替他分勞解憂，他不但無法保持戰力，可能還會失去更多的東西。他精疲力盡，情緒低落，呼吸短促，膽固醇和血壓過高。

楚娣告訴他：「你已經撐不住了，我也差不多。我們離開華盛頓特區吧，如果我們繼續住在這裡，我們的命恐怕很快就會保不住。」他們考慮了很多地方，和朋友討論再三，最後決定搬到北卡的一個古老社區威密頓（Wilmington）。他們在一九九四年夏天搬到那裡，新家就在河畔，距離美麗的大西洋海岸不到十六公里。這個地方和他們的紐約老家截然不同，但正符合他們的需要。

他們在這棟平房內擺滿了他們到世界各地旅遊的照片以及史蒂芬、蘇珊妮的照片，在這裡過著平靜、規律的生活。

一九九五年八月三十一日，在潘妮・懷特法官建議下新加入合議庭的拉法帝法官（L. T. Lafferty）裁定艾萊提出的前任律師辯護無效且沒有根據，但他允許辯方提出更多專家的醫學證詞。這時候蘇珊妮已經死了十年。

大約一個月之後，田納西州最高法院裁定州政府補助的專家可以在附帶訴訟上訴案中出庭作證。在我寫這本書時，塞德利・艾萊的辯護律師已經向刑事法庭針對拉法帝法官的判決提出上訴，田納西檢察官也提出答辯書，雙方正等待辯論的日期公布。一旦這個議題結束（不管它要費時多久），根據傑克和楚娣的經驗，他們擔心到時又會有一個新的問題出現。

所謂辯護無效的問題一而再、再而三地出現。我們這個時代的特色就是缺乏責任感，每個人都習慣推卸責任或怪罪別人。一如層出不窮的醫療糾紛，如果被告在刑事訴訟案中得不到理想的結果，就歸咎別人。

對於這個問題，漢克・威廉提出了一個解決的好辦法。那就是在開庭審判之前列出五十個問題，像雞尾酒會之前的檢查工作一樣，被告律師必須回答所有的問題，或是檢查每一個步驟。之後，法官必須負責評估，詢問證人席的被告是否對每一項目都感到滿意。然後，法官必須簽名證明被告律師的辯護準備工作是足夠的。在審判結束之後，或是宣判之前，法官必須再一次裁定辯護是否有效。所有這些過程必須做成紀錄，如此一來，雖然無法完全根除辯護無效的藉口，但至少可增加困難度。而且，若真發生辯護無效的情形，法庭也可在審判進行之前及時發現。

這期間我們也得到重大勝利。一九九六年四月二十四日，國會通過一項聯邦人身保護法令改革案，並由總統簽署。這項編號一〇四－一三二「反恐怖主義和有效死刑法案」主要禁止被告利用人身保護令不斷提出上訴。今後所有向聯邦最高法院上訴的案子，必須先經過聯邦上訴巡迴法庭（Federal Circuit Court of Appeals），由三名法官組成的合議庭審理。根據該法令，只有極罕見的案例才能向聯邦最高法院上訴，同時也對訴願的申請以及聯邦法院的審理時間設限。

這條修正法的通過要歸功眾多發聲者和團體的努力。我和漢克・威廉等人一致認為傑克和楚娣以及其他受害者功不可沒，他們相信個人的力量，在對死去親人的摯愛驅使下，矢志與權力的機器周旋，要求正義公理。

傑克指出：「人身保護令修正案上布滿了蘇珊妮的指紋。」

當然在州級法院的層級，人身保護法令也應該加以改革，像塞德利・艾萊的附帶訴訟案，還沒上到聯邦法院，光在田納西州法院就已經曠時費日。全國各地都有不少受害者和家屬正遭受漫長訴訟過程的煎熬。

傑克和楚娣認為潘妮・懷特要為他們的案子過去幾年的拖延負最大責任。她裁定重審艾萊的上訴後，當時的州長奈德・麥克威特（Ned McWherter）在一九九四年任命懷特出任田納西州最高法院法官。和其他州一樣，當上州最高法院法官就不必再競選連任，只要經過公投通過就可以。這種公投只有贊成或反對，並沒有其他候選人競選。一般來說，投票率都非常低，而且贊成的居多。潘妮・懷特法官的任命案定於一九九六年八月四日進行公民表決。

雖然田納西州是有死刑的，但傑克和楚娣以及其他受害者家屬認為懷特根本完全反對死刑。他們上書給州長，希望他取消懷特的任命案。他們覺得懷特對許多案件的判決都失之偏頗，她骨子裡根本就與被害人作對。他們一群人開了約兩千兩百五十公里的路程到田納西州。呼籲州長取消她的提名。加入他們陣容的還有蕾貝卡・伊斯利（Rebecca Easley），一九九七年她的姊夫雇用殺手謀害了她姊姊，但由於被告不斷上訴，這件案子纏訴了近二十年還沒有結果。

為了讓公眾了解這種「司法乒乓」的嚴重性，傑克等人接受記者訪問，上電視召開記者會。他們指陳懷特沒有資格擔任最高法院的法官，並公開她很多不當的判決。支持懷特的團體和他們相互較勁，而前者募集到的款項是反懷特陣營的十倍之多。

反懷特的團體提出她所審理的上訴案件，以證明她對死刑和受害者歧視有加。其中一個案子是一九九一年田納西州警察道格・特里普（Doug Tripp）謀殺案。

一九九一年五月十九日，約翰・亨利・華倫（John Henry Wallen）用點二二來福槍殺了坐在巡邏車上的道格・特里普，死者頭部、頸部、肩膀共中了十二或十三槍，他的手槍還放在槍套，來不及拿出來。兇手坦承他下定決心要殺死特里普。在法庭審判時，證人作證華倫痛恨所有的警察，他曾告訴女友總有一天不是他殺了特里普，就是特里普殺了他。陪審團最後判華倫一級謀殺罪。

一九九五年十一月，此案由刑事上訴法庭審理，懷特以沒有充分證據顯示這件兇殺案是事先預謀的，所以將華倫判二級謀殺。合議庭另外兩位法官反對懷特的判決。

懷特寫下：「從紀錄內容很難判斷兇手是在動手之前數月或幾秒鐘之內決定殺人的。」

懷特的判決引起眾怒，特別是每天為打擊犯罪而出生入死的警察人員。特里普的哥哥大衛是郡警長辦公室的警探，他說：「如果這不算一級謀殺罪，我不曉得還有什麼是一級謀殺罪了。」

這不是唯一的例子。

特里普被槍殺的那一個月，殺人犯理察．歐登（Richard Odom）從密西西比監獄脫逃，他在孟菲斯一個停車場強暴並殺害了七十八歲的蜜娜．強生（Mina Ethel Johnson），她正準備要去找她的腳病醫師。蜜娜說她是個處女，苦苦哀求兇手放了她：「別這麼做，孩子。」「我會給你一個孩子的！」歐登在法庭作證當時他是這樣回答蜜娜的。歐登的強暴手段兇殘無比，不但撕裂了受害者的下體，然後還不斷地刺戳受害者的心、肺和肝，直到她氣絕身亡。死者身上有多處防衛留下的傷痕，歐登說她死時還是有意識的。陪審團判歐登死罪。

這個案子上訴到田納西州最高法院，懷特正好是合議庭法官之一，她和另一位法官裁定「這件案子並沒有物證證明有特別狠毒、殘忍、冷酷的虐待情事，或謀殺之外非必要的嚴重身體凌虐。」所以歐登罪不至該州所規定的死刑標準，歐登有權要求重新審理。

最高法院意見書指出：雖然所有的兇殺案都有某種程度的狠毒、殘忍、冷酷，我們也無意輕忽或減少受害者所受的痛苦，但死刑的標準必須限定於「壞中之壞」的罪行，否則所有的強暴案都該判死刑。

當然，我們可以爭論死刑的存廢問題。但在這裡我要講的是，我過去二十五年的職業生涯中看過成千上百的強暴案和兇殺案，借用大衛．特里普的話，如果強暴七十八歲的老人，撕裂她的下體，再加以連續的刺殺還稱不上是「狠毒、殘忍、冷酷」，還不是「嚴重的身體凌虐」，那我實在無法想像什麼才算是。相信我，我看過的罪行夠多了。

偵辦此案的朗．麥克威廉（Ron McWilliams）警探在記者會陳述這起殘酷暴行時，忍不住痛哭流涕。反對懷特的人士說這個例子充分說明她對惡大罪行的受害者一點都沒有同情心，她完全不了解他們所經歷的一切。柯林斯夫婦、蕾貝卡．伊斯利、大衛．特里普、蜜娜的姊姊露易絲等人得到的結論是：懷特反對死刑，並利用她的職權左右陪審團。

懷特的支持者辯稱她只是要確保被告得到公平的審判，而且以幾個個案來評斷她也失之公允。但是反對懷特的團體認為這不是少數個案，而是她一貫的偏見。不管她全部的紀錄如何，我本人相信，如果我們不能從幾件案例來評斷一位法官，就像說不能單憑一件罪行給罪犯定罪一樣。

另外還有一個例子，初審法官判定一位兒童猥褻罪犯必須在他家前院豎立警告牌一段時間，懷特卻否決了這項判決，理由是如此做有傷該兒童猥褻犯的「人格和自尊」。

關於懷特的判決是可以討論的，我說不定也會同意如此做可能有害個人自尊，但我們必須注意，初審法的判決是為了取代讓猥褻犯入獄服刑。今天我們常講使用其他的懲罰方式，如果罪犯並不具高危險性，初審法官的判決應該很恰當。總之，懷特的判決顯示她明顯偏袒被告，而歧視受害者。

一九九六年八月一日懷特法官任命案投票結果揭曉，百分之五十五選民投下反對票，百分之四十五投贊成票，這是田納西州有史以來第一個最高法院法官任命案遭到公眾反對。傑克說：「我們傳達我們的看法，並得到大家的支持。」

傑克認為懷特的罷免案是給法官的一記當頭棒喝，提醒他們別再高高坐在象牙塔內。「這些法官一旦得到終身職，就不求長進，以學術和理論的態度對待生命，不食人間煙火，不知民間疾苦。他們還說這就是他們的角色：超越雙方戰爭之上。該死！你們必須要了解戰鬥。你們可以不必介入戰局，但你們要了解，要去感受。」

一九九六年六月八日是蘇珊妮的三十歲生日，傑克和楚娣決定出去吃大餐慶祝一番。「她是個充滿歡笑，喜歡熱鬧的女孩，我們要為她快樂，」傑克解釋：「我們度過一個愉快的晚上。每逢她的忌日或下葬的紀念日，我們都沒心情出去用餐。但在她生日的這一天，我們決定要為她而歡樂，以後每年我們都要為她慶生。」

直到現在，他們每天仍以大大小小的方式紀念她：傑克錶帶上掛著蘇珊妮遇害當天戴著的心形金飾，史蒂芬的皮夾裡面放著蘇珊妮的高中照片。蘇珊・韓德成為航空管制員，她嫁給了陸軍上尉艾瑞克・馬丁（Eric Martin），現在已經是兩個小孩的母親。直到現在，每次她聽到蘇珊妮和她最喜歡的「頭腦簡單樂團」（Simple Minds）的歌〈勿忘我〉（Don't You Forget About Me），淚水就忍不住奪眶而出。楚娣很遺憾蘇珊妮不能再陪她逛街，她再也聽不到蘇珊妮跟她說：「媽，這些耳環都不搭啦。」

最近傑克寫了篇以蘇珊妮視角看自己死亡的短篇故事〈一位陸戰隊員的輓歌〉（*Elegy for a Marine*）。傑克說寫作讓他的心靈達到淨化，也是一種讓他調適心情的方法。藉由文字的抒發，他得以在精神上分擔她臨死之際的驚懼，彌補他未能保護她的遺憾。這篇小說是對蘇珊妮生命和勇氣的禮讚，感人肺腑，淋漓盡致表達出喪女的哀痛。

傑克和楚娣將繼續努力奮鬥，為他們的女兒以及其他類似遭遇的受害者爭取正義。另外他們還成立了「蘇珊妮・瑪莉・柯林斯獎學金」，這是美國外交人員獎助計畫之一，蘇珊妮獎學金提供的對象是美國現任、退休或過世的外交人員就讀大學的子女。

Chapter 10 羔羊之血

一九八七年三月十三日，周五深夜到隔天清晨時分，住在阿拉斯加州安克拉治（Anchorage）、二十九歲的南西．紐曼（Nancy Newman）和兩個女兒：八歲的梅麗莎（Melissa）和三歲的安琪（Angie），在自家公寓遭到姦殺。偵辦員警說這是他們見過最殘酷的罪行。最先發現慘劇的是南西的妹妹雀兒（Cheryl）和妹夫保羅．查普曼（Paul Chapman），他們因為南西沒去上班才到她家查看。兇手殺人後，還偷走一些財物。由於這件兇殺案太過駭人聽聞，有關當局很擔心是在逃的連續殺人犯所為，安克拉治和阿拉斯加州警方立即組成專案小組偵辦此案。

在任何疑似家庭暴力的案件中，死者的配偶總是最先被懷疑的對象。南西的先生約翰．紐曼（John Newman）是佩戴重裝備工作的油管操作人員，他帶著家人遠離家鄉愛達荷州搬來此地工作。命案前三個月，他在工作時受傷，在一月三日前往舊金山做治療及復健，所以他不可能涉案。警方也很快就查出紐曼一家人關係和諧、生活美滿。

即使缺乏證據排除約翰涉案的可能性，單看犯罪情節和案發現場照片，我們就知道他絕對不會是兇手。說來令人難過，確實有為人父母者凌虐子女，甚至加以殺害：有些父母強暴子女，用鞭子打他們，用火燒，或讓子女挨餓，拿繩索勒斃他們，也有用刀子刺死子女的；但是沒有做父母的會用像這名兇手殺害兩個小女孩的殘酷手段對待自己的骨肉。我們見過因個人因素造成的家庭暴力案件：做丈夫的殺害妻子、前妻或女友，受害者的傷口多數集中在頭部和頸部，也有先生殺死全家人的案子。但是無論兇殺案罪犯使用的兇器是刀、槍或其他手段，比起這個案子，他們都顯得「乾淨」多了。在所有家庭兇殺案中，無論丈夫以何等兇殘手段殺害妻子以示懲戒，我們從來沒見過當父親的會如此殘酷地強暴兩名小女孩後，再將她們砍死，然後任其屍體赤裸裸地暴露在外，沒有稍加遮蓋。這是不可能的事。

安克拉治和阿拉斯加警方都是第一流的治安機關，對自己辦案的能力信心十足，也不吝於向任何能協助破案的單位請求支援。一如慣例，地方助理檢察官一開始就監督警方的偵查行動。警方專案小組很快聯絡上聯邦調查局安克拉治調查站剖繪員唐．姆克慕勒（Don McMullen），請他對兇嫌進行心理剖繪。姆克慕勒是位優秀的聯邦探員，也是頂尖的剖繪員。我們在三年半前曾一起偵辦過羅伯特．漢森（Robert Hansen）謀殺案：漢森是安克拉治的一位麵包師，專門誘拐當地性工作者，用私人飛機載到荒野再獵殺她們。姆克慕勒完成對紐曼案件的初步剖繪分析後，隨即與匡提科的傑德．雷聯繫。

傑德．雷加入調查支援組有兩年半的時間，他是個背景獨特的罪犯剖繪人才。他是越戰的退役軍人，最早在喬治亞州擔任警官，很快就力爭上游晉升為兇殺組警探，而後加入聯邦調查局。我和他於一九七八年在喬治亞州結識，我們一起處理「邪惡勢力」（Forces of Evil）多起殺人案，當時他擔任哥倫布市輪值指揮官。一九八一年我到亞特蘭大協助偵辦殺童案時，他也調到當地，我們再度碰面。不過那次合作很短暫，我在《破案神探：ＦＢＩ首位犯罪剖繪專家緝兇檔案》中曾經敘述過這段故事。

一九八一年二月二十一日，傑德．雷的太太雇用兩位殺手謀殺他。他身中重傷，但逃過一死，後來在二十四小時戒備森嚴的病房療養三周。比起身體，他花了更長的時間治療心靈的創傷。

我們在外表上有很大的差異：我是個身材高大、藍眼珠的白人；傑德·雷是矮短身材、健壯的黑人，但是我和他的交情親如兄弟。他調職到紐約服務期間，正巧匡提科有職缺，我立即網羅他和華盛頓特區調查站的吉姆·瑞特進來，後者曾參與約翰·辛克利（John Hinckley）一案。

傑德·雷要求看現場照片和案情報告，姆克慕勒立即傳真部分照片過去，其餘的在周二寄達匡提科。姆克慕勒告訴傑德·雷，警方根據他的剖繪已經鎖定一個對象。為了保持他所謂的「中立自由」，傑德·雷不想知道警方鎖定的嫌犯身分。

傑德·雷獨自坐在桌前翻閱相關照片和資料，第一個閃過他腦海的問題是：「兇手對誰下手最重？」

從案發現場照片來看，三名受害者的遺體都被摧殘得慘不忍睹，她們的睡衣都被拉到胸部，裡面未著寸縷，兇手對三名被害者的陰部和肛門予以強暴，再向連續戳刺她們的身體，但傑德·雷很快就看出兇手下手最重、砍殺最多、傷口暴露出最多恨意的是最小的女兒安琪。三歲小女娃的脖子幾乎被砍斷，從特寫照片依稀可看見安琪的氣管、食道、頸靜脈和左頸動脈完全斷裂。她倒臥在血泊中，左手看得出有掙扎留下的傷痕。

究竟是哪個禽獸不如的渾蛋傢伙會對一名三歲女孩下此毒手？

從案發現場照片可以很明顯看出，這是無組織的犯罪行為。從血跡移動圖樣（血清學專家可以查出死者的血液流動軌跡），警方判斷不明行兇者先攻擊紐曼太太，再轉向梅麗莎，最後才是安琪。案發現場有「儀式性行為」，但看不出其中具有的象徵意義，這在無組織型的犯罪行為中是很常見的。

安琪從陰部到腹部的這一截肌膚比較乾淨，顯然不明行兇者曾特別加以擦拭。

南西在夜總會擔任服務生，但她並不是高危險的被害人。根據警方的盤查，她的同事都喜歡她，說她待人和善，並不是輕浮隨便的女人。證據也顯示她對先生忠實，沒有跟男客有牽扯，也沒有嗑藥。總之，她和女兒在自家被禽獸般的兇手殘殺實在沒有道理。

有件事可能是重要線索。兇手在行兇之後到廚房洗水槽清洗身上的血跡。警方找到兇手擦過的絨布毛巾（絨布很難查出指紋），並在上面發現蝨子，但屋內其他地方並沒有蝨子，所以十之八九是從兇手身上來的。根據傑德．雷的分析，兇手在現場清洗，顯示他必須要在離開前把自己弄乾淨。為什麼兇手不回家去清洗，卻願冒被人發現的危險或留下更多線索而在現場多做逗留？他可能沒有自己的住所，可能是遊民，如果他熟悉當地環境（傑德．雷相信他是的），在現場清洗比較方便是很自然的反應。或者兇手和其他人住在一起，所以必須在回家時看起來「正常」。或者，兇手害怕出去時被人看到，也就是說當時天還是亮的，從這點推論，命案應該是發生在周六清晨而不是周五深夜。

這樁兇殺案還蒙上靈異色彩。在命案前一天，有名精神異常的女人打電話跟警方說即將要發生一件儀式性的兇殺案，兇手殺人後會喝下年輕女受害者的鮮血，然後以她的身體作為祭祀。不用說，這個預言很嚇人，特別是媒體披露兇殺案之後，更引起騷動。警方不得不回頭去找這個女人談，還多方查證她的說詞。傑德．雷和專案小組都不認為這個女人的預言和命案有任何關聯。家庭暴力兇殺案經常會出現類似的巧合，也往往誤導警方調查方向。

警方諮詢安克拉治調查站後，隨即展開地毯式訪談，希望能找出符合無組織犯罪特性並有性攻擊前科的人。這名兇手可能年紀在二十五歲上下，外表邋遢，習慣過夜生活，沒有軍旅經驗，無業或者屈就低職，做些底層的工作。警方的確找到一個符合以上側寫的對象，一個最近才搬到紐曼家附近的青年，他沒有不在場證明，所以警方認為他就是他們要找的人。

但傑德·雷認為有個大問題：「我一直在想那名三歲小女孩，令我感到困擾的是，我確信死者和不明行兇者相識。」

但是警方鎖定的對象並不認識紐曼一家。

「他看起來完全符合我們的剖繪，但你們找錯人了。」傑德·雷在電話會議中以篤定的語氣告訴專案小組。他們反駁說該嫌犯除了不認識受害者之外，其他各點都吻合。但傑德·雷堅持被害人與兇手相識是關鍵點，比兇手的年紀、職業、犯罪前後行為都重要。

傑德·雷建議警方不要急著在偵查剛開始就約談嫌犯，萬一該嫌犯不是兇手，所有偵查工作都得重起爐灶，警方會失去信心和可信度，卻讓真正的兇手逍遙法外。

「我不相信一個陌生人會在現場逗留那麼久的時間。從他偷走的財物來看，也不像是陌生人所為。三更半夜，一個陌生人進出公寓風險很大。愈來愈多的證據顯示警方找錯人了。」

死者身上捆綁的繩索是紐曼家的物品。「如果兇手意在殺人，他不會這樣做的。這表示兇手想和被害者有較長的接觸時間，可能要談判之類的，我認為目前被警方列為主要嫌犯的人並沒有能力這麼做。真正元兇的人際技巧、溝通和協調的能力應該比較好。」

從死者身上的傷口判斷，兇手應該不是性虐待狂，但他很恨死者，這是排除兇手是陌生人的重要原因。陌生人不會這麼做，欠缺動機。這與犯罪手法或簽名特徵皆無關。

另一個指向兇手是熟人的重要原因，是失竊的財物：一台三十五釐米照相機、放在廚房櫃子的鐵罐內的零錢。這個鐵罐並非放在顯而易見的地方，所以，兇手要不是在找其他財物時，無意中發現這鐵罐，就是他早知道櫥櫃中有這麼一個鐵罐。當然，以兇手逗留現場的時間，他可以在屋內翻箱倒櫃徹底搜尋，但是屋子並沒有被亂翻，這不像是無組織能力的兇手所為。這實在說不通，兇手以屠殺般的手法殘殺死者，卻仔細搜索房子，拿走想要的東西，再將他不要的東西整整齊齊歸回原位，這顯然是慣竊的行為，無組織能力的強暴殺人犯不會這樣做。

在長達兩小時的電話會議中，有位警探問：「傑德，你有何意見？這是目前我們找到涉嫌最重的人。」

傑德・雷再次強調兇手是年紀二十多歲、與死者熟識的男性白人。等逮到兇手，會發現他特別憎恨安琪。在命案前，兇手可能在生活上遭遇壓力來源：比如剛面臨失業或者結束某種關係。

警探想起紐曼太太有個姪子（事實上是約翰・紐曼的姪子）很吻合這些特徵。

「姪子嗎？」傑德・雷沉吟著。

「沒錯，不過他住在安克拉治西南邊八百公里的地方，我聽說他最近才回安克拉治來。」

傑德・雷說：「錯不了，這就是你們要找的人。」

警探問：「這是什麼意思？」

傑德・雷強調：「這就是應該調查的方向，你們要集中精神在這個人身上。」

這個人的名字叫做柯比・安東尼（Kirby Anthoney），二十九歲，一九八五年從愛達荷州搬到安克拉治，也就是阿拉斯加人俗稱的「下面四十八州」的人。他有段時間就住在紐曼家裡。

傑德・雷說：「他的背景不好，有些導火線促使他殺人。」

根據警方調查，柯比・安東尼和他從愛達荷一起來的女友黛比・漢克（Debbie Heck）在荷蘭港（Harbor）的漁船上工作。命案發生前兩周，黛比搭上船長，船長以藉口辭退柯比・安東尼。黛比後來告訴警方柯比・安東尼脾氣壞，曾多次毆打她。柯比・安東尼認為他會丟掉飯碗全是船長為了搶他的女人而故意搞鬼，他既氣又怒地回到安克拉治。

傑德・雷猜測柯比・安東尼會與警方合作，以便了解警力調查工作的進度，掌握相關證據。如果警方沒有起訴他，等風頭一過，他一定馬上找個藉口離開當地。

對照柯比・安東尼在命案前後的行為更加深他涉案的嫌疑。他曾在紐曼家住過一陣（有段時間黛比也一起住），但他卻沒有參加南西和小女孩們的喪禮。約翰從舊金山回來後，柯比・安東尼只見過他一次，也不管傷心欲絕的約翰正需要親友的安慰。後來警方又查出柯比有位室友丹・格蘭（Dan Grant）住在老鷹街，離紐曼家只有三個街口。

安克拉治和阿拉斯加警方跟傑德・雷談過後，立即追緝柯比・安東尼，約談他好幾次，但他都否認涉案。在警方申請搜索票期間，柯比以為警方不再調查他，一如傑德・雷所料，他立即逃之夭夭。警方猜測柯比會逃到加拿大，便通報加拿大邊境巡邏隊注意。不出所料，柯比・安東尼因使用過期證件被加拿大警察逮個正著。

警方從柯比・安東尼的住所搜出了南西的三十五釐米照相機，並發現他身體私處長有蝨子。

事情是這樣發生的：約翰・紐曼受傷到舊金山去治療後，紐曼家的情形愈來愈糟。根據雀兒的陳述，柯比的行為愈來愈詭異，他對南西的女兒態度惡劣，不去工作，整天遊手好閒，盡跟一些南西不希望在女兒周遭出現的傢伙廝混。

原來柯比會跑到安克拉治是因為他在愛達荷州惹了麻煩。他涉嫌在湖邊強暴一位十二歲的女孩，差點殺死她。由於女孩頭部嚴重受傷無法指認兇手，警方證據不足，無法逮捕他。當地警局局長告訴安克拉治警方，如果當時不是正好有人經過，柯比肯定會宰了那女孩。

南西曾告訴雀兒，柯比讓她不寒而慄。傑德．雷相信柯比一定對南西不規矩，南西覺得先生不在家，讓柯比留在家裡不太安全，所以叫他搬走。柯比就在那時和女友搬到荷蘭港。

柯比和女友分手，又砸了飯碗，落魄地回到安克拉治，心裡覺得全世界的人都在跟他作對。傑德．雷推測他這時回去找南西，希望南西能收留他，當然她一定不答應。

情形可能是這樣的：柯比在周六清晨來到紐曼家，希望改變南西的心意，要不就準備給她好看。以前柯比晚歸時，都從安琪房間的小窗戶進去，這次他也是從這裡潛入安琪的房間，再去找南西。剛開始他可能低聲下氣地懇求她，但南西在清晨六點突然看到柯比出現，一定嚇壞了，證實她的擔憂是對的。這時她當然不可能歡迎他回來，她可能叫他立即滾出她家，永遠不要再來。

這更讓柯比覺得大家都跟他作對，很可能這就是使他爆發的導火線。壓抑多時的滿腔怒火找到了發洩的對象：她竟敢這樣子拒絕他！他不需要再壓抑他對她的慾望了。

周五晚上柯比有不在場證明，但證據顯示命案應該是發生在周六早上六點半到七點之間。除了兇手在現場清洗的舉動，在臥室還發現咖啡杯，解剖報告顯示南西的膀胱內沒有東西，這在在證明命案不可能如柯比的律師一再辯稱是發生在周五晚上。柯比沒有周六的不在場證明。

專案小組申請的逮捕令羅列了三項謀殺罪、一項一級性侵害罪，以及一項綁架罪。警方逮到了柯比，他沒有表現出震驚、憤怒或破口大罵：「他媽的！」這些我們預料無辜者會有的反應。在聆聽他的罪名時，他脫口而出：「怎麼會有綁架罪！」顯而易見，他搞不懂，因為他認為這是他沒做的事。

事實上，阿拉斯加以及其他幾個州認定，在違背個人意願下，以外力或暴力強制某人由一地到另一地就足夠構成綁架罪，即使在同一房間也不例外。

法醫依據案發現場遺留的血跡重建命案發生過程，這不僅可以判斷三位死者死亡的先後順序，也讓傑德．雷更深入了解事情真相。

兇手用非常暴力的手段玷污並殺害被害人。傑德．雷從兇手強暴南西的時間之長，推論南西受辱雖然是屈從在兇手的暴力脅迫下，卻也隱含了某種程度的合作：作為一位母親，南西可能為了女兒才跟暴徒多加周旋。傑德．雷推測南西跟歹徒可能的對話：「好吧，隨便你！只要你不傷害我的女兒。」

「不幸的是，這麼兇殘的強暴犯在當時是不可能會理性地放過任何可能的目擊證人。如果兇手是陌生人，他可能不會趕盡殺絕，因為他不怕被指認出來。如果兇手不熟悉兇宅，也不可能知道屋內有繩子可用。」

「我認為兇手是存心要羞辱南西，所以才將她綁起來，我猜他侵犯南西時，兩名女孩也在場。」兇手把梅麗莎從床上拖起，拖過走道，她的屍體就在這裡被發現。在南西房間也找到了梅麗莎的血跡，她也被兇手捆綁起來。

安琪血淋淋地倒臥在她房間的地板上，玩具和故事書散落一地。雀兒指出柯比曾經幫忙帶過梅麗莎和安琪，他覺得安琪是個令人討厭的小暴君。

柯比會擦掉安琪身上部分血跡，或許顯露出些微的悔意，但傑德．雷並不以為然：「他有充分的時間將自己清洗乾淨，還去搜括相機、財物，如果他有絲毫悔意，他有足夠時間找個東西掩蓋小女孩的屍體，但是我看不出任何類似跡象，這絕對是椿冷血、殘暴的兇殺案。」

兇手可能看到安琪身上流了太多的血，他想擦掉，卻發現血實在太多擦不掉，就放棄了，或許隱含了其他只有他自己知道的特別意義。兇器是柯比自己帶來的，那是一把他經常把玩的尖刀。

傑德・雷從案發現場照片看出兇手是殺紅了眼，根本控制不住。他斷定如果兇手再遭遇同等的壓力來源，他還會殺人。殺害兒童是眾所公認最懦弱的行為，兇手藉由攻擊、殘殺別人來發洩心中的怒氣。

傑德・雷說：「你不可能去扁老闆一頓或找前任女友算帳，也不可能怪罪母親，但將所有的怨氣發洩在毫無反抗力的兒童身上，卻是輕而易舉的事。」

「柯比故意要讓發現屍體的人大吃一驚，他大概猜得出會是南西的妹妹發現這件事。從他在生活和工作上遭遇的壓力來看，他可能在幻想中殺了南西母女上百次，即使他沒有在案發當天殺了她們，以他的情形，他早晚會去殺人。」

安克拉治地方檢察官史蒂夫・布朗佛爾（Steve Branchflower）指派威廉・英格森（William H. Ingaldson）負責這個案子。柯比・安東尼由兩位公設律師約翰・薩萊米（John Salemi）和格瑞葛・霍華德（Greg Howard）代為辯護。布朗佛爾在準備開庭審判時，詢問調查支援組是否曾以專家身分在刑事審判案件中出庭作證過，答案是沒有。因為犯罪剖繪和行為科學研究在當時還是很新的實驗科學，很多執法人員（更不要說聯邦調查局本身）不曉得怎樣看待這項新學科。

傑德・雷來問我是否有例可循。沒有，我告訴他我們不允許以專家身分出庭作證。他打電話請教匡提科的法律顧問，對方也找不出這項自一九七〇年代發展的犯罪分析，曾被作為法庭上的證詞的例子。

傑德．雷提醒布朗佛爾雖然調查局法律專家不反對我們出庭作證，但我們以前不曾這樣做過。布朗佛爾回答：「以你當過警察的背景，又有多年辦理兇殺案的經驗，我認為你有資格以專家身分出庭。我們至少嘗試看看。」

布朗佛爾仔細研究阿拉斯加的法令規定，他讓傑德．雷取得專家證人的資格，所以傑德在柯比受審開始就飛到當地。等到他出現在法庭，法官對該給聯邦調查局探員多少發言空間相當謹慎。他裁決傑德．雷不能以剖繪結果作證，但允許他說明犯罪後行為特徵。這對辯方是相當關鍵的議題，因為他堅稱其委託人在命案發生之後的行為並不像是犯人所應有。傑德．雷舉出反證，說明柯比的所有行為一如他所預測。

傑德．雷以專家身分在柯比一案出庭作證，替我們小組開了先河。

在開庭之前，傑德就教導英格森幾個訊問柯比的策略。「我建議他，配合我的證詞，最好多找些證人作證柯比的行為，以及說明這些行為的意義。」

所以，英格森在庭上詢問傑德．雷的背景和資格，他辦過多少兇殺案，哪些共通行為是他經常在兇手身上看到的，諸如此類的事。在交叉詢問時，辯方律師不針對犯罪後行為特徵提問，反而故意問些傑德．雷並不允許回答的其他議題。傑德相信辯方律師故意避開這個話題，是擔心陪審團會採信他的說詞。

一如我們諮詢過的許多案件，最好能讓被告放棄憲法所賦予的權利，選擇上證人席接受詰問，這樣就可以讓陪審團看出他的真面目。柯比的姿態愈來愈自大神氣，好像他身處世界之端，而不是在法庭內受審。他不時指點律師該怎麼做，事實上，他還真的宣稱自己是共同辯護。

這正是傑德所希望看到的態度和行為，當被告自大、自信到相信他的措詞會對自己有益，他往往就願意上證人席。

檢方擁有紮實的法醫證據，所以對這場官司信心十足。他們採到柯比的血液和精液樣本，比對結果吻合。不過當時DNA檢驗還不能當成呈堂證物。這種檢驗法在一年之後才被法庭採信，正好也是傑德．雷協助處理的一個案子，我在下一章會做詳細的說明。所以要攻破柯比心防，最好的方法是從他前後不一致的行為中捉出小辮子。

警方在柯比的家中搜出了南西的相機。他的說法是，這是南西送給他的。我們和警方相信這完全是一派胡言，因為相機內的底片還有紐曼家去年聖誕節所拍攝的照片。如果他們能讓他上證人席，很容易就可以戳破他的謊言。傑德．雷還從警方的筆錄發現：雖然柯比很喜歡這台相機，他卻不會操作。這表示根本不是南西給他的。

「因為他一直誇口他多懂這台照相機，多喜歡拍照，南西很清楚他的嗜好，我只要把相機放到他手上，讓陪審團知道他根本不會使用，就可以證明他在說謊。」

傑德．雷從記者朋友那裡得知和柯比關在一起的黑人獄友曾威脅要扁他：「起初我搞不懂怎麼一回事，後來才知道原來每回柯比出庭應訊，下午還押時經過牢房，黑人都咒罵他：『殺小孩的殺人犯！』他也回罵充滿種族歧視的字眼。」

「所以我告訴自己這可能有用。這傢伙不喜歡黑人。我想我們不妨把他的前女友弄上法庭，只要讓她坐在旁聽席就行了，我知道我們可以激怒他。」

黛比被檢方列為預備證人，如果辯方攻擊犯罪後行為特徵，檢方就會讓她出庭作證。所以，她到場聆聽審判。

傑德．雷故意坐在黛比旁邊。「這沒有任何威脅性，我只是坐在她旁邊而已，我的策略就是要引起他的注意，一旦他注意到我了，我便靠近黛比，低聲談論審判的事情，問她對他的觀感如何。每次我這麼做，我就慢慢靠近黛比身邊，然後我會把手放到她背後的椅背上，看起來好像我是用手環繞著她，這讓柯比很不舒服。他轉過去和他的辯護律師低語，我知道他講些什麼。他的律師要求休息。」

柯比和他的律師到另一個房間討論，十分鐘後回來，律師們走到法官面前，其中一位律師悄悄告訴英格森說：「我實在沒辦法打消他上證人席的念頭。」

柯比這麼做是為了給他前任女友一個深刻的印象，也可能只為了表示：「臭聯邦調查局老黑探員，我可比你聰明」，或者就像這類驕傲自大的罪犯都會有的反應：「我可以挽救局面」，我們不得而知。但他知道檢方有強而有力的證據，辯方提不出有利反證，所以他可能料想就算他上證人席也沒有什麼損失。

新聞媒體顯然被柯比的決定嚇了一跳。

傑德打電話到匡提科找我，要我幫英格森想一套攻擊柯比的策略。如同我在亞特蘭大韋恩．威廉審判案所做的，我建議英格森開始時故意慢慢詢問，讓柯比增加自信心，誤以為他會獲勝。然後一步一步逼近他，侵犯他的個人空間，逼迫他，試圖讓他說詞前後不一致。這個策略的關鍵點就是要攻其不備。

我曾提過，在開庭時，我通常喜歡使用與謀殺有關係的實物或象徵，讓被告觸摸或注視，這些東西對無辜的人沒有特殊意義，但會引起罪犯的情緒反應。在瑪莉・法蘭西絲・史多納謀殺案，讓兇手達瑞爾・基恩・戴維爾吃驚的物件是他用來打人的石塊；在審判蘇潭波時，證物是死者血跡斑斑的內褲。傑德一告訴我有關相機的事，我就知道這是完美的物證，可以讓陪審團看清楚被告有沒有說實話。

英格森完全按照我們的計畫進行，他緩緩地問話，慢慢靠近柯比，突然他停止訊問，話鋒一轉大談相機，他問柯比是不是經常使用這相機，他用柯比在警局的筆錄套他。英格森向陪審團說明那台相機，然後他拿起相機，走到證人席，交給柯比。

「你可不可以解釋一下，」英格森問他：「什麼叫做光圈係數？」

傑德憶起當時的情景：「柯比直盯著相機好一會兒，然後才開口說：『我不知道什麼光圈係數，我就是拍照而已。』」

「那麼這相機照出來的效果如何？很好，很壞，還是怎樣？」

「還不錯啦！」

「你可以看出來，他開始顯得不安，陪審團明白了他不會使用這台相機。相機不是人家給他的，因為他根本不會用，所以是他殺人後偷走的。他已經露出了馬腳。」

審判共進行了八周。結辯之後，陪審團周五討論了一整天，周末休息，周一他們回來繼續討論，四小時之後，終於做出判決：所有罪名皆成立。

柯比・安東尼共被判刑四百八十七年。到目前為止，他所有的上訴全部被駁回。其中有一項是他聲稱聯邦調查局為犯罪行為作證是不當的。沒有法院（今後也不太可能有）會對此上訴表示同情，因為我們的證詞愈來愈被社會接受。

在審判結束前，傑德．雷和約翰．紐曼去露營，他們深入山區到一處人煙稀少的湖泊，兩人共度了一個周末。

「我們慢慢聊起他的家庭、他們以前的生活，以及他現在的改變。望著他凝視遠方的眼神，我知道自己永遠無法忘記他以及他所經歷的一切。他想要知道所有發生的事，他設法從我口中套出他的家人在最後受到什麼樣的酷刑。我實在無法告訴他真相，因為事實太血腥殘暴了，但是我能理解他對事實的追尋。雖然我本身有過痛苦的遭遇，我還是完全無法想像痛失妻子和兩名愛女的心情。」

審判結束後，傑德仍然和約翰．紐曼及雀兒保持聯繫，盡可能提供他們情緒上的協助。這就是我們小組成員典型的做法，即便這份工作壓力大，但卻能得到自我提升的成就感。

柯比．安東尼被判刑定罪，傑德特別覺得稱心如意。以前他當兇殺組警探時要求的是鐵證如山，而今他所提供的是推論、意見，讓自己進入對方的內心。

「剛加入匡提科時，我實在很懷疑如何從一堆照片和資料中重建犯罪現場。後來我終於了解到這不是單靠一項學問：剖繪，就能辦到。事實上，犯罪心理剖繪是集許多學科之大成，必須深入了解法庭心理學、法庭病理學、文化人類學、社會心理學、動機心理學等等。你必須同時具備這些學科知識，還要懂得偵查的技巧。犯罪心理剖繪並不是破解兇殺案的萬靈丹，但是了解剖繪的學問將幫助你有效地調查案件。這讓你在分析時可以自信地說：『我有充分理由相信你們找錯對象；我相信你們應該多花點時間在這個傢伙身上才對。』就像我在這個案子所做的一樣。」

怎樣的特質造就一名好的剖繪員和犯罪調查分析員，這很難界定。關鍵的技巧之一是要有能力在腦海中重建劇中兩位主角：被害人和加害人之間發生的故事。傑德曾經擔任兇殺組警探，這份工作就是要一點一滴蒐集相關的訊息，然後拼湊出一個合理的犯罪情節。我發現優秀的警探都很會講故事，不過我和傑德都無法確定他在這方面的優秀表現有多少是累積自豐富的警探經歷，有多少是他的天賦和直覺，或者和他本身曾經是名被害人有關。

他辦理柯比．安東尼的案子時，距離他遭受攻擊已經有六年了。「即使如此，每當我看到犯罪現場，我還是忘不了我的親身經驗。有些場景特別讓我勾起回憶，如果是砍傷的案子我還比較好過些，但是碰到槍傷或和我當初相似的撕裂傷，我就會比較難過，我想我會比較注意這類型的犯罪現場。」

「我曾經面臨死亡，這使我對某些類型犯罪的被害人有更深一層的洞察力。我能了解，因為我自己就經歷過同樣的遭遇。這是種奇怪的感覺，我把自己放到犯罪現場，當我看著她時，我可以想像她所經歷的。當我看著照片，我回想起我與生命掙扎的每一分、每一秒，但她和我不同，她沒能撐過去。我用這個方法設身處地去想像發生的事、沒有發生的事、可能發生卻沒發生的事，以及其他的可能性。所有這一切，在某種意義上，就是進入她的內心，但要設法從當晚的黑暗走出來。」

傑德在幾年前離開調查支援組，目前負責匡提科另一機構「國際訓練暨支援組」（International Training and Assistance Unit）。從字面上來說，他是真的「升遷」了，現在他的辦公室在二樓，終於擁有自己的窗戶，這是他以前與我們共事時的夢想，因為我們擁擠的辦公室座落在地底下十八公尺處。傑德現在轉任聯邦調查局比較「主流」的工作，但是他對以前工作的信念和熱忱未曾絲毫稍減。

「聯邦調查局必須更深入地參與目前所從事的工作，我深信答案就在那裡。我有信心，這世界上，特別是這個國家尚未解決的案子都有水落石出的一天，因為所有刑案都有共通點。聯邦調查局應該開始帶頭調整好自己的步伐，邁向另一層次。我認為目前我們在罪犯剖繪、犯罪現場分析和其他事所做的努力只搔到表面而已。」傑德以堅定的語氣說：「如果我們能做更多有益的研究，再回到監獄做深入訪談，付出更多的人力以及時間，來對抗我認為人們所面臨的最緊急的事：暴力犯罪，我們可以得到非常大的進步。我確信聯邦調查局能在這個舞台上盡情發揮。」

Chapter 11 他們捉錯人了嗎？

三十二歲的卡洛琳．哈姆（Carolyn Hamm）是名專攻史蹟保存法的律師，工作認真。不過她已經有兩天沒有到華盛頓特區的律師事務所上班，這一點都不像她的作風，平日她要遲到個五分鐘，都會事先電話通知。現在居然無故缺席，既沒事先交代，之後也沒有聯繫。起初她的祕書也不在意，她知道卡洛琳這幾天正忙著準備到祕魯度假，這可是她期待已久的假期。又過了三天，卡洛琳還是音訊全無，她的祕書開始覺得事有蹊蹺，即刻打電話請卡洛琳最好的朋友去她家看看。那是一九八四年一月間的事。

卡洛琳．哈姆住在維吉尼亞州阿靈頓郡南二十三街一棟裝上深色百葉窗的白色平房。卡洛琳的好友發現房子前門沒有關緊，積雪從門縫滲進屋內。卡洛琳不會如此粗心大意的，她的朋友感覺不對勁，便找了一位路人陪她進去。

他們發現赤裸的卡洛琳俯臥在通往車庫的地下室，手腕被人用百葉窗繩子反綁著，一條捆地毯的粗繩索套在她的脖子上，然後繞過天花板的管線，再綁在卡洛琳停在車庫的飛雅特的保險桿上。她的身體沒有血跡，表面也沒有瘀傷，但顯然已氣絕多時。

阿靈頓警方勘驗現場後，判斷兇手是從地下室的窗子潛入屋內行兇，因為地下室乾衣機的通風口管線被人動過手腳。警方在地毯上發現一把十五公分長的刀子，不明行兇者可能就用這把尖刀逼迫卡洛琳就範。卡洛琳的皮包被棄置在樓上地板，皮包內的現金已不翼而飛，其他東西散落一地。除此之外並沒有其他財物遺失。警方挨家挨戶盤查，但社區守衛和其他鄰居都沒有發現任何不尋常的事。

法醫解剖屍體後，在死者的嘴巴、陰道和直腸內發現膠狀潤滑油，並在她的陰道內和大腿上採到精液。鑑識人員在被丟在客廳的浴袍上也發現精液反應。死者左腳腳背有明顯的挫傷，顯然曾被人拖行。卡洛琳死亡的時間應該在一月二十二日晚上十點到二十三日清晨之間。

警探羅伯特・蓋利格（Robert Carrig）和恰克・謝頓（Chuck Shelton）首先著手調查死者背景。卡洛琳和華盛頓特區眾多的年輕高學歷專業人士一樣，大半時間都耗在她位於市中心的著名律師事務所，跟鄰居也不多來往。她的朋友都說她個性孤僻，不是那種會到酒吧釣男人的女人。她交過幾任男友，警方在她房間找到一封她前任男友辱罵她的信，但案發當天他人在城外，有充分的不在場證明，警方排除他涉案的可能。

根據兩位警探的推測，兇手在一月二十二日下午潛入屋內。目前還無法判斷歹徒只是想強暴或搶劫，一時失控才錯手殺人；還是事先就預謀殺人。華盛頓特區是全國犯罪率最高的地區之一，但與華盛頓特區僅隔一條波多馬克河（Potomac）的阿靈頓郡卻很少傳出兇殺案，平均一年大概只有四、五件。該郡八位警探大半時間都在處理搶劫案，偶有兇殺案發生時大家輪流偵查。

原本這樁命案應該輪到警探喬・賀加斯（Joe Horgas）負責，碰巧他請假外出，警局才改派羅伯特・蓋利格和恰克・謝頓接手。賀加斯在阿靈頓警局服務了十六年之久，他上一次偵辦兇殺案已是兩年前的事。命案發生一周後，賀加斯回到警局，雖然這不是他的案子，他還是很關心案情發展。他發現這件強暴殺人案發生前幾天，卡洛琳住處附近發生了兩起歹徒侵入民宅案，這三個案子除了發生在同一地區外，還有個共同點：那就是歹徒都從狹小的後窗闖入。

第一起案子，歹徒用刀子脅迫女屋主，強暴她，事後還叫她交出錢財。被害人奮力反抗，歹徒把她打得遍體鱗傷而後逃逸。根據被害人的描述，歹徒是個黑人，身高約一百七十八公分，體型削瘦，頭戴無邊帽子，雙手戴手套，而且還蒙面。

第二起案子，歹徒沒有耐心等到可能的獵物出現就跑了，臨走前還在人家床上留下幾本色情雜誌和百葉窗的繩子等紀念品。賀加斯認為這三起案子很明顯是同一名歹徒所為，而且他還可能涉及當地過去幾個月來的一連串強暴案件。

前述第一起強暴案，被害人對兇嫌的描述符合警方檔案中的「蒙面黑人強暴犯」。阿靈頓郡自一九八三年以來，至少有九名遭受強暴的婦女指稱侵犯她們的是蒙面的黑人。賀加斯發現沒有人注意到這些案件的關聯性，他即向組長法蘭克．霍金斯（Frank Hawkins）報告。組長提醒他卡洛琳命案不該由他負責，但指示他追查其他案子。賀加斯將「黑人蒙面強暴犯」的面貌特徵，連同一部曾停留在被害人家門口的車輛，以電訊通報北維吉尼亞州、華盛頓特區及馬里蘭州有關當局，請他們協尋。

同時，蓋利格和謝頓兩位警探來到匡提科找洛伊．哈茲伍德和我，希望我們協助描繪兇嫌的心理剖繪，並指導他們日後如何偵訊兇嫌。我們手上只有犯罪現場照片和解剖報告，但沒有法醫證據，也不知道相關的其他案件。殺害卡洛琳的歹徒手法純熟，顯然經驗老到。當時的強暴殺人案件極少跨越種族界限，事實上到今天還是如此，這類型罪犯挑的對象都是和他同一膚色的。在這種背景下，哈茲伍德推斷出一個剖繪：此人是白人男性，三十多歲。我同意他的剖繪。此案的犯罪形態混合了成熟和不成熟的行為：隨便丟棄皮包和偷竊現金是不成熟的行為；但兇手捆綁被害人的手法嫻熟細緻，沒讓對方受到瘀傷則是相當成熟的行為。從以上兩點推論，兇手可能有兩人，或兇手具有雙重人格。

蓋利格和謝頓根據我們提供的犯罪剖繪過濾手上的線索。賀加斯每天查看警方的交換電報，但都沒有進一步消息。一九八四年二月六日，蓋利格和謝頓以謀殺卡洛琳的罪名逮捕了三十七歲的大衛・華斯蓋茲（David Vasquez），時間恰好是卡洛琳死後兩周。

大衛・華斯蓋茲最近才從離卡洛琳家不遠的朋友住處，搬到車程一小時外的曼納薩斯（Manassas）和母親同住。在卡洛琳屍體被發現前幾天，有兩位鄰居指稱在附近看過大衛・華斯蓋茲。

警方搜查他先前住的友人家，發現了一些《花花公子》（*Playboy*）、《閣樓》（*Penthouse*）之類的色情雜誌，其中一份雜誌有張女性被繩子五花大綁的照片，那名女性脖子還套著繩結。警方另外還找到一疊女性更衣的照片，都是大衛・華斯蓋茲偷拍的。我們發現這類型的強暴犯喜歡購買或自己偷拍色情照片。我們並沒有足夠證據證明色情雜誌會引發男人性犯罪；但色情虐待照片確實會助長某類型性虐待和性變態者的幻想。喜歡看色情刊物並不是不正常，但死者被捆綁的方式一如照片上的女性，這就顯得十分不尋常了。偷拍人家更換衣服更是侵犯了別人的基本隱私。

蓋利格和謝頓逮捕了在麥當勞當守衛的大衛・華斯蓋茲，並帶回警局訊問，大衛・華斯蓋茲沒多久就坦承殺害卡洛琳・哈姆。

大衛・華斯蓋茲的精液和從卡洛琳身上及浴袍上採集到的精液樣本比對之後，結果並不相符；但現場採到的可疑毛髮經過化驗之後，證實和大衛・華斯蓋茲的毛髮特徵一樣。大衛・華斯蓋茲沒有不在場證明，他聲稱當晚去打保齡球，但沒人能證明。他的母親原先告訴警方，她當晚在工作，所以不知道他的行蹤，但她後來又改口說當晚和兒子在一起。

以大衛・華斯蓋茲的工作性質，以及快四十歲的人還住在母親家來看，他的智商不算高。警方懷疑他夥同他人犯下這起強暴兇殺案，因為他絕對沒有能力和經驗單獨做案。像這種「混合」成熟與不成熟行為的案子，根據洛伊・哈茲伍德和我的經驗，一般來說兇手都有兩個人。警方推測大衛・華斯蓋茲是行為不成熟的罪犯。他曾在年少時偷過出租洗衣店的銅板，這是他唯一的前科。

大衛・華斯蓋茲不可能單獨做案有幾個理由：精液比對與他本人不符、屋外留有另外一人的腳印、他根本不會開車，如果沒有同謀，他不可能在做案後於當天早上七點趕回曼納薩斯上班。公車時間配合不上，他又沒有其他交通工具，一定有人載他到卡洛琳住處再送他回去。況且他並不強壯，他的同事指出他要從卡車上搬個十二公斤的重物下來都有困難。卡洛琳至少比他重。無論智力或體力上，他都不可能一個人犯下這種重大罪行。警方和他的辯護律師勸他供出首腦，但都問不出所以然來。他的律師讓他注射一種所謂「說實話血清」的化學藥物後加以訊問，還是沒用，後來只好放棄這個辦法。

對華斯蓋茲不利的證據除了三卷他的自白錄音帶，另外還有兩位目擊證人的證詞。最後大衛・華斯蓋茲同意「認罪協商」，承認二級謀殺罪：亦即他並沒有真正服罪，但因知道檢方握有足夠的證據可以用更重的罪起訴他，寧願承認罪名。如此一來，如果他受審判也不致會被判死刑。最後，華斯蓋茲被判三十五年有期徒刑。

雖然很多人相信華斯蓋茲沒有招出他的同謀，但在法律上卡洛琳命案已正式結案了。

一九八七年十二月一日，警方接獲一一九報案，報案人憂心忡忡地說一位鄰居太太已經好幾天不見人影，她的電話、門鈴都沒人應。一一九報案最常見的是老太太在浴室滑倒或心臟病發。但這次巡邏警員威廉．葛利芬（William Griffith）和丹．鮑瑞里（Dan Borelli）發現出意外的是位年紀較輕的太太，她的命運也悲慘得多。

這兩名巡警在接獲一一九報案後十三分鐘內，就抵達這棟喬治亞風格的二樓雙併磚造房子，他們發現屋子後門沒有上鎖，門是開的。一進門，他們就看到被丟棄在地上的皮包，裡面的東西散落一地，一股屍體腐臭味撲鼻而來。

巡警在樓上臥室發現了蘇珊．塔克（Susan M. Tucker）橫陳在床上，臉部朝下，身上未著寸縷，她的頭低垂在床邊。兇手用一條很長的白色繩索套在蘇珊的脖子上，從背後將她的雙手反綁住，再把多餘的繩索纏繞在手腕上。一條睡袋覆蓋她的身體。兇手在臥室翻箱倒櫃，衣服、銀行文件、雜物丟得一地都是。

蘇珊已婚，她的先生瑞吉（Reggie）是威爾斯人，幾個月前回去威爾斯洽談工作並找房子，她準備幾周後過去和先生團聚。

十一月二十七日周五，蘇珊和先生通過電話，兩人約好隔周一再聊，但約定當天及隔天蘇珊都沒接電話。蘇珊一向是個有責任感、一絲不苟的人，瑞吉打電話到她公司還是找不到人，心急如焚的他打電話給她在馬里蘭的親戚，親戚答應隔天去她家看看。當晚瑞吉又打電話回家試試，這回接通了，接電話的是警探瑞克．施克姆斯（Rick Schoembs），刑警告訴他蘇珊已經死亡，但沒說明她遭到謀殺；在案情未明朗之前，與死者有關係的人都有嫌疑。

警方鑑識人員在死者身上和水槽中找到可疑的深色毛髮，死者是紅頭髮，所以不是她的，也不可能是人在威爾斯的瑞吉。報案的鄰居後來在附近樹上找到一條毛巾，瑞吉證實那是蘇珊的物品。

施克姆斯和搭檔約翰．柯爾（John Coale）認為兇手是名經驗豐富的慣竊犯。警方找不到任何可疑的指紋，顯然兇手小心地把碰過的東西全部擦拭過，他從窗戶爬進屋內時踏在洗衣機上的足印也被仔細擦掉。

和卡洛琳．哈姆命案一樣，歹徒這次也只拿了現金，留下紀念金幣和信用卡這些容易被追查到的東西。

賀加斯負責偵辦這次的命案，他一開始就認為這是殺害卡洛琳．哈姆的兇手幹的，可是大衛．華斯蓋茲明明在獄中。這兩件命案雷同之處包括：死者都是被人用繩子勒死，陳屍方式一樣；兇手都是從後門洗衣房的窗子潛入屋內，實在很難想像兇手居然能爬過如此窄小的窗子。再者，兩個犯罪現場都採集不到兇手的指紋，而被害人家中的現金全被洗劫一空，皮包則被隨意棄置。蘇珊．塔克的屍體雖然已經腐敗，但警方鑑識人員還是看出死者生前並沒有掙扎，她的身上沒有反抗留下的傷痕。她的住處離卡洛琳．哈姆家只有四個街口，從臥室窗戶都依稀可見彼此的房子。

但這次死者身上的繩索是兇手帶來的。警方在洗衣房也找到了同樣的繩子，瑞吉證實繩子不是他家的。兇手這次更加囂張，殺人後他還若無其事地坐在高雅的餐桌前用鋸齒狀的長刀切了半個柳橙吃。

兩名死者的背景相近。和卡洛琳．哈姆一樣，蘇珊．塔克也是低危險性的被害人。四十四歲的蘇珊在事業上是名專業人士，她替美國森林服務處寫作並擔任編輯，工作表現佳。她的個性有點孤僻，但是應該沒有敵人。夫妻感情很好，有幾位莫逆之交，絕不會隨便勾搭或和陌生人出去。

賀加斯知道這麼聰明的兇手不會讓自己被鄰居發現或犯下愚笨的錯誤。他吩咐施克姆斯徹底檢查犯罪現場每一個角落，務必查出些蛛絲馬跡，命案能否偵破就端賴現場物證。警方認為兇手極可能在現場洗手或淋浴，所以把洗手槽和浴缸下的管線都拆回去化驗。

法醫法蘭西斯・菲爾德（Frances Field）證實蘇珊・塔克的死亡時間在周五深夜到周日早上之間。死者主要被繩索勒死。施克姆斯在死者送往解剖之前，依照辦理性攻擊犯罪的標準程序，採集兇手留在受害者身上的精液或其他體液。

警方認為這兩件命案有太多相似之處，所以全力追查一九八四年大衛・華斯蓋茲未曾透露的共犯。警方深入調查死者的背景，一一查訪鄰居。賀加斯到維吉尼亞州戒護最森嚴的三大重刑犯監獄之一的白金漢矯正中心（Buckingham Correction Center）提訊華斯蓋茲，當年替他辯護的律師理奇・莫克（Rich McCue）也陪同前往。

賀加斯從謝頓那裡得知華斯蓋茲喜歡雪茄，他便帶了根雪茄給他，果然讓他開了口。可是他沒招出賀加斯急欲了解的案情，反而不停地哭訴他在獄中被人欺負，生活如在地獄，四年來他都沒有訪客等等。華斯蓋茲雖然恨不得馬上出獄，可是他又供不出對他有利的證據。

賀加斯離開監獄時不禁暗想這下慘了，警方恐怕關錯人了，現在真正的兇手又現身造孽。賀加斯當下決定重新調查華斯蓋茲的案子。

沒錯，華斯蓋茲多次坦承殺害卡洛琳，但以他被動的個性以及不算高的智力，警方審問他的方法並不妥當。根據筆錄和訪談，我們發現警方採用「好警察／壞警察」的技巧進行訊問：提高聲音，拍桌子，把他關在沒有窗戶、菸味瀰漫的小房間內，對他施以疲勞轟炸。最後，華斯蓋茲崩潰了，他的供詞內容全是警方告訴他的。

辯方找來的心理專家同意賀加斯的看法，他們指出以華斯蓋茲的智商，他並不了解他和警方談話的意義，他很容易慌亂，被對方嚇住。

現在賀加斯開始懷疑華斯蓋茲真有共犯嗎？華斯蓋茲不會開車，他是怎麼到被害人住處的？為什麼精液比對不符？只靠毛髮和證人可疑的證詞就足夠將他定罪嗎？

賀加斯找不到新線索，又無法從華斯蓋茲身上問出新東西，他決定回到他最初的假設：殺害卡洛琳的兇手應該和幾件闖空門案件是同一人，也就是命案前涉及六起強暴案的「黑人蒙面客」。賀加斯開始重查這些命案。

在一月份的偷竊案中，被害人告訴警方竊賊從她家地下室的窗子侵入，偷了四十元現金和幾條金鍊子，還在她床上留下一個紙袋，裡面有一根胡蘿蔔、三本色情雜誌、好幾段百葉窗割下的繩子，小偷還在臥室地板上放了個水桶，裡面有大麻、吸毒的器具、一小瓶常作為春藥的普魯卡因（procaine）。她告訴警探這些東西有些是她鄰居家的，鄰居覺得很不好意思，所以沒有報案。這兩家離卡洛琳・哈姆住處只有兩個街口。

蘇珊・塔克的屍體被發現一周後，賀加斯碰巧在地方報紙看到一則里奇蒙（Richmond）警察局兇殺組偵辦的案件報導，從此刻開始，調查有了轉機。這則報導的時間是一九八七年十月六日，內容是有關九月和十月初在里奇蒙發生的兩件兇殺案。根據相關報導，賀加斯發現這兩件命案和卡洛琳・哈姆以及蘇珊・塔克的案子之間有驚人的相似點：兩名死者都是白人婦女，分別是三十五歲和三十二歲、兇手（或兇手們）都是從窗戶潛入屋內、兩人都被人用繩子勒死。賀加斯馬上打電話向里奇蒙警局的警探葛林・威廉斯（Glenn D. Williams）詢問案子詳情，然後他發現了更多共同因素：兩名死者都曾被捆綁後加以強暴，法醫在兩名死者的陰道和肛門內都發現類似膠狀潤滑油。

里奇蒙鄰近的雀斯特菲爾德郡（Chesterfield）也傳出一件強暴殺人案，死者年僅十五歲。和其他幾位死者一樣，這名少女也被捆綁、強暴、勒死在床上。里奇蒙警方無法確認這是不是同一名兇手所為，他們把採集到的精液樣本送到紐約做進一步ＤＮＡ的化驗。

葛林・威廉斯的看法與賀加斯不同，他不相信這些跨州的強暴殺人案都是同一人所為，而且他們鎖定的嫌犯是白人。不過他還是找賀加斯到里奇蒙和雀斯特菲爾德郡的警探一起開偵查會議。

葛林・威廉斯和雷・威廉斯（Ray Williams）（兩人沒有親戚關係，警局稱呼他們威廉斯男孩）首先向大家說明案情：里奇蒙命案發生的地點和阿靈頓的命案也很相似。那是里奇蒙南區一個安靜富裕的社區，大部分的房子都是本世紀初所建，只有少數一九四〇年所蓋的高級庭園公寓。里奇蒙媒體大肆報導了這兩件命案，引起大眾的恐慌，大家紛紛到五金行買鎖加強窗戶安全，社區整晚都點亮燈，避免歹徒偷偷闖入。

里奇蒙郡的第一件強暴殺人案是在九月十九日被發現的，有一名男子報告說他前晚十點鐘回家時，發現有一輛車子停在他家門口，車子引擎沒關。隔天早上他發現那輛車子還沒走，引擎也繼續開著。警方從車牌號碼查出車主就住在附近的一棟公寓。警探叫房東打開該車主的房間，結果他們發現三十五歲的黛比・戴維斯（Debbie Davis）陳屍在床上。手腕被繩子反綁：一手放在臀部，另一手放在背後；肩膀纏繞著一條黑色鞋帶，她一動鞋帶就會勒得更緊。

死者身上只有一件牛仔短褲、耳環和手鐲，兇手用藍色中長襪接上金屬吸塵器的管子，以綁止血帶的方式勒死她。兇嫌打的結緊到法醫必須用剪刀剪開，解剖屍體後發現死者的眼瞼出血，顯示兇手在死者生前曾對她加以凌遲：他將繩子反覆地鬆綁長達四十五分鐘到一個小時。死者陰道和肛門都有被強暴的跡象，殘暴的兇手使得死者陰道內壁撕裂。但死者外觀只有下唇和鼻子部分有些微擦傷，顯然她並沒有抵抗。

臥室現場也沒有打鬥的跡象。兇手是踏在從附近偷來的一把搖椅上，從廚房寬僅三十公分的窗子爬進屋內，窗下流理台上烘碗機內的玻璃杯動都沒動到。警方猜測兇嫌本來想開走黛比．戴維斯的車，但可能不習慣那台車的雙速桿而作罷。

從被害人的背景也找不出任何線索，黛比．戴維斯不是高危險的受害者。她在一家周報擔任會計，還在附近一家小型書店兼差。她是居家型的人，幾年前離了婚，目前沒有男友，鄰居、同事和親戚都說她為人和善，沒有敵人，也沒有吸毒的問題。由於她人緣很好，報社還懸賞一萬元緝兇。

警方在現場也找不到任何蛛絲馬跡，死者的房間以及她的車上都沒有兇手的指紋。警方在床單以及棉被上採集到兇手的精液，可能他曾在死者身上手淫，他們還發現毛髮：一些動物的毛髮、白人臉上的毛髮以及屬於黑人的捲曲毛髮。

十月四日，兩位威廉斯警探得知在南區距離黛比．戴維斯住處半公里左右的地方也傳出兇殺案。大約半夜一點三十分，一位先生回家後，發現他在維吉尼亞醫學院擔任神經外科住院醫師的太太還沒回家，他洗了澡，沒有開燈就上床準備睡覺。他發現床鋪沒有鋪好，便起身開燈，結果看到棉被血跡斑斑。他打開衣櫃打算穿件衣服出去找太太，結果卻發現太太死在衣櫃內。

三十二歲的蘇珊．海拉曼（Susan Hellams）的屍體被塞在長一百五十公分、寬六十公分的衣櫃內，她的臉部朝上，頭擠在牆壁和箱子間，全身赤裸，腰部上蓋著裙子。腳踝被人用一條紫色的皮帶鬆鬆地綁著，雙手被繩子反縛，再用一條藍色的領帶纏繞著。和其他幾件命案一樣，她的手腕被繩子一圈又一圈捆綁住，一手放在臀部、另一手平放在背後。兇手用一條紅色皮帶接上另一條皮帶勒死了她。法醫檢驗後發現，和黛比一樣，她的眼瞼也有出血現象，顯示她生前也飽受凌虐，而且時間更長，顯示兇手的膽子愈來愈大。

蘇珊・海拉曼身上沒有反抗的傷痕，和黛比・戴維斯一樣也只在嘴唇和鼻子有些瘀傷，可能是被推進牆壁或撞到其他東西所造成的。她的右小腿上有部分鞋印：兇手殺她時可能一腳踩著她，一面勒緊繩子。兇手粗暴地侵犯她，對她陰道性交和肛交，警方在靠近衣櫃的窗外冷氣機下發現一瓶凡士林，裡面有蘇珊・海拉曼的毛髮。兇手就是從這面陽台上約五公尺高的窗戶進出，沒有用梯子。警方在陽台上的花盆找到放得很整齊的繩子。大多數人要爬這麼高的窗子並不容易。房子另一面是雜草叢生的小巷，如果從這邊悄悄潛入就不容易被人發現。

兇嫌離開時也沒驚動任何人。由於死者被發現時體溫在三十七度左右，由此推斷，死者應該在半夜十二點到一點之間遇害。也很可能死者先生返家時，兇手還在屋內，所以他才把死者放進衣櫃。

鑑識人員沒有發現兇嫌指紋，但在死者陰道、肛門和床上找到精液樣本。在等待DNA化驗結果時，警方已經證實兇手捆綁繩子的手法和殺害黛比・戴維斯的人如出一轍。

蘇珊・海拉曼是名矮胖的白人婦女，赤褐色頭髮，職場上的專業人士，大部分時間一個人在家，她的先生在馬里蘭大學念法律系，只有周末才回家。

賀加斯詢問里奇蒙警方有關南區的另一件強暴案，雖然當地警方並不認為這和命案有關聯。被強暴的是一位年紀三十多歲的白人單身女性，住在公寓的一樓。她在半夜三點突然驚醒，發現一名黑人男性站在她床前，手上拿著一把長刀。歹徒年紀接近三十歲，高約一百八十三公分，戴著滑雪用的面罩跟手套。兇嫌用繩子把她的手綁起來，強暴她長達三個小時。六點左右兇手要綁她的腳時，她的哭泣聲引起樓上鄰居的注意，歹徒在鄰居下樓時逃逸。

里奇蒙警方不認為這名強暴犯就是他們要追緝的殺人兇手。強暴受害者長得很嬌小，只有一百六十二公分，體重不到四十五公斤。歹徒侵入她家的時間是周日早上，而不是周五晚上。歹徒沒有在她脖子上套上活結，也沒有在她身上手淫，他所用的繩子也不像命案兇手是用刀子割斷的。警方最後還是認定殺人兇手應該是個年紀三十多歲的白人，而不是年紀比較輕的黑人。

這是里奇蒙郡首度發生連續殺人案件，當地警方邊辦邊學，跟有經驗的人士討教。兩位威廉斯警探率領一個專案小組投入調查工作，小組其他成員包括四位兇殺組警探、一位專辦性犯罪的調查員、好幾位便衣警察，甚至還有負責「特定社區逮捕專案」（Selected Neighborhood Apprehension Program）的成員，該專案主要針對特定地區，特別是少數民族社區有關毒品的案件。

同時，社會大眾紛紛組織社區守望隊，很多人以前對這種事都漠不關心。當地官員、民意代表、警方和居民開會研商。民眾聽取專家的種種建議，修剪在門窗邊的大樹，晚上讓燈亮著，回到家時都先喊家人名字。每個人都為保護自己的家園提高警覺。有位居民在他家看到一輛外來車輛，車內兩人看起來形跡可疑，他觀察了一小時後拿了把點四五手槍，走到駕駛座，喝令車內的人出來。搞了半天兩人是便衣警察。算他們命大，這位熱心的民眾沒有立即開槍射擊。

我們單位的傑德・雷和湯姆・薩普（Tom Salp）前往當地協助警方辦案，他們和里奇蒙以及雀斯特菲爾德的警探在檢察官辦公室開會。傑德・雷指出，雖然證據顯示兇手可能是個年紀接近三十歲的白人男性，但是也不可以排除兇手是黑人的可能性。鑑於兇手沒有留下指紋以及其他線索，傑德・雷研判兇手是個聰明角色，有竊盜或性攻擊的前科。由於被害人都無法反擊，顯示兇手上半身力量很大。

傑德・雷和湯姆・薩普推斷兇手擁有全職的工作，因為命案都發生在周五晚上。根據該名強暴犯的性攻擊行為來看，他無法與女性保持正常的性關係，或者根本無法與女性交往。不像大多性暴力罪犯，這次的強暴犯不會四處吹噓他的戰果，他應該是屬於孤僻型的兇手。

坦白說，我們之所以鎖定兇手是白人，那是因為死者都是白人女性，當時我們不曾在黑人、西班牙以及亞裔罪犯身上發現這種特殊的犯罪簽名特徵。這也是為什麼一九七九年紐約的法蘭馨・艾芙森（Francine Elveson）命案，雖然法醫在死者身上找到一根黑人毛髮，但是我篤定地告訴紐約警局，兇手是白人男性。兇手將死者的雨傘插入她的下體，我從來沒有看過黑人或西班牙裔罪犯這樣對待他的受害者。同樣的道理，就算塞德利・艾萊沒有很快落網，以他摧殘蘇珊妮・柯林斯的手法，我也會告訴警方這案子的兇手是白人。

我們在黑人以及少數族裔強暴犯身上看到獨特、詭異、簽名特徵式的犯罪手法，已經是後來的事了。喬治・羅素（George Russell,Jr.）是名聰明、心思慎密的黑人強暴殺人犯，他刻意將受害者的屍體擺成不堪入目的姿態，例如將來福槍插入死者的陰部。那是一九九〇年所發生的事。這是檢方很重要的案例，能夠根據罪犯的簽名特徵證明這些不同的強暴殺人案都是同一人所為，我也以專家身分為簽名特徵模式作證，終於使羅素被定罪。

白人與黑人的犯罪行為模式的不同之處眾說紛紜，一如我們也不了解為什麼連續殺人犯都是男性而不是女性。傑德．雷根據他在我們單位多年的工作經驗，以及他曾當過警探、生長於南方的背景，他認為白人、黑人罪犯之間的不同在於文化差異而不是種族本質上的不同。「根據強暴受害者的陳述，我們了解到黑人強暴犯不會要求口交，或將異物插入女性身體。這和白人強暴犯很不一樣。從精神病理學的角度來看，黑人和白人強暴犯對待受害者身體的行為模式有很顯著的不同。」傑德．雷認為，一般來說黑人罪犯大多來自鄉村、南方、未受教育，屬於美國非主流社會；但是一些融入美國主流社會的黑人罪犯也逐漸開始學習白人的犯罪行為和習慣。傑德的結論是：「黑人強暴犯愈來愈像白人強暴犯一樣變態。」

強暴和殺人案件發生在同一種族較多，發生在不同種族間較少。如果我們在黑人強暴犯身上看到「白人風格」，被害人大多是白人女性。

一九八七年十一月底，又傳出強暴殺人案件。雀斯特菲爾德郡的警探厄尼．哈澤德（Ernie Hazzard）和比爾．邵拉特（Bill Showalter）為賀加斯和里奇蒙警探等人說明案情。

十五歲的黛安娜．周（Diane Cho）和父母以及弟弟住在雀斯特菲爾德郡，靠近南里奇蒙的一棟大樓邊間的一樓。十一月的某個周六晚上十一點半左右，黛安娜家人還聽到她在房間打字的聲音。隔天早上他們到店裡工作時，黛安娜還在睡覺。中午時她的父母打電話回家，她的弟弟說姊姊還沒起床，他們很納悶她怎麼睡這麼晚，但知道兒子不喜歡去叫醒黛安娜免得討一頓罵，所以就任她睡去。直到下午三點黛安娜母親回家，才發現她已經命喪黃泉，死狀之慘一如發生在里奇蒙的強暴殺人案件。

黛安娜的房間沒有東西遺失：她的作業在桌上擺得好好的，現場也沒有打鬥掙扎的跡象。但黛安娜全身赤裸，陳屍在床上，脖子和手腕被繩子捆綁著，嘴巴被膠布貼住。白色的繩子緊緊勒住她的喉嚨，一條更粗重的繩索捆住她的手腕。兇手還用膠布將她的嘴巴貼住。黛安娜身上也一樣沒有傷口或瘀傷，但下體有一大灘血跡。稍後檢驗發現她的陰道隔膜有個直徑約二點五公分的破洞，處女膜撕裂，造成大量流血，兇手之兇殘可見一斑。那天正好是黛安娜的經期。她的指甲（她前一晚才擦了指甲油）完好如初，可見她根本沒有抵抗的機會。

兇手還是如他一貫的作風，對被害人進行陰道性交和肛交，她的手和腿部都有膠狀的潤滑油。她的眼瞼、臉部和肩膀都有出血現象，顯示她受到的凌遲有多可怕。體內、體外和床單上都留有兇手的精液，顯然兇手曾在她身體上手淫。

其他的共同點還有：兇手從黛安娜臥室距離地面有一百二十公分高的窗子爬進來。警方得知，黛安娜為了跟樓上的朋友談話方便，向來把窗簾拉開。兇手沒有留下指紋或腳印；命案也是發生在周末晚上。

但是這次殺手進犯到郊區，這意味著兇嫌意識到郊區比較安全些，這也讓當局更頭痛。死者的家人就睡在隔壁，可見兇嫌膽子愈來愈大。警方推斷兇手可能趁黛安娜熟睡時侵入她的房間，迅速地用膠帶貼緊她的嘴使她無法呼救；也很有可能兇手在窗外守候黛安娜去洗澡時才爬進來，等她洗好出來時立即制伏她。邵拉特說：「兇嫌一定觀察好一陣子，所以才知道下手的好時機。」

兇手在死者的左大腿上用指甲油寫上斜斜的阿拉伯數字「8」。黛安娜的家人沒有看過她在身上塗鴉，那指甲油也不是她的。

黛安娜是學校合唱團團員，沒有嗑藥，也沒有牽涉色情或其他顯示她是高危險受害者的跡象。她是亞裔，和其他被害人不同，年紀也比較輕，但她嬌小的身材：一百六十公分高，六十三公斤，這點倒與其他受害者相同。

十一月二十五日血清檢驗報告出爐，證實黛安娜・周、黛比・戴維斯和蘇珊・海拉曼身上採集的精液樣本屬於同一人。於是雀斯特菲爾德兩位主要警探開始直接向里奇蒙警局報告調查進度。三位死者除了外型相像外，另一個共同點是她們都到過克羅佛立夫購物中心（Cloverleaf Mall），黛安娜・周和蘇珊・海拉曼曾到那裡購物，黛比・戴維斯兼差的書店就位於該購物中心。警察專案小組研判兇嫌是在購物中心盯上她們，再尾隨她們回家。

阿靈頓的賀加斯現在更加確定殺害卡洛琳・哈姆和蘇珊・塔克的人，和里奇蒙命案的罪犯，以及在兩地做案的「蒙面黑人強暴犯」都是同一個人。他成立專案小組調查蘇珊・塔克命案，除了他的搭檔麥克・希爾（Mike Hill）外，小組成員還包括竊盜組警探迪克・史博丁（Dick Spalding）和性犯罪組的艾德・查普曼（Ed Chapman）。賀加斯叫他們清查一九八三年以來該地區發生的竊盜和強暴檔案資料。

賀加斯親自把蘇珊・塔克身上採到的精液樣本送到北維吉尼亞的法醫科學室化驗。十二月二十二日檢驗報告顯示蘇珊・塔克、黛比・戴維斯和蘇珊・海拉曼身上的精液樣本血液特徵一樣。這個檢驗結果將有助於警方追緝兇手，因為全世界只有百分之十三的人口符合這些特徵。當然，警方首先得先找到嫌疑對象才行。

賀加斯下一步行動是詢問自一九八三年六月以來當地所發生的強暴案的受害者。九位受害者中有八位同意跟他談話。要這些受害者回憶痛苦的遭遇很困難，但一旦她們知道元兇可能還逍遙法外，而且他還變本加厲地殺起人來，她們就比較願意合作。

第一起強暴案發生於一九八三年六月，在超級市場的停車場，大約凌晨一點，身材嬌小、黑頭髮、年紀二十歲的受害者被一名瘦削的黑人盯梢。那名男子手拿一把尖刀，身高一百七十三公分，年紀也是二十多歲。他拿一件 T 恤蒙住頭，露出眼睛，手上戴著手套。他脅迫被害人開車到附近一片樹林，喝令她下車。他用尖刀強迫她口交，再多次強暴她。歹徒丟下她走向車子時，她伺機逃脫。被害人說歹徒沒有射精，她說：「歹徒是什麼樣的事都做得出來的。」

接下來三起案子，強暴犯都是侵入民宅、趁被害人熟睡之際，加以玷污。三名被害人對兇嫌的描述和第一件強暴案吻合。兇嫌使用同一型的兇刀。犯罪模式如下：他會先向被害人搶劫金錢，通常都是叫她們拿出皮包，然後強迫她們陰道性交和肛交。歹徒在整個過程一直拿刀威脅被害人，恐嚇她們：「我要進入，你最好有高潮。」、「你最好有高潮，否則我殺了你。」賀加斯覺得這歹徒好像照著劇本在念台詞。

最後一件強暴案中增加了兩項新的要素：兇手用膠帶封住被害人的嘴，還準備把她綁起來；被害人趁歹徒拿刀割斷百葉窗繩子之際逃脫。

接下的強暴案，該兇嫌又增加了新的因素。他出其不意地攻擊要下車的十八歲被害人，他強逼她回到車裡，叫她開車到一處隱密之地，用膠帶封住她的眼睛，不斷強暴她，口交、陰道性交以肛交。最後，他用繩子將被害人的雙手反綁，命令她爬進後車廂。奇蹟似地，被害人聞到煙味，奮力踢開車廂門逃了出來。歹徒在車上縱火，企圖活活燒死她。

在另一起案子，不明行兇者用襪子綁住被害人的腳踝，再用窗簾繩子將她的雙手反綁。強暴方式和其他幾件強暴案一樣。瀏覽這些檔案，似乎兇手每六周就做案一次，而且一次比一次殘暴。

賀加斯相信這名強暴犯在一九八四年一月成了殺人兇手，最後一件強暴案說明了他的看法。一月二十五日，卡洛琳・哈姆的屍體被發現後幾個小時，這名強暴犯闖進了最後一個報案的受害人家裡。三十二歲的被害人聽到樓下的門有動靜，便下樓查看，吻合其他幾件強暴案兇嫌特徵的男子就站在門口，年紀、體型、兇器都符合。接下來發生的事一如在哈姆家。歹徒強迫被害人去拿皮包，他把所有的東西都倒出來，只拿走現金，緊接著他強迫被害人下樓，對她性攻擊。當晚的儀式之一是，歹徒強迫被害人使用他帶來的人工陰莖。被害人拒絕時，歹徒掌摑她的臉，割傷她的腿，再次強暴她，並強迫她到外面，告訴她他們要出去兜風。被害人強力反抗，呼叫求救，她清楚這一去她命就不保。最後，歹徒逃逸無蹤。

警方後來查到該人工陰莖是歹徒從鄰居家偷走的；他闖進卡洛琳・哈姆家那次，留下的色情雜誌和及吸毒器具也是從隔壁鄰居那偷來的。

賀加斯向專案小組報告他的發現，但普遍反應冷淡。其他人不太相信一名竊賊會逐步轉變為強盜、殺人犯的說法，而且性犯罪小組已經逮捕到一名和黑人蒙面客做案手法相似的嫌犯，他們只缺少證據證明他曾參與一九八六年之前的案子。聖誕節前，賀加斯的專案小組解散了。

同時，賀加斯的搭檔麥克・希爾發現了兩件犯罪模式類似的案子。一九八四年一月十二日深夜，一位十八歲少女聽到屋外有動靜，便叫醒父親去查看，她父親檢查後發現地下室的兩扇窗被破壞，窗下擺著信箱，顯然有人準備從此處潛入。兩天後，一位二十二歲的女子報案說一位黑人歹徒（和其他案件的嫌犯一樣蒙面、戴手套、拿刀），從她家地下室闖進屋，要求錢財，否則就要殺死在樓上的小女孩，歹徒聽到有人下樓來的聲音才逃之夭夭。發生這兩件案子的地方離卡洛琳家只隔兩條街。

一九八七年十二月二十八日，賀加斯帶著阿靈頓命案採集到的精液樣本飛到紐約，準備送到「生命密碼」（Lifecodes）實驗室做ＤＮＡ檢驗，里奇蒙郡警方就是將他們的樣本送到此處比對。這麼多件有關聯的命案，賀加斯需要證據，而且行動要快。那天早上又傳出一件強暴未遂案，這次是發生在費爾菲斯郡，十二月十七日，一名黑人入侵十七歲少女的臥室，很幸運地，當歹徒綁好被害人的手腕時，正巧她的姊姊進來，才嚇跑了歹徒。

賀加斯也清楚他們必須先鎖定嫌疑對象，ＤＮＡ檢驗結果才有用武之地。所以他整理手上的資料和行為線索，聯繫調查支援組的犯罪剖繪員史蒂夫・馬迪俊（Stephen Mardigian），後者的負責區域涵蓋維吉尼亞州。賀加斯說：「我需要和貴單位談談，你們可以過來嗎？我想我們有一件兇殺案和發生在里奇蒙郡的幾件命案有關。」十二月二十九日，馬迪俊和傑德・雷冒著大風雪抵達阿靈頓警察局。

賀加斯跟他們說明案情。他的表達能力很有組織和系統。他說明完蘇珊・塔克的案子後，問：「你們覺得這案子跟里奇蒙郡的命案相關嗎？」

我們單位的效力是建立在與合作警察和檢調人員之間的高度信賴。我們已經單獨和里奇蒙警方討論過這些案子，如果這兩個郡的警方最後調查方向不同，我們不想夾在這兩個重要「客戶」的衝突當中。

但在研究案情之後，馬迪俊說：「顯而易見，這些案子的確都有關係。從犯罪剖繪的角度來看，犯罪手法非常一致。根據我們的看法，他們追緝的可能是同一名兇手。」

賀加斯說：「現在我想請你們看看一九八四年發生的一件兇殺案，這是卡洛琳・哈姆謀殺案。」

同樣地，蘇珊・塔克和卡洛琳・哈姆兩案之間的相似之處著實驚人。「那段時間這個地區還發生過什麼案子？」馬迪俊問。

賀加斯大致說明了一九八三年阿靈頓發生的竊案和強盜強暴案。所有被害人都是白人婦女，年紀在二十歲到三十歲之間，兇手是一個戴面罩、手套，拿把刀的黑人。其中有好幾件案子，兇手用百葉窗繩子捆綁被害人。強暴的手法很像，不明行兇者一次比一次危險，最後殺了卡洛琳．哈姆。

「當你比較一九八三年在阿靈頓地區發生的一連串強暴／強盜案，你很快就可以看出這些案子有地區的重疊性。我和傑德．雷很快討論後告訴賀加斯，這些案子有關係。無論就其方法、案情升高情勢和發展來看，這些案子都有許多雷同之處。」

傑德．雷將調查重點放在強暴案，並詢問倖存者。如果這些強暴案的不明行兇者和殺人兇手是同一人，他們就可以從強暴被害人口中得知殺人兇嫌的面貌特徵，以及語言行為特點。接著他仔細研究殺人兇嫌捆綁繩索的手法。在里奇蒙郡發生的命案和蘇珊．塔克命案一樣，不管兇嫌拿繩子是要來控制被害人或是勒死她，他所用的繩索都比實際所需要長很多。他習慣性將繩子打成活結、套在被害人脖子上，讓繩子沿著被害人背部垂下，再將她的雙手反綁，多餘的繩子一圈一圈纏在被害人手腕上。這已不僅是犯罪手法，這是兇嫌的簽名特徵。從現場照片來看，傑德．雷解釋：「不明行兇者強烈需要完全控制整個場面。」

傑德．雷說兇手是個性虐待狂，他以虐待被害人為樂，一下勒緊被害人的咽喉，一下放鬆，滿心歡喜地看著她們驚懼、痛苦，聽著她們哀求饒命。

史蒂夫．馬迪俊注意到兇手其他的簽名特徵要素：受害者屍體以某種方式遮掩著，蘇珊．塔克罩著睡袋、蘇珊．海拉曼被塞進衣櫃、黛安娜．周被床單裹著、黛比．戴維斯蓋著短褲。被害人體內都有兇手的精液，她們都死在自己的床上；兇手是立即制伏受害者，她們連一點掙扎的機會都沒有。

兇手顯然很有組織能力，他做案前都經過仔細策畫。他會先跟蹤她們好幾天，伺機下手，注意觀察她們的作息。他挑的獵物不是獨居的女子，就是知道她們會有一個人在家的時候。這個兇手非常精明狡猾，他知道在被害人家裡強暴她們可減少被人發現的危險。

傑德・雷和史蒂夫・馬迪俊兩位探員認為兇手一定前科累累，而且他犯的罪絕不僅是闖空門而已。他可能沒有因殺人被捕，但他從早期的強暴案展開練習。沒有經驗的人不可能一開始就犯下這麼精密的謀殺案。

傑德・雷不只是從兇嫌外貌特點或遮蓋屍體的手法就斷定這些案子是同一人所為，從語言心理學的角度分析亦是如此。語言心理學廣泛應用在綁票勒索案、人質遭挾持、恐嚇、炸彈威脅案：也就是說，文字或語言溝通是現今狀況唯一的線索。語言心理學在很多情況都派上用場，成效不錯。例如，我們可運用語言心理學判斷挾持人質的歹徒真正意圖所在，是否該派出警力、多少警力等。其中最著名的一件案件是「炸彈客」。我曾在《炸彈客：美國連續殺人要犯》（*Unabomber: On the Trail of America's Most-Wanted Serial Killer*）詳細敘述此案，我們從炸彈客的公開聲明以及其他私人信函逐字逐句仔細推敲，終於查出住在蒙大拿深山小屋的凱茲斯基（Theodore Kaczynski）就是真正的炸彈客。這起炸彈客案件整整威脅美國十年。

從賀加斯整理的這些相關案件可知，強暴犯所用的字眼都有一致性，而且也符合這類罪犯的人格特性。這名強暴犯需要受害者表現出她們喜歡和他性交，藉此增強自己的男性氣慨。他主要的動機在控制，他侮辱她們，用刀威脅，用繩子凌虐她們，再加以殺害。

兩位探員強調這類型罪犯的做案手法會愈來愈進步、熟練，因此也會愈來愈暴力。傑德指出他第一次做案在停車場，這是高風險的地方。他從這次做案中學習經驗，改變了犯罪手法，而後他每次做案都在受害者家裡。他控制被害人的手法也愈來愈進步，剛開始他只用刀子脅迫受害者就範，後來他用膠帶封住被害人的眼和嘴，又加以捆綁。然後他自己攜帶繩子，顯示他很有計畫性地犯罪。

這名兇嫌從強暴開始練習，進而膽敢殺人：現在他輕而易舉就能潛入民宅，小心不留下指紋；他可以從容地在被害人家逗留，挾持被害人往上、下樓層走，在不同的地點強暴她們。

以傑德和馬迪俊之見，歹徒唯有眼看場面失去控制時才怒而殺人。他們以發生在阿靈頓最後一樁強暴案為例，受害者拒絕使用他提供的性工具，並叫他離開，這激怒了歹徒，原本的強暴案也變成了兇殺案。他認為被害人想要逃跑，這無異奪走他的控制權，這令他非常憤怒。後來的幾個受害人都是職場上的專業女性。當歹徒用體力制伏她們後，她們可能試圖以談話說服他，這讓歹徒非常火大。

傑德．雷和馬迪俊做了以上分析，證實了賀加斯的看法。這時賀加斯說：「我要補充一些事。卡洛琳．哈姆命案其實已經結案了，兇手落網並被審判定罪。」他說明了大衛．華斯蓋茲的背景，以及可能另有共犯在逃一事。

「你認為這個案子還有其他人涉案嗎？」賀加斯問。

馬迪俊說他無法從會議上有限的資料遽下判斷，他需要進一步做研究。但就目前所知，他告訴賀加斯他不相信華斯蓋茲有能力犯下如他們所描述的罪行，他也不認為這個案子是兩人同謀。如果真有兩名兇手，犯罪現場應該會留下更多的不同犯罪行為。從我們單位所累積的經驗，華斯蓋茲不夠聰明，也不夠精明狡猾，不可能會犯下這樣的案子。

接著他們討論種族的問題，我們最初描繪的兇嫌是個白人。傑德兩人告訴賀加斯，當初沒有人告訴他們有關「蒙面黑人強暴客」的事，並說明輸入的資料愈完整，輸出的報告會愈準確。事實上在那個時候除了韋恩．威廉之外，所有的連續殺人犯都是白人，而且韋恩．威廉殺害的都是黑人。儘管就統計數字來看，黑人連續殺人犯很罕見，但這不意味賀加斯要捉的兇手不可能是黑人。總之他們同意這些案子是同一人所做，所以必須朝這個方向去擒兇。

從哪裡開始？

傑德解釋，如果這一切都代表了某種模式，那麼了解兇手殺人模式將有助於找出不明行兇者。傑德和馬迪俊要賀加斯回頭調查第一件強暴案發生的地點，這是兇手感覺最自在的地方，他可能就在當地工作或住在附近。

根據我們的研究，這類型的強暴犯不會洗手不幹。他們要不是因為某些因素被迫搬離當地，很可能就是因為其他罪名被逮捕。

大體上來說，除非有什麼事阻止他們，否則這類型罪犯會繼續做案。

馬迪俊做了結論：如果這名罪犯因為強暴或其他性攻擊被捕，他應該也會被查出涉嫌這些案子，但是他並沒有。

同樣的道理，如果他搬到其他地區，當地的執法人員應該也會注意到他的犯罪模式，與賀加斯聯繫，但是這也沒發生。如果兇手停止活動，如這裡的情況，那很有可能是因為其他案子被關。另外一個可能性是兇手已經死亡，但也不用考慮這點，因為兇手很顯然又回來了。

馬迪俊說：「他很有可能因為強盜案被捉，這是他從事的另一行。」

「聽著，」傑德告訴賀加斯：「既然你們在一九八〇年代初沒有捉到強暴犯，他的活動在卡洛琳．

哈姆命案後又突然停止，那麼，回頭去查第一件強暴案發生的地區，當時是否有因竊盜案被關的犯人。」

馬迪俊說竊賊一般會判個三至四年的徒刑，從時間來看相當吻合。「查查看在北維吉尼亞州被關了三年，後來在里奇蒙獲釋的人。如果有符合這兩種條件的人，他非常有可能就是你們要找的對象。」

賀加斯依據他們兩人的指示重新調查第一起強暴案，如果他們判斷得沒錯的話，兇嫌真的住在當地，那離賀加斯的家非常近。賀加斯為了偵辦這些案子四處奔波，經常讓妻兒單獨在家，實在讓他憂心不已。賀加斯決心盡快揪出兇手，他把當時在當地發生的竊案全部找出來一一過濾。

在里奇蒙，強暴殺人案搞得人心惶惶。賀加斯向聯邦調查員探員所做的說明，他也同樣跟里奇蒙警方提出，包括在好幾個被害人身上採集到的黑人毛髮。但是里奇蒙警方還是不相信賀加斯的分析，他們認定兇嫌是白人。

一九八四年新年過後，賀加斯和希爾開始翻閱從警局電腦印出來的資料。他們集中注意力於一九八四年在阿靈頓被捕，三年後從里奇蒙出獄的罪犯。很不幸，假釋的檔案涵蓋數個轄區，而且是根據罪犯的居住地分類，也沒有記錄他們犯什麼罪以及何時入獄。所以要靠人力逐一清查如山的資料。

賀加斯花了好幾天的功夫埋首在成堆的資料中，他重新調整搜索的焦點。賀加斯對阿靈頓第一樁命案的發生地點很熟，認識當地許多人。他努力思索他認識的人當中是否有符合兇嫌年紀的人。保羅．莫內（Paul Mones）在《遲來的正義》（*Stalking Justice*）中，對這個案子有精彩、詳細的描述。他寫著：賀加斯開著車一直在街道東繞西繞，希望能喚起他的記憶。終於，他想起了一個名字：提米（Timmy）。

提米是當地一名常惹麻煩的少年，他就住在第一樁命案發生地附近。賀加斯曾調查過他涉及的一樁竊案，雖然他並沒有因該案被捕。賀加斯記得提米好像曾經縱火燒過他母親的房子或是車子什麼的，這提醒了賀加斯兇手也放火燒過其中一位受害者的車子。賀加斯花了兩天時間打聽提米的現況，但他的同事沒有人記得這少年。一九八八年一月六日，賀加斯終於想起提米的全名了：提摩西・史班塞（Timothy Spencer）。

賀加斯從電腦檔案中找到他要的：提摩西・史班塞是名黑人，他的年紀符合黑人強暴蒙面盜。他從一九八○年起多次因偷竊入獄，一九八四年一月二十九日，他在阿靈頓鄰近的亞歷山大（Alexandria）被判刑。一九八七年九月四日，提米出獄被送到里奇蒙的中途之家。

賀加斯和希爾翻閱提米當時失風被捕的紀錄：他從後門的小窗子闖入民宅，警方逮捕他時，從他口袋搜出紀念金幣，是他從附近幾戶人家偷來的，此外還有一雙深色襪子、一支小手電筒、一支螺絲起子；在他車上還搜出一把十三公分的折疊刀。好幾名強暴受害者指出強暴犯手上戴著襪子，並有手電筒、折疊刀。紀念金幣更是關鍵所在。蘇珊・塔克家中也有紀念金幣，但是兇手並沒有拿走。提米曾因偷金幣才露出馬腳，他不會再重蹈覆轍。一如我們所預測的，他從上一次的犯罪中學習經驗。

根據紀錄，提米在阿靈頓的住址離第一樁案發地點只有一百八十公尺左右。里奇蒙中途之家距離蘇珊・海拉曼和黛比・戴維斯的住處走路就可以到。

賀加斯聯絡中途之家，查詢一九八七年命案發生時提米的行蹤。這些資料都不能把他的嫌疑排除在外。他並試圖聯繫威廉斯警探，但是他們出去處理另一件兇殺案。乍看這起新命案好像是「南區勒人者」命案，不同的是死者頭部被打得很嚴重。但後來，當警方又接獲報案有人自殺，自殺身亡的是一名男子，他曾與稍早命案的被害人姊姊約會，並租了她的房子，後來他被趕出去。這起連續殺人案出現了第一個模仿者。

一月七日，緊張情勢升高，賀加斯、希爾和里奇蒙的警探們見面。他們同意監視提米，但是仍然相信他們的兇手應該是白人。

提米原本打算周末到阿靈頓去，由於暴風雨來襲，他才取消計畫。

那個周五發生了一件意外，差點壞了大事。里奇蒙警察在克羅佛立夫購物中心外攔下提米的車，他當時正在車內準備接應兩位入內行竊的女同伴。阿靈頓警方一度很擔心風聲過緊，提米會聞風而逃。這次意外，也讓警方證實提米經常在購物中心流連，他可能就是在這裡尋找下手的獵物。

里奇蒙警方監視提米一周多後，認為他沒有任何可疑的地方，完全不像連續殺人犯，所以決定在十八日周一取消監視行動。阿靈頓檢察官海倫・費海（Helen Fahey）得知里奇蒙警局的行動後，當下決定交由大陪審團審判。他們在二十日周三向法院控告提米，當天就拿到法院簽發的逮捕令。

賀加斯早料到要收網了，所以向匡提科討教訊問提米的策略。馬迪俊告訴他要有耐心，盡量讓提米說話。提米在一九八四年一月因竊盜罪被捕後，與警方非常合作，因為他知道警方並不曉得他還犯了更嚴重的罪。連續殺人犯通常不會俯首認罪。如果賀加斯能讓提米招供，他只會供出竊盜案，絕不會提起強暴殺人等事。

陪審團簽發起訴書後，賀加斯和希爾在前往里奇蒙之前，先到提米位於阿靈頓的家，提米和母親以及同母異父的兄弟住在一棟雙拼磚造房子，他外婆住在另一邊。他們的房子位於安靜的小巷內，靠第一起強暴案地點很近，到蘇珊・塔克家走路只要十分鐘。

賀加斯和希爾告訴提米的母親他們是來查一樁竊盜案，有人看見她兒子在案發現場出現，他們想看看提米房間是否有贓物。他們並沒有搜索票，但是提米的母親還是合作地讓他們入屋，如果他們找不到可疑的物品，她兒子就沒有嫌疑了。結果他們並沒有找到任何可疑的東西，只發現一卷膠帶，但是這與綁黛安娜嘴巴的膠帶並不同。

賀加斯、希爾和策略小組警官亨利・特朗布爾（Henry Trumble）、警探史第夫・卡特（Steve Carter）一起到里奇蒙，當天下午提米下班回到中途之家即被警方逮捕，罪名是竊盜。提米問說如果只是竊盜案為什麼這麼多警察來捉他，而且保釋金高達三萬五千元。

他同意讓警方搜查他的房間，但是警方並沒有找到可疑的東西，只找到螺絲起子、帽子、手套等，但冬天擁有這些東西也是很平常的。警方發現提米的床墊底下有人斜斜畫了阿拉伯數字「8」，和黛安娜・周腿上的「8」一模一樣。

提米被押往阿靈頓的一路上都很健談，態度也很和善。但是當賀加斯要求抽血檢驗時，他警覺地問這是不是跟強暴案有關。賀加斯回答說，這只是為了調查偷竊案，因為有時候小偷在行竊時會不小心割傷自己。保羅・莫內在他的書中寫下：當下提米拒絕抽血，他說：「你們要抽血檢驗，那肯定跟強暴案有關，我從來沒有在闖空門割傷自己，我不會在打破窗戶時受傷。」

提米得知竊盜案發生的地點後，特別問到這是不是與報紙報導的命案有關，賀加斯謹記聯邦調查局探員的建議，什麼都沒有說。賀加斯和來自阿靈頓以及里奇蒙的警探連續訊問提米好幾天，他自始至終什麼也沒承認。但他同意讓警方抽血檢驗。這下終於露出了馬腳。

初步比對提米的血型和蘇珊・塔克睡衣上採到的精液，證實是相符的，這種機率只有百分之十三。同時，他的毛髮特徵與蘇珊・塔克身上以及水槽採到的毛髮也相符。但是這些證據還是不夠，他們需要DNA檢驗結果才能定罪。

我們也開始研究提米的背景，是什麼原因讓他變成這樣的人。提米的父母上過大學。兩人在結婚十年後、提米七歲時宣告離婚。在郵局工作的父親離婚後就再也沒有探望過他。提米的母親擔任記帳員，後來和一位當磚匠的大學畢業生訂婚。提米和他的母親都宣稱他們的家庭生活美滿。

但提米從小就經常惹事生非。他九歲時即在男廁縱火，還在學校四處隨地便溺。學校訓導人員注意到提米充滿怒意和敵意，他強烈展現出「是我在控制局面，不是環境」的慾望，可怕地顯示出未來他充滿支配、操縱慾的性格。

他在九歲和十一歲時因為偷東西被逮，十四歲就闖空門。他的學業成績殿後，讀完八年級就被學校留級。他與同學格格不入，討厭補課。相反地，他的弟弟是個好學生，也是出色的籃球選手。

提米十五歲時到處惹事生非，酷愛飆車，所以被送到少年管束機構。到了高一，提米即休學在家。十九歲的提米已經有非法持有槍械、闖空門行竊、違反假釋條件等等前科。一九八〇年代初，他因為這些罪名坐牢服刑，不坐牢時他和外婆住在一起。他外婆感覺他有意改過向善，他參與教會活動，同時準備考高中同等學歷。

提米無法做長久的工作，不是被炒魷魚，就是他自己做沒幾個月就不幹。他做的工作都是卑微的勞力工作，像工友、磚匠。他承認喜歡喝兩杯，也抽大麻，但他說他沒有酒癮和毒癮。

在一九八三年提米因偷竊服刑時，有位心理學家曾檢查過他的心智狀態，他認為提米「心智沒有問題，沒有錯覺，也沒有幻想」。但他沒辦法遵守規則，因為他喜歡自己定規則，絲毫不甩別人的規矩。該心理學家給提米做智力測驗，結果測得他智商八十九，這比提米真正的能力要低得多。

一九八四年一月提米被逮捕，警方當場從他身上搜出失竊的金幣，但他還不認罪。警方報告指出他會將自己的行為合理化，並歸罪別人。

他是個演技出色的演員，連訊問他的警員都說，他有時候還滿討人喜歡的。他和大多數這類罪犯，除非脾氣爆發，否則人們很難相信他們會做出那些罪行。這也是為什麼我一再強調訊問嫌犯之前一定要做好準備功課，牢記他犯罪的細節。他的老闆說他友善、獨來獨往。他從去年十月開始交往的女友說他們的性生活很正常，沒有使用面罩或其他器具助興，她不相信她的男友是殺人兇手。這點，當然也不足為奇。只有他的一位前任女友的陳述值得一記。這位女性說，有一次他說使用凡士林可以解決陰道過度乾燥的問題，並且承認他喜歡手淫。雖然當賀加斯針對此詰問他時，他堅決否認。調查人員找不出他和被害人之間的關係。有兩位證人指稱在往克羅佛立夫購物中心的公車上看過他。這個案子的關鍵在科學證據。

三月初，DNA的比對結束，鑑識結果令人震驚：他的血液和從蘇珊．塔克、黛比．戴維斯、蘇珊．海拉曼等人身上所採集到的精液樣本完全符合。他的委任律師卡爾．鄔麥克（Carl Womack）和湯瑪士．凱利（Thomas Kelley）再委請馬里蘭州著名的賽爾瑪檢驗室（Cellmark Diagnostics Inc.，該公司即後來替辛普森案件做檢驗的公司）再做一次比對，結果還是一樣。提米的DNA符合北美洲另一名黑人的機率，亦即警方捉錯人的機率，是一百三十五萬分之一。

除了DNA化驗結果之外，費爾費斯郡當地的實驗室也檢驗了提米的衣服，包括他每天穿的一件迷彩夾克。資深法庭科學家約瑟夫．貝克曼（Joseph Beckerman）在他的夾克化驗出玻璃碎片，和他私闖民宅時打破的玻璃相符。

一九八八年七月十六日提米・史班塞強暴謀殺蘇珊・塔克的罪名成立。雖然他沒有因為里奇蒙的命案受審，但是這些命案仍列入他的刑期，黛比・戴維斯的父親也出庭作證，那天恰好是他女兒的冥誕。

提米・史班塞的母親和社區中心負責人、他以前的老師都出庭作證，陳述他麻煩不斷的年少生活。最後，提米簡短地告訴陪審團他沒有謀殺任何一個人，他為他們的家庭感到抱歉。陪審團討論三個小時後，全體一致通過判提米死刑。

一九八八年十月提米強暴並殺害黛比・戴維斯罪名成立，一九八九年一月他判決謀殺蘇珊・海拉曼，一九八九年再被判殺害黛安娜・周。前兩個案子都靠ＤＮＡ比對結果定罪，第三個案子並沒有足夠的ＤＮＡ證據，檢察官是以「簽名特徵式犯罪」作為起訴的理由，法律上允許引用其他兇殺案作為審判證據。

提米・史班塞在多次上訴被駁回之後，終於在一九九四年四月二十七日被送上電椅，結束他滿布血腥的一生。他也是歷史上第一個靠ＤＮＡ鑑定定死刑罪的罪犯。他自始至終都沒有認罪。馬迪俊在他被處決伏法之前，曾到位於北卡附近的賈拉特（Jarratt）監獄見他最後一面，但是他不肯談，也不認罪。

很諷刺的是，雖然現在有精良的科技輔助犯罪偵查工作，提米最後能落網靠的是最古老、街頭警察的搜索功夫。如果不是賀加斯記得提米，透過電腦檔案資料查詢永遠也找不到，因為就技術層面來說，提米並不算是假釋或被釋放，也沒有血液可供檢驗。

大衛・華斯蓋茲因為承認謀殺卡洛琳・哈姆，所以繼續坐牢。當初的兩個目擊證人堅持不改變證詞，而送檢驗的證物因為年代已久，已經不可靠。他又提不出充分的不在場證明。

史蒂夫・馬迪俊和傑德・雷以及賀加斯談過之後，將發生在阿靈頓、里奇蒙和雀斯特菲爾德三個郡的姦殺案件，以及另外一些獨立的性攻擊案和竊盜案詳加分析比對。他將重要資料輸進電腦程式，希望能詳盡地比較箇中兇手的行為以及語言特徵。

馬迪俊說：「真正的工作才開始。我們提出的疑問之一是：我們如何判斷被監禁的人是否牽涉卡洛琳命案？」

馬迪俊將重要的問題列出一張表格：受害者的姓名、命案的轄區、日期、犯罪花費的時間、命案地點特色、武器種類、捆綁手法、受傷的方式和地方、和受害者最初的接觸、犯案者是否在受害者返家之前就在屋內、攻擊的地點（屋內、屋外或在車內）、受害者是否在屋內被移動過、強暴時的對話和語言行為，以及性行為的種類等等。

馬迪俊將他整理的資料帶來給我看，我們各自研究後得出了共同的結論。他和傑德最初的假設顯然是對的。這些案子都是一個人所為，而不像勞倫斯・白特克和勞伊・諾里斯，兩個人搭檔共謀犯案；也不像保羅・伯納多和卡拉・侯牟卡，一個是有虐待狂的主導，一個是隨從。所謂華斯蓋茲的共犯是個虛幻的鬼。

這些偷竊、強暴和謀殺案都是一個具有豐富犯罪經驗、能力和組識力的人所犯。兇手有能力與受害者長時間的互動，他還從操縱、支配、控制和凌虐被害者的過程中得到快樂。華斯蓋茲並不是性虐待者，他沒有足夠的組織能力和人際關係，能像真正兇手一樣和被害人互動。我們兩人一致認為這些案子絕不是他做的。

我們認為他在偵訊時感到害怕和慌亂，刑警又告訴他太多案情細節，他可能為了取悅警方，就說出自己的「夢境內容」：在夢中他殺了卡洛琳。在那種情境下，他可能真的做了類似的夢，但這不能證明他就是兇手。

我們和阿靈頓警方要求檢察官海倫・費海請求州長葛納德・巴利雷（Gerald Bailes）給予華斯蓋茲特赦，由於他承認殺人，這是還他自由最快的方法。

一九八八年十月十六日，我們交給海倫・費海一份書面報告，說明殺害卡洛琳的就是犯下其他幾件姦殺案的同一兇手。這份長達五頁由我和史蒂夫署名的報告和費海的請願書一起送到州長辦公室。

特赦過程比我們預期得要久，州長辦公室及「赦免和假釋委員會」又各自調查這個案子，並參考我們的報告。最後華斯蓋茲在一九八九年一月四日被釋放，他回到他母親的家，並控告阿靈頓當局。之後在好幾名律師的建議下，他撤回控訴，交換十一萬七千美元的賠償費。坦白說，如果我有權，我會提高賠償費。

大衛・華斯蓋茲案是所有執法人員都該記取的教訓，但更重要的是，當賀加斯和我們發現可能冤枉了好人時，有關單位並沒有企圖掩蓋錯誤，相反地還費了好大的功夫以證明他的清白。

正如馬迪俊所說：「當初逮捕大衛・華斯蓋茲的警方主動重新調查，並心甘情願承受後果。我想這可以說明警方的正直和盡職。」

如保羅・莫內在《遲來的正義》中所說：「逮捕他的和釋放他的是同一單位，沒有任何家人、記者或人權團體挺身為他辯護，完全是警方和檢察官的努力。諷刺的是，蘇珊・塔克的悲劇解救了他的生命。」

我們單位投注的一連串心力和時間比以往的的案子都多，包括亞特蘭大殺童案和綠河案。而我們的努力事實上不是為了調查及逮捕罪犯，而是還給一個無辜的人清白。

Chapter 12 辛普森殺妻疑案

幾乎每十年就有「世紀大審判」，像是一八九〇年代的莉琪・博登（Lizzie Borden）兇殺案（譯註：殺害父親和繼母的女性嫌犯，後根據現場證據宣告無罪）、一九二〇年代的斯科普斯（John Scopes）審判案（譯註：田納西州教師約翰・斯科普斯因講授進化論而被指控違反州法）挑戰進化論、一九三〇年代著名飛行家林白（Charles Lindbergh）之子遭綁架案震驚全美、一九四〇年代的紐倫堡（Nuremberg）戰犯審判、一九五〇年代的羅森堡（Julius & Ethel Rosenberg）原子彈間諜案（譯註：美國陸軍通信兵工程師羅森堡與其妻把軍事祕密交給蘇聯，後被判死罪）、一九六〇年代的芝加哥七人（Chicago Seven）謀殺案大審判、一九七〇年代的曼森家族（Manson Family）屠殺案。這些在當時喧騰一時的重大案件的確都可稱為「世紀大審判」（當然我相信我們還有其他的選擇：比如德雷福斯（Dreyfus）案、薩科與萬澤蒂（Sacco and Vanzetti）案、艾爾曼（Eichmann）案件，或者是邦帝（Bundy）案？），原因有兩點：第一，當然是當時媒體對這些案子的大量報導；第二，是人們對邪惡或犯罪行為集體制約的嫌惡，以政治化案件來說（譬如斯科普斯案、芝加哥七人案，有些人甚至會把薩科與萬澤蒂案及羅森堡案也包括在內），即為厭惡他人對「真相」的獨特看法。

一九九〇年代的「世紀大審判」（至少至目前為止），毫無疑問當屬發生在洛杉磯的辛普森（O.J.

Simpson）殺妻案。也許歷史上從來沒有一個案子，像本案這樣從內到外巨細靡遺地受到調查。整個案子唯一缺少的就是「真相」，或很多人說是「正義」。這個案子投注了龐大的金錢和法律資源，反而使「真相」成為一種商品（可以在大眾意見市場上買賣或操控），成為一種為既定成見服務的手段。

有關這個案子的評論沒有上億也有上百萬字，幾乎所有著名學者都曾發表過自己的看法。就像「羅夏克測驗」（Rorschach test，譯註：於一九二一年由瑞士精神病理學家羅夏克〔Hermann Rorschach〕所發明，該測驗要求受試者說出十個由墨漬中所看出的東西，答案不受限制，可自由發揮），這些評論所透露的其實是評論者自己而不是案情真相。不管你對陪審團的判決評價如何，你都無法說服我陪審團如何能在短短幾個小時內，討論長達幾個月來的證詞以及大量又複雜的證據。審判結束後，從陪審員發表的感想來看，他們完全搞不清楚這個錯綜複雜的案子。

我無意批評審判本身、律師團或伊藤（Lance Ito）法官的表現。批評已經太多了，如果你也有定見，反正我也改變不了你。我也不想討論造成這個案子成立或不成立的種種物證，我所要做的事是從行為的角度來探討這件兇殺案，希望能從這個角度汲取寶貴的經驗和教訓。

儘管這個案子已經花費難以計數的金錢和時間，但有件事卻沒有人做，那就是從行為角度來探討這件發生在一九九四年六月十二日南邦迪大道（South Bundy Drive）八七五號的雙屍命案，並從這個角度省思命案現場可以告訴我們兇手是什麼樣的人。也就是說，不管O. J. 辛普森的知名度，拋開這個世紀大審判的聳動程度，忘記它所挑起的種族衝突，假如洛杉磯警局請求匡提科協助，我們能告訴他們哪些有關兇手的資料？其實只要剝開這起命案種種聳動和虛假的表面傳聞，妮可·布朗·辛普森（Nicole Brown Simpson）和隆納·高德曼（Ronald Goldman）雙屍命案和我們過去所偵辦過的兇殺案並沒有什麼兩樣。

我要提醒讀者，我們單位的任務並不在於自己破案，或提供警方不明行兇者的姓名或地址。以目前的偵查進度，我們的工作是找出兇手的**類型**，協助警方縮小偵查範圍。如果警方已經掌握嫌疑對象，我們可以幫助他們找出犯罪證據；如果警方還沒有頭緒，我們往往能協助他們追緝兇手。

在我們展開這個虛構的諮詢前，還有幾個前提和假設，譬如這個案子沒有那麼快就喧騰全國，也就是在媒體巨細靡遺地報導案情細節前，我們能有機會做客觀的判斷。其實我們偵辦過許多爭議的案子，像波士頓勒人者案，還有山姆・謝波德（Sam Sheppard）醫生謀殺案；這位克里夫蘭的整骨醫師在一九五四年被控謀殺他的妻子，他起初被判有罪，後來又改判無罪，他在風波停息前就去世了。一九八八年十月，我在一項國際性電視節目分析了「開膛手傑克」(Jack the Ripper)，並得到有趣、出人意表的結論，我在《破案神探：FBI首位犯罪剖繪專家緝兇檔案》曾詳述這段經過。最近我又受邀探討莉琪・博登案，這是美國史上有名的懸案之一。

一九九四年辛普森殺妻疑案發生時，我擔任聯邦調查局調查支援組的組長，當時我們單位有好幾位頂尖的罪犯人格剖繪和犯罪調查分析高手，像勞瑞・安克隆、葛瑞格・庫柏（Greg Copper）、史蒂夫・埃特（Steve Etter）、比爾・哈格瑪伊爾、洛伊・哈茲伍德、史蒂夫・馬迪俊、葛雷格・麥奎利、賈娜・摩若依（Jana Monroe）、傑德・雷、湯姆・薩普、彼得・史墨利克（Pete Smerick）、克林・范・山特（Clint Van Zandt）、吉姆・瑞特。我要再一次強調，O. J. 辛普森的案子受審時，我們並沒有提供諮詢，也沒有人向我們求援。

如果警方請求我們協助，這將會是很典型、很具代表性的諮詢和調查分析。

洛杉磯警局可能會指派一位專門聯絡員跟我們聯繫，這人很可能是名警探，他可能已經聯繫上調查局在洛杉磯調查站的剖繪人員。為了避免跟真正偵辦此案的警探混淆，我姑且稱呼他為肯尼斯・史考特（Kenneth Scott）。

當時我們不知道史考特和他的調查小組已經掌握了命案現場的血跡和其他物證，他沒有告訴我們，但除非這些線索透露兇手的行為特徵，否則我們也不想知道。等我完成案情分析，我們會和警方掌握的線索比較，如果兩者相符，我們可以讓警方更有信心地鎖定特定類型的嫌疑犯；萬一兩者不符，表示警方的偵查過程可能有很大的漏洞。

史考特向我們說明整個案情：「這件雙屍命案發生在布倫特伍德（Brentwood），這是洛杉磯中高級的社區，離加州大學洛杉磯分校（UCLA）不遠，往北過幾條街，靠日落大道（Sunset Boulevard）就可能看到一個高級社區。也就是說，住在日落大道南區的人家，無不希望有朝一日能有足夠的財富搬到北區住。死者是二十五歲的白人男性和三十五歲的白人女性，兩人的死因都是遭受利刃多處刺傷，陳屍地點在女性受害人住處外面。」

我問：「附近地區最近有發生類似的兇殺案嗎？」

史考特回答：「沒有這樣的案件。」

「附近有發生偷竊案或偷窺案嗎？」

「沒有。」

接著，我告訴史考特我要第一個抵達命案現場的警察報告、該地區的地圖、現場照片、解剖照片，和法醫的驗屍報告，如果報告還沒完成，我需要知道兩位死者所有的背景資料。

我不想知道警方手上的嫌犯名單（假如他們已經有的話），也不想知道警方對案情的研判，我不希望受到這些線索所影響。

假如這是個很「火熱」的案子，意思是如果兇手可能很快會再次犯案，我可能會親自飛到洛杉磯去勘查犯罪現場。不過在案發後幾天並沒有發現類似手法的兇殺案，除非情況有所改變，否則我會留在匡提科做分析，這樣我才能兼顧行政工作，同時督導我們單位手頭上的一百多件案子。

妮可・布朗和隆納・高德曼雙屍案的相關資料很快就送來，我利用整個上午仔細研讀，將自己融入兩位被害人和兇手的內心，設法重建現場。我問自己：**被害人為什麼會是這兩人？**在我們調查他們**是誰**的時候，我們先要了解**為什麼是他們**。我問自己這兩名死者之間有什麼關係？會不會其中一人只是很不湊巧在錯誤的時間出現在錯誤的地方？

我在中午前看完資料，這時西岸還是上午，史考特在他的辦公室，他聯繫了其他辦案人員，我們就用電話討論案情。

「這是近距離、面對面的謀殺。兇器是一把刀子，這告訴我們這是涉及私人因素的兇殺案。犯罪手法是**混合型**。」我開始說明：「血案現場暴露出有組織和無組織的罪犯行為，這點我馬上會加以說明。基本上，我認為兇手是有組織的罪犯，我相信他是個成熟、精明、狡猾的人，而且事先經過策畫。兇手戴帽子和手套，還帶著武器。女性死者身上的傷幾乎刀刀致命，類似軍人的手法，有明顯『過度殺戮』的色彩。同時，現場還暴露出缺乏組織力的行為，這表示事情進展並不完全如兇手所事先策畫，所以兇手雖然是個成熟的人，但顯然他很少或沒有犯罪經驗。從男性被害人的死狀看出兇手失去了控制，顯得很慌張，所以他頂多有家庭糾紛的前科，或在酒館跟人打架鬧事，但絕不曾犯下謀殺等重大罪行。因此別期望從警方的檔案找出嫌犯。光看兇手將帽子和手套遺留在現場，還留下腳印，就可以看出他沒有豐富的犯罪智慧和經驗。他自己也被刀子割傷，可能是他從背後殺女性被害人時不小心割到自己，他留下的手套上也有裂口，這些跡象顯示他沒有料想到隆納・高德曼這麼難應付。」

「兇殺案是發生在妮可・布朗・辛普森住家外面，」我繼續分析：「這足以證明兇手的主要對象是妮可。我們知道隆納・高德曼之所以會在現場，是因為妮可的母親那天稍早把她的眼鏡掉在他工作的飯店裡，妮可打電話向飯店查詢，飯店找到了眼鏡，隆納・高德曼自告奮勇要送還眼鏡給她們。所以他出現在南邦迪大道完全出於偶然。除非兇手一路跟蹤他，否則他不可能是主要對象。假如兇手的目標是隆納・高德曼，他也沒道理等到另一個人出現時才下手，這樣很可能被人看到或聽到。但，先讓我們來看看其他事實：

「如你所說，法醫的報告指出兩名死者死因都是多處刀傷。隆納・高德曼的手掌和手臂上有多處搏鬥時留下的傷口，而妮可・布朗身體蜷縮著躺在她公寓門前台階最下面，她的黑色短裙被拉扯到大腿上，不過看起來像是她跌倒時所造成的，而不是兇手故意讓她屍體暴露，她的內褲沒有被褪下，也沒有跡象顯示她遭受性攻擊或是類似的布局。

「但是血案現場有大灘血跡，妮可・布朗倒臥在台階下的血泊中，兇手應該是在這裡發動致命一擊。她喉嚨的傷口很深，幾乎整個頭顱被切下來，比起隆納・高德曼，妮可・布朗身上的傷口比較集中。兇手輕而易舉地制伏妮可，他不斷地刺殺她，不是他『必須』這麼做，而是他『想要』。所以我敢說兇手要殺的是妮可・布朗，而不是隆納・高德曼。兇手不僅認識妮可・布朗，而且還跟她很熟。」

「為什麼你這麼說，約翰？」有位警探問。

「如我們所知，妮可・布朗並沒有遭到性攻擊，所以妮可不可能是惹惱強暴犯才招來殺身之禍。

這種『過度殺戮』的情形顯示兇手對死者充滿了怨恨，你看妮可．布朗身上的傷口都集中在脖子，這不可能是陌生人所為。如果兇手只想置她於死地，他不需要這麼做，很明顯兇手是在做某種宣示，他在處罰她。

「隆納．高德曼身上的傷就不同，他奮力抵抗兇手，兩人有番激烈打鬥，他的手掌、手臂以及身上傷口的深度，顯示不明行兇者純粹是要殺死他，兇手沒興趣處罰他或有其他意圖，他只想把隆納．高德曼『非人化』。所以我說事情不像兇手事先所計畫的，他沒有料到會有個男人意外出現，打亂了他原先的計畫。」

「可是你知道我們在命案現場發現了手套和深色毛線帽子，難道不可能是強盜留下來的？」

「當然有這種可能性，」我回答：「但是沒有東西被拿走，事實上，兇手根本沒有進到屋內。」

「可是如你所說，兇手根本沒料到隆納．高德曼會在那裡，也許他原本是想搶劫，但後來沒有進到屋內。」我不認為這名警探真的相信自己的說法，他也許只是故意這麼說，但我必須能夠合理地解釋我的觀點，我講的並非一定是他們不知道或還沒有想出來的事，但如果我們要交換意見，好好地相互溝通是很重要的。

「首先，你們告訴我該地區並沒有發生竊盜案，」我說：「更重要的是通常小偷不會帶刀子，他可能會帶手槍或什麼武器都沒帶。小偷有兩個目的：進出時不要碰到人或被人看到，如果他發現行跡敗露，他會設法盡快脫身，不會在現場逗留或殺人，除非他真的無法脫逃。所以槍比刀子有用得多，刀子只能用在近距離，而且是很個人、很費力的殺人方法。很有可能兇手原先是準備要進到屋內再行兇，結果意外發現妮可．布朗和隆納．高德曼在門口，他可能懷疑兩人之間有曖昧的關係。妮可在屋內，如廚房、浴室及從窗口看得到的地方，都點滿了蠟燭，這是很浪漫的行為。所以，某個知道這個舉動背後含義的人（也許此人還跟妮可・布朗共度過這樣的浪漫夜），他看到妮可・布朗為別人點上蠟燭，不免怒從中來。

「我們不清楚妮可・布朗和隆納・高德曼的關係是不是比普通朋友還要親密，但我們確定他們當晚並沒有計畫在一起，因為高德曼已經約好幾個哥兒們，等他送還眼鏡後就去和他們聚會。」

「所以你認為高德曼是在兇手攻擊妮可時突然來到現場？」

「很有可能，」我承認：「但是我不認為是這樣，很明顯地兇手先攻擊妮可・布朗，再去對付隆納・高德曼，之後再回過頭殺害妮可・布朗。我的研判是：這名不明行兇者看到他們兩人在一起，他一直在觀察、跟蹤妮可・布朗，他不喜歡他所看到的，所以現身，妮可認出他來，隆納・高德曼可能也認得對方。這時隆納・高德曼很可能攤開雙手說：『老兄，冷靜點！我們之間沒有什麼，我只是幫她母親送眼鏡過來。』

「但是兇手突然出手就往妮可・布朗的頭打過去——碰——他可能是用刀背打，因此把她打昏了。

「接著，兇手走向隆納・高德曼，他就站在一點五或兩公尺外，靠近棕櫚樹下，這可能只是兩、三秒鐘之間的事。隆納・高德曼被突如其來的變故嚇到了，他受限於狹小的空間：大概只有一點六乘一點八公尺，背後有籬笆圍住，又被樹擋著。隆納・高德曼可能擺出拳擊的姿勢，這可以從他傷口的形態看出來，他的左大腿和左邊腹部被刺了好幾刀。兩個男人激烈打鬥，隆納・高德曼穿的 T 恤已經捲起來，所以後來法醫檢驗時，他衣服的洞和身體的傷口才會對不起來。

「隆納・高德曼抵抗的傷口都集中在左手的手指頭和左手掌上，我猜想兇手猛刺他的右手時，他伸出左手想要抓住他，結果抓掉了兇手的手套，就是遺留在現場的那一隻。」

「這時候兇手已經殺紅了眼，他把隆納·高德曼『非人化』之後，他又回頭找妮可·布朗，從背後捉起她的手，用刀子往她的喉嚨深深畫下去，幾乎把整個頭切了下來。」

「不明行兇者再回去查看隆納·高德曼以確定他真的斷氣。我們知道他再回到隆納·高德曼身邊，因為在高德曼腳下找到了妮可·布朗的血跡。現在注意這一點，這非常重要，從此處我們可以看出來兇手不是一個有經驗的殺手。他不知道如何殺這個人，必須再一次檢查才能確定他斷氣了。他看到隆納·高德曼奄奄一息，所以他走過去，又補了好幾刀。事實上隆納·高德曼身上的刀傷比妮可還多。這是因為雖然他要處罰、報復的對象是妮可·布朗，但隆納·高德曼在體力上的威脅比較大。這也是我們判斷兇手只有一人的原因。如果有兩個或三個兇手，場面應該比較容易控制住。你就看不出高德曼抵抗的程度。」

即使案情略有出入，就算隆納·高德曼是在兇手攻擊妮可時才來到現場，我分析的兇手犯罪行為和殺人動機絕不會錯。

「所以你不認為這個兇殺案和毒品有關？」

我不認為。「兩位死者跟毒品有任何牽連嗎？」我問。

「不完全有。他們很可能會吸著玩，他們那種人有不少都這樣，不過檢驗並沒有毒品的反應，兩位死者生前都很注重身材的保養，也沒有販賣毒品。」

「所以誰會去屠殺兩名對毒品交易沒有威脅的人？如果是毒品謀殺案件，通常會有特徵，像「哥倫比亞領帶式」（Colombian necktie）謀殺：死者的喉嚨被切斷，然後舌頭從傷口處拉出來。而且謀殺的地點大都選在有特殊意義的地方，絕不會在死者自宅外。兇手都是職業殺手，他們會做萬全準備來對付男性被害人，如果他們發現此人不好應付，他們會離開，另外再找機會下手。」

這時候最重要的是研判我們面對的是哪一種類型的謀殺案？是強暴殺人？亦或單純搶劫失控殺人？如果不是和毒品、保險金有關，或牽涉到犯罪集團，那又是為什麼？我和同事合寫了《罪案分類手冊》（*Crime Classification Manual*，簡稱ＣＣＭ），該書於一九九二年出版，幾年來我們在匡提科已經研究、偵辦過上千件刑案，我們認為有必要將重大刑案做有系統的分類並加以闡釋，就像《精神失常的診斷及統計手冊》（*Diagnostic and Statistical Manual of Mental Disorders*）在心智疾病的了解與分類方面的成就，所以我們出版了《罪案分類手冊》。該書另兩位作者是賓州大學護理學校精神心理保健專業的安・布吉斯（Ann Burgess）教授，和她的先生艾倫（Allen），他任教於波士頓的東北大學（Northeastern University），負責將龐雜的資料加以整理編排。調查支援組和行為科學組的所有特別探員都為這本書貢獻了心力，像傑德・雷就負責「個人因素謀殺」（Personal Cause Homicide）小組的研究，並和吉姆・瑞特帶領的「團體因素謀殺」（Group Cause）研究小組密切合作。

在《罪案分類手冊》中，我們將謀殺、縱火、強暴、性侵害等犯罪依照動機和犯罪形態要素加以分類，並指導警察和調查人員每一種罪犯類型的基本要素和調查的要點。謀殺案的第一種類型，「罪犯集團謀殺」（Criminal Enterprise Homicide）可再細分為八種類型，每一類型又可分為四個小類別。而「個人因素謀殺」則可再分為「色情狂殺戮」和「家庭暴力」，後者又可分為「臨時起意型」和「預謀型」。這些分類來自於我們深入的研究和經驗，並非個人主觀的意見。

由傷害的程度和種類，以及兇手的目標是妮可・布朗來看，我認定這名兇手不可能是陌生人。這也不是所謂的「團體因素謀殺」。「曼森家族」屠殺案就是典型的團體因素謀殺。一般來說，符合團體因素謀殺的類型是「教派謀殺」（cult murder）或「團體刺激謀殺」（Group Excitation Murder），還有「極端份子謀殺」：因為政治或者國會，宗教或者是人質等。

妮可・布朗的慘死乍看下和第一章所提的夏隆・塔特和拉畢安卡夫婦謀殺案很像，但是進一步觀察，就可以看出兩者之間有很明顯的差異。在宗教狂熱殺人犯做的案子中，我們通常會發現象徵意味的行為，像「曼森家族」的徒眾用死者的鮮血在牆上寫上「手忙腳亂」和其他的口號；而在「亞特蘭大殺童案」中，雖然傳言說與三K黨有關，但在死者身上以及棄屍地點並沒有象徵意味的行為模式出現，所以我很篤定這是個人犯下的暴行。

從妮可・布朗和隆納・高德曼的陳屍地點來分析，我相信這個案子絕對是個人因素的謀殺案。除了第二位死者身上所透露的無組織犯罪行為這個明顯的證據外，兩名死者身上傷口的形態一致，充分說明兇手只有一人。如果兇手有兩人或三人，怎麼可能共用一把刀？何況妮可・布朗的菜刀就放在廚房桌面上很顯眼的地方，這更說不通。

為什麼菜刀會放在那個地方？我認為妮可預想到某種危險。案發前一天或數天前，可能有什麼事發生引起她的擔憂。她的室內通話器壞了，她沒有槍，她能想到最方便的武器就是菜刀。我們知道她曉得隆納・高德曼過一會兒就會拿她母親的眼鏡來，但是令她害怕的不是高德曼。

「你必須再回頭研究被害人，」我說：「從隆納・高德曼的生活或背景來看，他不可能是這樁冷酷謀殺的主要目標。我不是說他不可能成為同性戀兇殺的被害人（如果是，則應該是男同性戀所為，女性不會用這種殺人方式），但我們面對的並不是這種情況。

「相反地，妮可・布朗剛剛結束不愉快的離婚，她和她那支配慾極強的前夫幾周來分分合合，鬧得不可開交。」

「沒錯，」史考特說：「幾周前，妮可・布朗生了場病，辛普森還帶了食物來看她，他送給她一條漂亮的項鍊。等她病好了，兩人又大吵一頓，妮可把項鍊丟還給他。」

「所以，他很可能覺得妮可給他模稜兩可的感覺。」我說：「我們有證據顯示辛普森在命案發生前幾周一直在跟蹤妮可，他開車跟蹤她和朋友吃飯或見面，從窗口盯著她，監視她和朋友在一起。沒有證據顯示有人跟蹤高德曼，或跟他有仇。」

「所以你認為妮可的前夫辛普森就是兇手。」史考特做了結論。

「我所要說的是，」我更正他的說法：「我們看過很多類似的案子。不管兇手是誰，他都不是職業兇手或有經驗的罪犯，他單獨行動，和妮可熟識，而且恨她入骨。」

「我們還沒有找到符合這個剖繪的其他嫌疑對象。」有位警探說。

「一旦這個命案曝光，」另一位警探接著說：「他們兩個人的私生活將會被放在顯微鏡下觀察，如果妮可生活圈中有符合這個兇手剖繪的人，他很快就會被揪出來。」

（這的確發生了，但不論眾多媒體，可能包括辛普森自己的調查人員，更不要說警察等人如何努力搜尋，都沒有其他相符的人出現或被指認出來。）

「聽著，」我繼續說：「我們看多了命案，我們知道兇手做案一定有個模式和動機，兇手不會無緣無故蹦出來，殺了兩人後又消失無蹤。」

「還有人開始猜測這也許是連續殺人犯幹的。有人提到格林・羅傑士（Glen Rogers），因為他四處旅行，做案地點橫跨不同州和不同管轄區。」

格林・羅傑士涉嫌連續殺人，被害人遍及加州、路易斯安那州、密西西比州、俄亥俄州、肯塔基州和佛羅里達州等地。他曾經誇口說死在他手下的亡魂有七十多人。一九九五年，他在肯塔基州和警方經過一番飛車追逐後被逮個正著。由於他犯下的案子實在太多，而且橫跨數州，所以幾乎當代發生的每一件重大兇殺案，他都成為最方便的兇嫌。

「犯罪手法和犯罪簽名特徵方式不同，」我解釋給專案小組聽：「格林・羅傑士習慣在低級的酒吧找下手的對象，而且是和被害人共度一晚後才殺掉她們。他不可能會在一夕之間改變做案方式。而妮可・布朗身上連續被砍殺的情形，顯示她和兇手之間早就有某種關係。」

「所以你說這不是臨時起意的謀殺，妮可是兇手鎖定的目標。」

「絕對錯不了。我們知道這是預謀，而且是經過妥善策畫的謀殺。我們看到刀、手套和帽子。兇手是經過考慮才決定選用刀子。他心中充滿憤怒、敵意，這是私人的恩怨。」

「約翰，我們和妮可的朋友談過，我們知道她很怕刀子，遠勝於對槍的害怕。」

「這樣更可以證明兇手跟她很熟。你們知道，這種殺人的方式，從背後攻擊，刀子往喉嚨一畫，很像軍人在格殺敵人，辛普森有過軍旅生活經驗嗎？」

「我想他沒有，不過他最近才演了部電視影集，片中他飾演一位海軍軍官。」一位曾當過海軍軍官的警探補充說明：「海軍那些傢伙受過近距離、無聲息的殺人訓練。」

「兇手胸有成竹來到現場，他以為所有的事都在他的掌控之中，」我接著說：「他相信他可以進到屋內，殺了妮可，再從容離開現場，不會被人發現。我還可以告訴你們我一直在想一件事，根據我接觸過的眾多個人因素家庭兇殺案，我敢說兇手原先想把現場故意弄成性攻擊的案件。」

「這是什麼意思？」

「如果不是突然蹦出個高德曼來，他會有足夠的時間將現場布置成強暴殺人案。如果按照他原來的計畫，我們將會看到妮可的衣服被拉起，內褲被褪下，房間像被洗劫過，會有財物被拿走。但就算兇手故布疑陣，也瞞不過我們。我們很快就會拆穿業餘殺人犯的西洋鏡。舉例來說，他不可能會強暴妮可或在她死後在她身上手淫，他也會把她的屍體安置好，避免讓孩子發現。還有，通常強暴犯做案會選在他比較自在的地方。在那個地區，強暴犯必須是中高級社區的居民，這不太可能；或者是在當地工作的園丁、維修工人，但是我們清查後，沒有發現類似可疑份子。最重要的一點是，他無法控制住他對妮可滿腔的恨意，這從他下手的方式就看得出來，如果兇手是個陌生人就不會這麼做。妮可體格不錯，有必要時她會是個鬥士，強暴犯想要玷污她恐怕要費點勁，他可能因此被激怒。如果是這種情況，我們會看到強暴犯拿鈍物攻擊妮可，而不是用利刃將她殺得血淋淋。強暴犯會毆打被害人，事實上性變態強暴犯會從被害人的痛苦得到快感，但強暴犯不會享受看到躺在血泊中奄奄一息的女性。」

「約翰，如果我們告訴你命案前發生的事，是不是有助於你對兇嫌的剖繪？」

「絕對是的。這一類型的犯罪通常會有條導火線，可能在案發前幾個小時、幾天前、甚至幾周前。我們知道辛普森和妮可在幾周前曾發生一些爭吵和衝突。在案發前一天，辛普森認為妮可在他們女兒辛妮（Sydney）舞蹈彩排時很不給他面子。我們也知道辛普森當時的女友寶拉·巴比利（Paula Barbieri，她應該要讓辛普森忘掉妮可的）很氣辛普森不帶她去辛妮的舞蹈彩排會，她在電話答錄機上告訴辛普森她想要分手。實際上，辛普森可能不想跟寶拉分手，他要同時保有兩個世界，他想同時跟寶拉又跟前妻維持關係。證據顯示他從家裡打電話找寶拉，在妮可和高德曼被殺之前，他還一直打行動電話給她，但他一直沒找到寶拉。」

「如果當初電話打通了呢？」

「這是個有趣的問題，」我回答：「如果辛普森聯絡上寶拉，他是不是還會繼續完成他的『任務』？他很有可能會打消此意，雖然他很生氣。兩個女人都給他氣受，兩個女人都拒絕他，偏偏他是個不習慣被拒絕的人。我的看法是他把妮可當成他的財產。他們初識時，辛普森已經是國際名人，而妮可還只是一名清純的高中生。

「我們可以看出辛普森的支配操縱性格，他非常在意自己的形象。他和第一任老婆離婚寧願付給她一大筆錢，但堅持要保有房子。他不要給人家輸家的印象，即使他付了大筆的贍養費和小孩教養費，他可以說：『我不是輸家，房子歸我，搬出去的是她！』他和妮可離婚時，歷史再度重演：『她搬出去，我還擁有房子。』

「當他看到妮可和另一個男人在她家，而且是個比他年輕的白人，這成為最後的導火線。」

「你怎麼解釋現場的血跡？」史考特問：「你可以從現場照片看到一大灘血。但是，我們雖然在車上發現幾滴血跡，但並沒有在座椅或其他地方找到血跡，雖然我們在他家找到血手套，但其他地方都沒有血跡。我猜很多人都會提出這個疑問。」

「首先，」針對這個問題，我回答：「妮可的致命傷在喉嚨，兇手是從妮可的背後攻擊她，所以他身上不會沾上太多血跡。如果他事先就計畫好要行兇，他可能也會考慮到身上會留下血跡。我們知道兇手戴著手套和帽子，就可以證明這他是早有預謀，所以我想他很有可能會穿連身裝或比較好脫的外衣，行兇之後他會立即將兇衣丟棄。由於謀殺過程比兇手原先預期得久，他匆匆忙忙離開現場，因此我推斷他稍晚才會把沾滿血跡的衣服丟掉，可能會丟在機場。」

有位警探問：「我們在這裡討論的犯罪行為，唯一困擾我的是，我們討論的不是別人，而是鼎鼎大名的辛普森，他的婚姻問題也是眾所皆知。當他策畫謀殺時，難道他不會猶豫：『喂！等等，我的嫌疑太大了，等警方發現她的屍體，警方一定會來找我的。』」

「你們的確會這麼想，」我說：「但是根據我的經驗，不管兇手是第一次殺人還是殺人無數，他們都不相信自己會落網。如果不是突然出現不該出現的人，兇手會有足夠的時間逃逸，製造不在場證明，然後直驅機場搭機前往芝加哥。他的計畫可能是到了機場後，打電話給友人，說：『我打了一下午電話找妮可都找不到人，你可不可以過去她家一下，幫我看看孩子是不是沒事。』這麼一來，他不僅有了不在場證明，也可以避免讓小孩先看到母親的屍體。

「不要忘了，辛普森不僅是國際知名人士，他也是魅力十足、經驗豐富的演員。他知道要如何表現，警方才不會懷疑他，所以他如往常一樣態度和善，還為人簽名。在腦海中他已經將自己的行為合理化了，『是她逼我這樣做的。』所以他內心並不會有所不安。」

「能進行測謊嗎？會有什麼結果？」

「對於測謊你們要非常謹慎小心，遇上將自己行為合理化的人，測謊通常不會有什麼定論。我還要告訴你們，時間過得愈久，兇嫌愈容易通過測謊。如果明年此時再做測謊，我可以跟你打賭，他一定會過關。」

我還建議警方要監視妮可的墓地。我曾說過我們經常發現罪犯會重返做案現場，也會到死者的墓地。看到電視實況轉播裡的警方和辛普森在高速公路上的「慢速追逐戰」，很多人認為辛普森是要潛逃，其實他是要去妮可的墓地。我從一開始就覺得兇手會去妮可的墓園，去向她道歉，或者更有可能去為自己的行為做合理的解釋，責備她害他走到這一步。事實上，最近幾個月的報導指出辛普森的確去過妮可的墓地。可惜警方並沒有監視妮可的墓地。假如警方有監視的話，我倒很有興趣會有何結果。

這時我們虛擬的罪犯剖繪員該退場了。接下來我要討論的是提訊嫌犯的技巧。警探湯瑪士・藍吉（Thomas Lange）和菲利浦・范納特（Philip Vannatter）已經訊問過辛普森，這是他自己同意的，當時也沒有律師在場。兩位警探問出了一些非常有用的訊息，例如辛普森坦承他受傷，他說他在芝加哥飯店時，警察告訴他妮可死亡的惡耗時，他不小心打破杯子而割到了手。很可惜那時訊問的問題不夠確切，時間也不夠長，我認為警方對辛普森太客氣了些。

「我很驚訝辛普森居然會回答警方的問話，」這是傑德・雷的看法：「不過從實際的角度來看，像他這種人一向不拘泥世俗習慣。他深信這麼做能打破傳統，他是做到了。」

我告訴專案小組說：「我相信律師不會再讓辛普森回答警方的問話，尤其沒有律師在場的時候。假如你們有機會訊問辛普森，一定要在沒有威脅性的地方進行，時間要足夠，讓他知道你們手上握有對他不利的證據，你們在現場找到了他的血跡，然後再給他找一點台階下。」

我在審問殺害兒童的兇嫌時也使用同樣的技巧。我會暗示兇嫌他不是故意要殺害這小女孩，是她逼他這樣做的，這招通常對殺害成人的兇手也有效。如果兇手將謀殺行為合理化了，他也能相信警方了解他，你就有機會讓他俯首認罪。幾年前辛普森和妮可發生爭吵時，當時還是服勤警察的警探馬克・傅爾曼（Mark Fuhrman）曾前往處理過，這時他可以派上用場。他可以告訴辛普森他知道他們的婚姻早就有問題，他親眼看到妮可如何惹他生氣的。

你還可以使用多重人格的理由，像我當初詰問賴利・吉恩・貝爾所做的一樣（請參本書第四章與《破案神探：FBI首位犯罪剖繪專家緝兇檔案》）。那時貝爾不承認是他殺了夏麗・費伊・史密斯，最後他說可能是壞的賴利・吉恩・貝爾做的。這是我們從他口中得到最接近認罪的口供。

如果我們仔細研究犯罪後行為，我們也可以得到一些證據。當洛杉磯警察朗・菲利浦（Ron Philips）一九九四年七月十三日在芝加哥飯店告訴辛普森他的前妻被人殺死。根據檢察官克里斯多福・達登（Christopher Darden）在他寫的《藐視》（*In Contempt*）中的描述，當時辛普森並沒問他的前妻是怎麼被殺死的，他也沒問是哪一位前妻。《他的一生》（*The Run of His Life*）的作者傑弗瑞・圖賓（Jeffrey Toobin）敘述說，當時菲利浦的確有提到妮可的名字，但是辛普森並沒有問他她是怎麼死的，是意外還是謀殺。不管是哪一個情形，結果都很明顯。表現得完全不知情可以看作是一種偽裝——但如果你沒有豐富經驗，就很容易被受過訓練的專家識破。

大體來說，我告訴專案小組，辛普森的行為不像無辜的人應該會有的反應，特別是一個習慣支配並喜歡大眾掌聲的無辜者。真正無辜的人會憤怒地咒罵兇手，盡其所能地否認自己涉案。「**你們居然認為我殺了自己的老婆**，混蛋傢伙！」「如果你們在現場找到我的血跡、毛髮、指紋或是其他屬於我的東西，那一定是有人故意栽贓給我的！」這是無辜的人比較可能會有的反應。

但是辛普森被以謀殺罪名被起訴時，他並沒有類似的反應。

有人（像辛普森的律師艾倫・德索威茲〔Alan Dershowitz〕）解釋他的當事人當時哀傷過度，無法發洩怒氣。我根本不信這種說法。如果一個人為失去他的妻子（或前妻）哀傷，他一定會竭力維護他們共同的榮譽，極力否認涉案，而不是像辛普森敷衍了事。

「兇手可能會有輕生的念頭嗎，約翰？」

「當一個控制型的人突然失去控制時，他有可能會自殺。不過我想一個自戀的人比較會假裝要自殺，但他不是真的要尋死，只是想藉此引起人家的注意，爭取同情。我想他可能會拿刀或槍殺他自己，但是他不會用割腕或對太陽穴開槍這種痛苦的方法。如果他真的要作態自殺，比較可能會選擇安眠藥，然後他會打電話給好友求救，這樣就可以贏得輿論的同情。」

如同事後我們所知，警方在公路追逐辛普森時，他真的寫了紙條宣稱他準備自殺。如果這不是為了爭取大眾同情，我不知道這是什麼。

討論到這時，他們告訴我非行為取向的法庭證據，主要是血液：經過初步檢驗後，證實辛普森的確涉及謀殺案。也就是說法庭上的物證和行為證據是一致的。

「這樣子的話，我看你們找到你們要的人了。」這是我的結論。

幾周後，我們得知ＤＮＡ（和指紋一樣，每個人的ＤＮＡ都獨一無二）鑑定結果也符合。這樣一來，如果辛普森要繼續否認，只有一個理由，那就是說警察故意栽贓給他的。

同樣地，我們的犯罪剖繪和調查分析又可以派上用場了。

如果有人請我們協助調查這起命案，當檢方準備起訴辛普森時，我們很有可能又會被找來支援。我們會在起訴韋恩・威廉、塞德利・艾萊、小克列歐佛斯・普林斯等案件大力協助檢方。如果被告願意上證人席接受檢方的盤問，我們會擬出一個策略。面對像辛普森這樣平易近人、自制力強的被告，我們會想出一套方法讓他在檢方訊問他時顯露本性，好讓陪審團了解到他可能做的事，也就是殘暴地謀殺他的前妻和她的朋友。

幾乎每個人（包括陪審團）都聽過妮可打一一九電話說遭到辛普森威脅的錄音帶，我可能會用這卷錄音帶作為攻擊被告的武器。如果我們以此攻擊他，我們很可能讓他露出真面目。當然我們還能在辛普森的生活找到足夠的材料來攻擊他。

辛普森的兩位主要律師羅伯特・夏皮羅（Robert Shapiro）和強尼・柯仁（Johnnie Cochran）自然心知肚明，他們堅持不讓他上證人席接受檢方訊問。在我們的司法體系下，每名被告均受到第五修正案的保障，不做不利於自己的證詞，我不會侵犯被告的這個權利。事實上，陪審團都被告知，被告並不需要做任何辯解，提出罪證是檢方的工作。而這本當如此，也絕對有此必要。

同時我還必須要特別指出一件事，那就是認為正常且明理的成年人對有機會澄清自己罪嫌卻不這麼做，不會感到絲毫懷疑，那未免失之天真。我接觸過的眾多案子中，至今還沒有看到任何我認為可能是無辜的人放棄出庭為自己辯白的機會。

誠如精明能幹、辯才無礙、曾替加州法官起訴「曼森家族」的律師文生・柏格里歐西（Vincent Bugliosi）所說：「如果大多數經過警方逮捕、陪審團審判、檢查官調查的嫌犯最後都無罪開釋，那我們的司法制度也太糟糕了。」

在這種情形之下，辯方律師會提出洛杉磯警方可能栽贓陷害辛普森，一點也不令人驚訝！從辯方的角度來看，這是一個再好不過的策略，一來，陪審團絕大多數是黑人，二來，眾所皆知，洛杉磯警方對待少數族裔的嫌犯冷漠、恐嚇粗暴的拳打腳踢的記錄實在令人不敢恭維。文生・柏格里歐西非常清楚洛杉磯警方的紀錄，他曾指陳好幾樁警方涉嫌刑求未攜帶武器的嫌犯致死的案例。偏偏在辛普森住處發現血手套的警探馬克・傅爾曼（Mark Fuhrman）痛恨黑人也不是祕密，這使得這個案子更加複雜。

被告律師並不需要證明洛杉磯警方栽贓辛普森，他們只要提出合理的懷疑，說明這是可能發生的就行了。

在這種情況之下，檢方只有兩個選擇：第一是對檢方的指控完全置之不理；第二是設法否認這項指控，斥之為辯方為被告脫罪的伎倆。

如果我提供檢方辯護策略，我會告訴檢察官瑪西・克拉克（Marcia Clark）和克利斯多福・達登（Christopher Darden），面對黑人為主的陪審團時，如果不理會被告律師的此項指控，案情會對他們非常不利。檢方必須反擊對方這種懷疑是不合理的，還要證明警方絕不可能做出這種事。當然，要列舉反證非常困難，他們所能做的，依我之見，就是以行為分析來說明警方**不可能栽贓陷害被告**，方法就是讓陪審團如親身經歷當時的犯罪情節。

首先我們必須提出幾項假設：第一，洛杉磯警方可能有些員警會故意找像辛普森這種身分地位的人麻煩。也許，他們是有這樣的念頭。畢竟，我們有理由相信馬克・傅爾曼討厭黑人。但問題來了，有好幾位黑人警官和民眾願意出庭，證明馬克・傅爾曼並沒有歧視黑人或有偏見的行為。大家都知道他有黑人朋友，而且有段時間他的搭檔還是位黑人女性。

ＯＫ，也許他平時將他的種族歧視隱藏得很好，在惡名昭彰的「傅爾曼錄音帶」中的人才是真正的他，所以我們必須要提出更可靠的行為證據證明馬克・傅爾曼是不可能設計陷害辛普森的。從這個角度加以研究，我們就會發現和陷害說法互相矛盾的行為。在數年前，傅爾曼還是名巡邏員警時，他曾前往辛普森住處處理他們夫婦的家庭暴力糾紛。當時傅爾曼親眼看到辛普森對他那白人老婆動粗的證據。如果他是會陷害辛普森的人，當時是再好不過的機會。如果他當時對辛普森提出毆打告訴，不會有人有異議的。但是他並沒有這樣做，相反地，傅爾曼對辛普森相當敬畏。如果說傅爾曼在幾年後會突然改變他的行為，決定陷害辛普森，這在邏輯上說得通嗎？

你還必須將過去的行為模式列入考慮。文生・柏格里歐西在他對辛普森一案分析精闢的著作《憤怒》（*Outrage*）中指出，在洛杉磯有太多黑人曾經遭遇警方的暴力，但是沒有人會相信警方會故意陷害嫌犯。要栽贓陷害一個人是相當複雜、費心機的事，不容易矇騙過去。即使在洛杉磯警方最惡劣昭彰的時期，他們也不會這樣做。團體行為即使不比個人更一致，至少也該是同樣的。

如果你相信警方故意將辛普森羅織入罪的說法，你還必須接受另一個假設。那就是要陷害辛普森，洛杉磯這些警察必須先聚在一起商量，大家都同意這樣做，如果其中有一人反對，那事情就沒得玩了。這些警察還必須同意不去緝捕真正元凶。如果他們將辛普森列為主要嫌犯，萬一真正的兇手又犯案殺人，那洛杉磯警方就要吃不完兜著走。這種可能性微乎其微。

即便他們決定讓真正兇手逍遙法外，當時他們也不知道辛普森並沒有可靠的不在場證明。假如他那天參加慈善會或公開露面。那事情就有得瞧了。這些圖謀不軌的警員丟了飯碗事小，恐怕還得考慮餘生在聖昆汀島（San Quentin）監獄遙望金門大橋（Golden Gate）了。不管這些員警對少數族裔的觀感如何，在滿城風雨的「羅德尼・金」（Rodney King）事件之後，難道他們之中不會有人想到，如此惡整一個比羅德尼・金名氣響亮、廣受全美白人和黑人崇拜的黑人英雄，他們會在法庭上還有媒體上被修理得體無完膚嗎？

拿警探菲利浦・范納特來說，他再過幾個月就要從完美無缺的警察生涯退休了。二十五年來，我每天接觸無數的警察：好警察、偉大的警察、普通的警察以及壞警察，我太了解他們了，菲利浦・范納特警探絕不可能拿自己的退休金、自己的自由開玩笑。換句話說，拿自己的下半輩子和家人的生活做賭注，做出愚不可及的事來，特別是他就快要退休了。這根本是不可能的事。

要成功陷害辛普森得仰仗眾多人的同謀。我在司法官僚體系待得夠久，知道要如此大規策動，又要不為人所知，根本不可能。

也就是說，如果辛普森真的被陷害，那還得是事先根本不知道會一起到命案現場、來自不同警局的兩組警探自動自發的決定，由於死者之一是辛普森的前妻，辛普森又是個黑人，所以他們要陷害他，讓真正的兇手逍遙法外；他們還必須有自信檢驗室的人會助他們一臂之力，而且他們還能料定辛普森不會有不在場證明，戳破他們的謊言。換言之，他們拿多年警察生涯做賭注，只為了陷害一個備受愛戴的人，其中還有一名警察許多年前就有機會逮捕他，但他卻沒有這麼做。

艾倫・德索威茲在電視上表示很有可能警方真的相信辛普森有罪，所以故意布局栽贓，以便破案。也許艾倫・德索威茲願意接這個案子是因為他相信辛普森真的是清白的，他很訝異洛杉磯警方和檢察官可以如此草率辦案。但是對此我很懷疑。不管你怎麼說這些警探，他們一點都不天真，也不愚笨。他們知道一個案子是如何成立的。假如他們相信辛普森是有罪的，並親眼看到血跡證據，他們一定有合理的期望：這些血跡足夠起訴辛普森。

這一切都證明了一件事，那就是行為是統一的。即使看似不一致也是一致的。所有的證據，不管是行為證據或法律上的物證，全都指向一個事實：女性死者的前夫要為一九九四年六月十二日發生在南邦迪大道八七五號的命案負責。

這就是我所要告訴警方和檢方的，如果他們來找我幫忙的話。最後結果是否因此而有所不同，那是另外一回事了。

Chapter 13 罪與罰

無論「真相」與「正義」的信念有多崇高，頌揚它們的詞藻有多美麗，刑事司法制度只有兩個基本目的：那就是讓清白的人（包括在法律上無法證明有過失者）獲釋，讓有罪的人得到懲罰。

傳統上，司法制度有五大基本目標，其重要性隨著每個時代對犯罪學的不同價值觀和主流意見而有所改變。這五大基本目標是：更生（rehabilitation）、報應、社會隔離、報償及懲罰。

「更生」的概念建立在下列陳述的認知基礎上，人們認為只要給予犯了嚴重過錯的人和反社會份子一個適當的生活環境，請專家來輔導，幫助他們檢討並了解自己的過錯，補償他們過去生活上的缺失（例如給予教育和技能訓練），這些人就會改過自新，成為社會上有用並守法的公民。「更生」的觀念源自於「矯正」，父母懲罰孩子的目的是希望藉由這種手段來矯正孩子的偏差行為。在很多州，監獄制度的正式名稱就是「矯正部門」。

矯正制度要真能讓受刑人達到「更生」，自然是再理想不過。如果我們能將壞人改造成好人，再讓他們回到社會，社會上就會減少一些危害大眾的人。這樣說雖然有些天真和簡單，但我們確實看到某些受刑人經過矯正後重獲新生。如果一個人偷竊是因為他缺乏一技之長而無法找到工作，我們教導他謀生技能，幫助他找份工作，如此一來也許他就能建立自尊，不會再去行竊。如果有人行竊是為了買毒品，我們先切斷他毒品的來源，或許可以進一步給予他工作機會，建立起他的自尊。理想歸理想，但事實擺在眼前，「更生」計畫是失敗的，雖然不是所有的受刑人都無法改過遷善，但許多罪犯出獄後沒多久就再度犯罪。當然我並不是說我們不該投入心血和金錢從事「更生」計畫，因為對某類型的罪犯來說，「更生」是有希望的。

但根據我多年來的研究以及親身經驗，我認為「更生」計畫對連續殺人犯和性犯罪殺手完全沒有希望。我大半生都在研究以及緝捕這兩種類型的罪犯，他們為所欲為並不是為了自己或家人的溫飽，或者毒癮難耐；他們作姦犯科只是為逞一時之快，貪一時之樂。有人替他們辯解：他們會犯罪是因為沒有工作、自卑、小時候被父母親虐待，或是其他種種原因。我不反對這種看法，但這並不保證我們可以藉司法制度成功矯正他們的行為。

對此，我的同事葛雷格．麥奎利以烘焙蛋糕做了個巧妙的譬喻：你烤了一個很棒的蛋糕，可是咬一口之後你才發現味道不太對。你很納悶：「哪裡出錯了呢？應該沒錯的，我放了蛋、麵粉、奶油、可可粉（或其他材料等等）。喔！等等，我是不是不小心錯放了機械潤滑油？這就是唯一的問題——潤滑油。如果我能把潤滑油拿掉，蛋糕就很好吃了。」

這就是我和同事們對矯正性犯罪殺手，特別是連續做案的性犯罪殺手的看法。在絕大多數的例子中，驅使這類型罪犯殺害男人、女人、兒童的衝動，以及慾望和異常性格就是形成他們生命的材料，就像蛋糕中的潤滑油，一旦成形，無論怎樣努力都無法加以剔除。

我曾提過的殺人犯作家傑克．亨利．愛伯就是一個例子。除此之外還有一個令人心碎的例子：一九九〇年初，有名猥褻並殺害兒童的囚犯越獄了，某天他不巧看到了電視節目「美國通緝要犯」

（America's Most Wanted）正在報導他的故事，他擔心他的假身分暴露，很快會被警察逮捕歸案。他知道自己自由的日子所剩無幾，索性便開車出去綁架了一名兒童，猥褻他後再加以殺害，他很清楚這次落網後，恐怕永遠別想有機會接觸孩童，心想此時不做，更待何時。

我還想到了一則「青蛙和毒蠍」的寓言：

有隻毒蠍要求青蛙背牠到池塘的另一邊。

「不要，」青蛙斷然拒絕：「萬一你螫我一口，我不就沒命了。」

「用點理智嘛，」毒蠍說：「我就是不會游泳才拜託你背我過去，我如果咬死你，我不是也活不成？」

青蛙想想毒蠍的話的確有道理，所以就叫毒蠍跳到他背上。誰知才過了池塘的一半，毒蠍還是螫了青蛙一口。

青蛙臨死之際痛苦地問：「你為何要這樣做？現在我們兩個都完蛋了。」

毒蠍身體慢慢沉到水裡，眼見就要溺死之際，牠聳聳肩輕描淡寫地回答：「沒辦法，這是天性！」

無論是警官、警探、聯邦調查局探員、律師、法官、心理醫生或是牧師，恐怕都沒有辦法改變人的天性。對於這個問題，長期在匡提科擔任我們「未來趨勢學者」的前特別探員比爾・塔福亞（Bill Tafoya）指出，及早發現並矯正兒童的嚴重偏差行為是非常重要的事。比爾提出了「領先計畫」（Project Head Start），他認為這是最有效的反犯罪計畫，我贊同比爾・塔福亞的看法，我們應該全面性地檢討犯罪的嚴重性和形成犯罪的原因。我們常告訴所有願意聆聽我們意見的人，如果你想靠我們（調查局或警察）來解決犯罪問題，你會非常失望，案子到我們手上時都已經太遲了，罪犯的個性早已成形。

很不幸，就是這個原因，所以「更生」計畫不會成功。

司法制度另一個目標是「與社會隔離」。既然我們無法「矯正」或「治療」罪犯，我們乾脆把他們通通關起來，讓他們遠離大家以策安全。這種做法的優、缺點不用我多言。很多在外面世界窮兇惡極的罪犯，一旦被關進紀律嚴格的監獄都不會有問題，他們不能再傷害無辜的人們，不過他們之中還是有人會傷害其他獄友、獄警和獄政人員。如果有人認為戒備最森嚴的監獄並不是什麼危險的地方，不妨問問那裡的「住戶」，在那裡生命隨時都會遭受威脅。

「反正關在裡頭的沒一個好東西，誰在乎他們彼此殘殺。」的確大多數的人都會這麼想，大家都痛恨每年要花那麼多人民納稅錢來供養監獄的犯人和獄政人員。不要誤會我的意思，我不認為監獄能達到感化的目的，我贊成將高危險性的人與社會長期隔離。不過，如果不改善監獄的危險，我們更不能指望受刑人期滿出獄後會改過向善，只怕會愈學愈壞。監獄的環境無助於矯正罪犯，但我們也不能把他們關起來就坐視不管。

這讓我們想到司法制度的最後一個目標：懲罰。我們可以努力讓罪犯得到「更生」，只要我們願意，我們也可以無限期地隔離他們，但是這麼做的目的何在？我們處罰某人只因他讓其他人受罪，這有意義嗎？刑罰能嚇阻其他人不再犯罪嗎？

研究資料顯示，想利用刑罰制度嚇阻犯罪，結果恐怕令人失望。以我們自己的家庭來說，處罰孩子真能讓他們不再犯同樣的錯？嚇阻如果有效當然最好，但是要將懲罰合理化、具有意義，我們需要凌駕這之上、更崇高的價值。

我想這樣的價值的確是存在的。

在本書和《破案神探：FBI首位犯罪剖繪專家緝兇檔案》這本書中，我曾敘述一九六九年我和查爾斯・曼森接觸的經驗，以及在他唆使下所發生的駭人暴行。我很高興得知曼森「家族」成員蕾絲麗・凡・侯登（Leslie Van Houten）、蘇珊・阿特金斯（Susan Atkins）和派翠西亞・克倫溫柯（Patricia Krenwinkel）在經過二十年的牢獄生活後，已經懊悔她們曾經參與殺害波蘭斯基之妻夏隆・塔特、阿比蓋・佛格（Abigail Folger）、傑・塞柏林（Jay Sebring）、佛泰克・傅利可夫斯基（Voytek Frykowski）、史蒂芬・帕倫（Steven Parent）與拉畢安卡夫婦。在定期舉行的假釋聽證會中，律師聲稱她們現在已經拋棄前教派領導者曼森，真心懺悔，如果她們出獄，再也不會做出危害社會的事。

我相信她們的話，真的！我相信她們現在能真實地看待過去和現在的曼森，我深信她們是真心後悔一九六九年夏天那兩個可怕的夜晚所犯下的罪行。以我多年研究重大謀殺刑案的經驗，我也相信一旦她們出獄，她們可能不會再犯下重罪，反而可以用自身經驗教導別人，對社會有所貢獻。

我知道曼森命案詳細的來龍去脈，因為我翻閱過所有的解剖報告及犯罪現場的照片，清楚七名受害者慘不忍睹的死狀，包括懷有八個月身孕的夏隆・塔特，她曾苦苦哀求兇手饒過她肚中的小生命，但兇手置若罔聞，結果造成一屍兩命。我在向聯邦調查局和國家學院學員發表演說時，曾以這個案子作為教材，聽聞此案的人無不打冷顫。我認為，即使這三名兇手真的有深刻悔意，也不會再危害社會，但她們還是應該繼續受到刑罰。即使花大筆納稅人的錢把她們關在牢裡，也是合理、寬慰人心的行為，她們犯下的罪孽，再怎麼處罰都不夠。

難道一個文明開化的社會不相信救贖嗎？相對於教化矯正的實際手段，救贖是精神層面的問題，那是另一種境界。在此，我要呼應傑克．柯林斯的看法，除非我們能嚴肅地正視犯罪，否則我們沒有資格自稱是文明的社會。有些犯罪是永遠無法得到原諒的，因為它們太冷血、殘酷和惡毒。我們至少虧欠曼森命案的七名死者一個正義，他們有權利活下去的。

我談論的懲罰是所謂的復仇嗎？一如《聖經》上所說的「以牙還牙，以眼還眼」？也許是的。這就引發下面這個問題：懲罰的目的是為了復仇嗎？

懲罰，在司法制度裡，可作為被害人的治療或滌清心靈的工具嗎？我們都希望這些人的不幸能有個終結，他們能從法律上（相對於道德上）得到幫助嗎？

傑克和楚娣不用「復仇」或「報復」來形容他們和其他人所要爭取的。「我並不反對傳統字典上的定義：『對傷害他人的人施加該得的處罰』，但對大多數人來說，這個字眼太過沉重，飽含個人惡意，到頭來反而傷害到被害人。」傑克做出解釋。

正確來說，他們所要的是「報應」，一如《牛津字典》上的解釋：對罪行做出補償或報酬。「這是讓社會維持平衡的方法，」傑克說：「讓被害人身上發生的不幸得到慰藉，讓他們盡可能保持完整或恢復個人及整個制度的尊嚴。不管再怎麼做，蘇珊妮都不可能回到我們身邊。即使報應無法讓整個事件有個完整的終結，但是至少讓我們感受到這個社會、陪審團以及整個司法制度關心我們，殺人兇手應該付出代價。」

我認為藉由處罰讓重大罪犯得到報應是社會唯一能做的正義和道德，但是很多人不同意這種看法。

如同傑克．柯林斯所說：「被害人需要盡快結束罪犯加諸在他們身上的痛苦和創傷，這樣他們才能繼續過自己的生活。他們有權利要求被告盡快接受法律的審判，一旦定罪便應該即刻發監執行。我們很努力讓人們了解受害者不該在司法制度中被當成外人，當他們面臨危機，他們應該被放在最優先考量的位置，他們有權要求在審判過程中擁有發言權。」

他說：「包括我們在內，很多人都覺得太多法官把上訴制度看成學術理論的實踐，上訴變成一種智性的把戲，雙方唇槍舌戰，而不是為了還受害者一個公道，處罰做錯事的人。他們高高在上，一副超越塵囂的態度，完全不受人間兇殺的血腥、汗水、淚水和暴力所影響。」

傑克所要求的，當然是陪審團和法官能早日執行謀殺他們女兒的兇手的刑責。

死刑和墮胎一樣是極具爭議性的問題，仁智互見，很難改變別人的看法。如果我們因為道德的理由而反對死刑，我認為我們應該將罪大惡極的人判以無期徒刑，而且永遠不允許他們申請假釋。當然這是不可能的事，而且有很多犯罪行為，光是永遠把他們關在牢裡還是不夠的。

有人說死刑是「合法的謀殺」，所以社會不該做出這種不道德的事。我個人的看法是：犯下重大罪行的人自己選擇了自外於社會，我們無法忍受這些罪犯繼續危害社會，也因此死刑沒有牽涉到道德或不道德。

宣稱死刑是合法謀殺的人，依我的看法，這嚴重扭曲了是非曲直。他們模糊了罪行的受害者和加害者之間的分際：一邊是一條無辜的生命，另一邊是一個選擇以罪惡奪走那條無辜生命的人。

如果你問我是不是會毫不遲疑地按下電椅的開關，合法地處死塞德利．艾萊、賴利．吉恩．貝爾、保羅．伯納多、勞倫斯．白特克以及其他死刑犯。我可以斬釘截鐵地告訴你：「我會。」對於高談「寬恕之道」的人，我會告訴他們我能同理，但我不認為我有任何權力和立場去談寬恕，我沒有資格。

如果塞德利・艾萊**僅僅**（我連用這個字都感到戰慄）強暴、毆打、百般凌虐蘇珊妮，但饒她一死，也沒傷害到她的智力。在這種情況下，如果蘇珊妮願意的話，她可以決定要不要原諒他，這是她的權利。當然這是不可能的了，所以唯有塞德利・艾萊盡速伏法，蘇珊妮才能得到正義。

我想這就是傑克所說的報應而不是報仇。

至於嚇阻的問題，我承認在目前美國的司法制度下，死刑並無法達到嚇阻效果。常識告訴我們：如果你是個毒梟，每天冒著極高的風險進行高利潤的勾當，死刑是威脅不了人的。即使你不幸被捉，也要有幾個條件配合，你才可能被判死刑：像是你不願意抗辯交易、不巧碰到嚴厲的法官和陪審團、你不翻供、有關單位沒有改變法律等等。最終，毒梟可能會在十五年後才被處決。比起每天在街頭面對的風險，遙遠的死刑哪能嚇阻得了人。

如果死刑的判決能夠做到公平一致，死刑的執法能縮短到合理的幾個月，而不是一拖就數年，甚至幾十年像傑克一家所受的煎熬，或許死刑能夠嚇阻某些罪犯。坦白說，我並不怎麼認同這種純理論的推測，我並不確定這樣就能嚇阻犯罪，也不太樂觀。

但有一點我很肯定，那就是死刑確實是一種特定的嚇阻力。被處死的人再也無法傷害無辜的人了。除非我們真能做到讓被判無期徒期的囚犯永遠不得假釋，我和成千上萬的受害者家屬晚上才能睡得安穩，因為我們知道那些做惡多端的禽獸不會有機會出來造孽。即使如此，我個人還是認為，當你決定取走無辜的生命時，你也必須準備付出自己的生命做代價。

我們的司法制度是不完美的。有些罪大惡極的受刑人能獲得更生，成為社會上有用的一份子，就像一九二四年在芝加哥夥同理察．洛布（Richard Loeb）殺死巴比．法蘭克（Bobby Franks）的納桑．利奧彼德（Nathan Leopold），他在一九五八年假釋出獄後成為受人尊敬的社工人員，並在實驗室工作，曾自願參與瘧疾的實驗。可是你知道嗎？這並不適用像勞倫斯．白特克這種罪犯。一旦你犯下這種害人的罪行，你就得放棄更生的權利。

還有另一種論點：我們不要殺這些死刑犯，我們應該讓他們活下去作為研究的對象。如果有任何人需要研究罪犯，那就是我們了。我的答覆是這樣的：如果罪犯願意跟我談，在漫長的上訴過程多的是時間。如果他們願意談的唯一理由是為了保命（如泰德．邦帝），他們說的話也不會是實話。如果你告訴我讓泰德．邦帝這種人活著好做研究，我會回答你：「那讓他多活六小時好了，這就夠了。」

我並不恨這些人，我甚至還說得上是喜歡其中幾個人，例如我還滿喜歡艾德．肯培的。我跟他處得不錯，也佩服他的看法和見識。假如他被判死刑，我個人會覺得傷心難過，但我絕不會和被他傷害的人爭辯，因為我知道他們所經歷以及即將繼續經歷的痛苦，和他們遭遇的一切相比，我個人的情緒算什麼。

當然我們的司法制度是不夠完美，有像大衛．華斯蓋茲這種無辜的人含冤入獄，但我們也必須承認，他伏罪也救了他自己。

我們不能以這個極其特殊的案子作為廢除死刑的理由。

我認為要避免冤獄，最重要的是要有充分的法庭認可證據。有人會說很難判斷證據正確與否，但就我討論過的案子，像華斯蓋茲一案是不可能一路錯到底的。

我認為連續強暴殺人案一定要處以死刑。當我們逮到這類型罪犯時，已經挖掘出許多對他們不利的證據和一致的行為例證，像連續殺人犯克列歐佛斯．普林斯，如果能證明他犯下其中一件殺人案，就能證明他所涉及的所有案件。如果我們不是那麼確定，那就得暫緩處決，但是像艾萊、伯納多、白特克以及其他眾多罪證確鑿的死刑案子，我們還需要質疑嗎？

就像史蒂芬．馬迪俊所說：「我希望做到讓案件中的證據確鑿，讓犯罪者的罪無法被反駁。從我們小組的觀點來看，華斯蓋茲的案子本身就是有疑問的，在缺乏實際物證和實驗室化驗結果的情況下，光靠嫌犯的口供並不足夠。」

法界人士為建立一個理想的司法制度已經投入無數心血，我有信心他們能建立更理想的標準以辨別無辜的大衛．華斯蓋茲和有罪的塞德利．艾萊。或許可以考慮將謀殺罪統一由聯邦處理，避免檢調之間的分歧。司法制度可能需要全盤改革，否則聯邦根本無法處理各州眾多的刑案。

刑事司法制度亟待改革之處繁多，如何排定優先順序？依我的看法，有潛在危險的無辜受害者應當為優先考量，接著是被害人和家屬，最後才是罪犯和他們的家人。最重要的是，我不希望看到犯過一次案的罪犯有機會再去傷害第二個、第三個無辜的人……如果我們做不到的話，我希望至少被害人和他們的家人能得到優先的照顧，同時我要確定兇手接受公平的審判並受到應得的重懲，不容許有漏網之魚。

這表示我們需要一個警察國家嗎？當然不是。這只表示如果我們要建立一個公正、文明的社會，我們需要堅持我們的考量順序原則。

最後，無論我們如何改革司法制度，降低犯罪率最有效的方法就是減少製造罪犯。這是每個人的責任：法院、警察、學校、教會，但最重要的是家庭。

如塞德利．艾萊案的檢察官漢克．威廉所說：「政府花了數以億計的經費打擊犯罪，這是政府該做的事，但解決犯罪的唯一方法，就是所有做父母親的能好好教育他們的子女。」

沒錯，說得容易，要做卻很難，但這是唯一能改善社會的方法。

在本書開頭，我曾說明要完成我的工作，我必須要進入兇手和受害者的內心，我也是這樣教導我的學生。一旦案件結束，你會迫不及待地盡快離開兇手的內心，可是實際情形是，即便你能跳脫兇手的視角，你卻無法完全從受害者的內心走出來。對我來說，所有我處理過的案件受害者都有一部分將永遠跟著我。

這就是我對自己所做的事的看法，這也是為什麼我孜孜不倦地帶領其他人和我一起踏上「黑暗之旅」，就算只有一小段旅程仍具意義。

破案神探二部曲：犯罪是天生邪惡還是後天塑造？ FBI 探員側寫連續殺人魔 / 約翰．道格拉斯 (John Douglas), 馬克．歐爾薛克 (Mark Olshaker) 著 ; 葛佳琳譯 . -- 初版 . -- 臺北市 : 時報文化 , 2017.09
面； 公分 . -- (INTO 叢書 ; 62)
譯自 : Journey Into Darkness: Follow The FBI's Premier Investigative Profiler As He Penetrates The Minds And Motives Of The Most Terrifying Serial Criminals
ISBN 978-957-13-7120-7(平裝)

1. 刑事偵察 2. 謀殺罪 3. 美國

548.6952 106015013

ISBN 978-957-13-7120-7
Printed in Taiwan

INTO 叢書 62

破案神探二部曲：犯罪是天生邪惡還是後天塑造？ FBI 探員側寫連續殺人魔

Journey Into Darkness:
Follow The Fbi's Premier Investigative Profiler As He Penetrates The Minds & Motives Of The Most Terrifying Serial Criminals

作者 約翰．道格拉斯 John Douglas、馬克．歐爾薛克 Mark Olshaker ｜ 譯者 葛佳琳｜ 副主編 陳怡慈｜ 責任編輯 石瑷寧｜ 責任企劃 林進韋｜ 美術設計 高偉哲｜ 內文排版 薛美惠｜董事長 趙政岷｜ 出版者 時報文化出版企業股份有限公司 108019 臺北市和平西路三段 240 號 4 樓 發行專線——(02)2306-6842 讀者服務專線 ——0800-231-705．(02)2304-7103 讀者服務傳真 ——(02)2304-6858 郵撥——19344724 時報文化出版公司 信箱——10899 臺北華江橋郵局第九九信箱 時報悅讀網——www.readingtimes.com.tw ｜ 電子郵件信箱 ——ctliving@readingtimes.com.tw ｜ 人文科學線臉書 ——http://www.facebook.com/jinbunkagaku ｜ 法律顧問 理律法律事務所 陳長文律師、李念祖律師 ｜ 印刷 家佑印刷有限公司｜ 初版一刷 2017 年 9 月 ｜ 初版六刷 2023 年 10 月 13 日 ｜定價 新台幣 360 元｜

時報文化出版公司成立於一九七五年，並於一九九九年股票上櫃公開發行，於二〇〇八年脫離中時集團非屬旺中，以「尊重智慧與創意的文化事業」為信念。